Ayya Khema

Ohne mich ist das Leben ganz einfach
Der Weg des Buddha zur vollkommenen Freiheit

Ayya Khema

Ohne mich ist das Leben ganz einfach

Der Weg des Buddha
zur vollkommenen
Freiheit

AURUM VERLAG

Die Deutsche Bibliothek – CIP-Einheitsaufnahme
Khema <Ayya>:
Ohne mich ist das Leben ganz einfach: der Weg des Buddha
zur vollkommenen Freiheit/Ayya Khema. – Braunschweig:
Aurum-Verl., 1994
ISBN 3-591-08360-7

1994
ISBN 3-591-08360-7
© Aurum Verlag GmbH, Braunschweig
Gesamtherstellung: Chemnitzer Verlag und Druck GmbH
Werk Zwickau

INHALT

Vorwort 7

Kapitel 1 Wege zur Meditation 9

Kapitel 2 Das Heil der Tugend 23

Kapitel 3 Das Heil der Vertiefung 40

Liebende-Güte-Meditation (Goldenes Licht) 53

Kapitel 4 Das Heil der Weisheit 55

Kapitel 5 **Das Heil der Erlösung durch die Läuterung der Vollkommenheiten** 70

Freigebigkeit und Entsagung 70

Entschlußkraft, Willenskraft, Weisheit und Wahrhaftigkeit 82

Geduld, Liebe und Gleichmut 97

Liebende-Güte-Meditation (Liebevolles Zusammenleben) 110

Gefühlsbetrachtung (Fächermethode) 112

Kapitel 6 Die Läuterung von Herz und Geist 122

Kapitel 7 Die Läuterung der Ansichten 135

Kapitel 8 Die Läuterung der Zweifel 146

Liebende-Güte-Meditation (Bester Freund) 159

Kapitel 9 **Die Läuterung durch den Erkenntnisblick von Pfad und Nicht-Pfad** 160

Kapitel 10 Die Läuterung durch Erkennen des Pfades 174

Kapitel 11 Die Läuterung durch Wissen und Erkenntnis 185

Kapitel 12 Das Ziel des spirituellen Lebens 199

Kapitel 13 Überweltliche Tugenden 211

Liebende-Güte-Meditation (Der liebste Mensch) 224

Kapitel 14 Abwendung vom Materiellen und Hinwendung zum Spirituellen 226

Kapitel 15 Tugendregeln als Basis für die Alltagsgewohnheiten 235

Kapitel 16 Der Alltag als Fundament für ein spirituelles Leben 240

Danksagung 247

Glossar 248

VORWORT

Der Titel dieses Buches: *Ohne mich ist das Leben ganz einfach* soll auf das einzigartige und unwiderstehliche Ziel der Lehre des Buddha hinweisen, nämlich auf seine logische und erfahrbare Durchleuchtung der Fehldiagnose, die allen Menschen bezüglich ihrer selbst zu eigen ist. Ein jeder von uns glaubt und fühlt, daß er oder sie eine separate, ganz bestimmte und nie ersetzbare Persönlichkeit ist, die sich möglichst erfolgreich, glücklich und anerkannt durchsetzen muß. Auf dem Weg zu diesem vermeintlichen Zweck unseres Daseins erleben wir viele Fehlschläge und Enttäuschungen, deren Ursachen wir meistens bei anderen suchen. Andererseits stellen wir bei unseren Erfolgen fest, daß sie uns nicht voll erfüllen und innerlich befriedigen. Um eine Lösung dieses menschlichen Dilemmas bemühen sich seit Menschengedenken alle Philosophen, Theologen und Psychologen, leider ohne merkliche Resultate. Zwar ist die Lehre des Buddha sehr einfach formuliert und kann daher eigentlich von jedem verstanden werden, aber dennoch ist die praktische Durchführung der Anweisungen nicht leicht, weil ein Fallenlassen unseres gewohnheitsmäßigen Denkens und eine spirituelle Orientierung die Voraussetzung dafür sind.

Dieses Buch ist daher als eine Hilfe für die Praxis gedacht. Es basiert auf einer der berühmtesten Lehrreden des Buddha, der *Rathavinita Sutta* (Lehrrede von den sieben Kutschen), aus der Mittleren Sammlung des Pali Kanons (M24), der ältesten Überlieferung der Worte des Buddha. Den einzelnen Kapiteln liegen Vorträge zugrunde, die 1991 während eines Meditationskurses im Buddha-Haus gehalten wurden. Sie behandeln die Antwort auf die Frage nach dem menschlichen Sein in sukzessiver Tiefe, angefangen mit unseren allgemeinen Problemen bis hin zum Ablegen der Vorstellung von einem eigenständigen „Selbst", was zum Ruhen im *Nibbāna* führt.

Mögen einige Menschen in diesem Buch Anregungen finden, die ihnen das Leben und das spirituelle Wachstum erleichtern.

1. Februar 1993
Buddha-Haus im Allgäu   Ayya Khema

KAPITEL 1

Wege zur Meditation

Diese Lehrrede des Buddha behandelt alles, was außer der Meditation noch nötig ist, um ein spirituelles Leben zu führen. Meditation kann nicht als Einzelaktion durchgeführt werden. Wenn wir meinen, neben unseren sonstigen vielen Aktivitäten noch ein bißchen meditieren zu können, so funktioniert das nicht – weder die Meditation noch das tägliche Leben, das sich auf einer höheren spirituellen Ebene abspielen soll. Meditation bringt nur dann Resultate, wenn sie in die Läuterungsvorgänge von Herz und Geist eingebettet ist. Wenn wir meditative Ruhe und Einsicht erlangen wollen, ist es daher notwendig, daß wir eine spirituelle Lehre kennen, sie als Richtlinie akzeptieren und praktizieren. Meditation ist kein Hobby, keine Freizeitbeschäftigung. Ihr Zweck ist eine grundlegende Veränderung im innersten Wesen, die die meisten Menschen auch anstreben. Diese zutiefst spürbare Änderung trifft den Kern unseres Wesens und kann eines Tages zur vollkommenen Freiheit und zum Erkennen der absoluten Wahrheit führen.

Das Wort *Sutta* bedeutet wörtlich übersetzt „der Faden", an dem die Perlen der Worte des Buddha aufgereiht sind. Frei übersetzt und im Sprachgebrauch üblich, ist *Sutta* eine Lehrrede des Buddha oder eines seiner erleuchteten Jünger. *Rathavinīta* wird mit „siebenfache Kutsche" übersetzt. Die Bedeutung dieses Namens wird deutlich, wenn wir uns mit dem Inhalt der Lehrrede beschäftigen.

In den meisten *Suttas* beginnt der Buddha mit der Situation, in der wir uns im Moment befinden, und erklärt einen allmählichen Entwicklungsprozeß, der schließlich zur Erlösung führt. Wie weit jeder von uns kommt, ist uns allein überlassen. Das ist eines der besonders wichtigen Merkmale der Lehre des Buddha. Er zeigt uns den Weg, aber wir müssen ihn selbst beschreiten, keiner kann das für uns tun.

Wir können die Lehre des Buddha mit einer Landkarte vergleichen, auf der alle Straßen, Berge, Flüsse und Täler eingezeichnet sind. Der Anfangspunkt und der Endpunkt sind genauestens vermerkt, und es ist eindeutig erklärt, wo wir entlangwandern sollen, um uns keinen Gefahren auszusetzen und am schnellsten vorwärtszukommen. Wenn wir diese Landkarte jedoch nur bewundern und uns daran erfreuen, wie schön sie ist, ohne uns auf die Wanderschaft zu begeben, werden wir wohl kaum sehr weit kommen. Die Engländer bezeichnen das als „armchair traveller". Wir schauen von unserem Lehnstuhl aus in die Welt und denken: „Wie schön müßte es sein, in den Himalaja zu reisen oder China kennenzulernen", bleiben aber dennoch zu Hause. Mit der *Dhamma*-Landkarte ist es genauso; wir müssen uns auf den Weg machen und uns die Anweisungen dankbar zu Herzen nehmen.

Es ist unerläßlich, daß wir wissen, an welcher Stelle einer Landkarte wir uns wirklich befinden, um unseren Weg planen zu können. Die beste Karte nützt uns sonst nichts. Bei der Meditation können wir feststellen, wo wir uns in bezug auf Konzentration und innere Läuterung befinden. Selbstbefragung und Selbsterkenntnis stehen an erster Stelle in einem Meditationsprozeß. Es handelt sich nicht um irgendwelche Werturteile, sondern darum, einen Anfang für unsere Praxis zu finden. Der Weg der Selbsterkenntnis kann uns eines Tages zu einer solchen Läuterung führen und uns ermöglichen, ohne jegliche Schwierigkeiten in dieser Welt zu leben. Der Buddha hat gesagt, daß er nur eines lehrt, und zwar den Weg heraus aus allem Leid. Wenn wir diesen Weg suchen, müssen wir vor allem unser Innenleben erkennen, denn dort spielt sich alles Leid ab.

Ein wichtiger Bestandteil einer intensiven Meditationspraxis ist das noble Schweigen, das uns die Innenschau ermöglicht. Freiwilliges Schweigen hilft uns festzustellen, wie unsere Innenwelt beschaffen ist. Dazu gehört auch, keine Bücher zu lesen, keine Briefe zu schreiben und nur zu telefonieren, wenn es wirklich nötig ist. Im eigenen Geist findet ohnehin genug an Unterhaltung statt, und erst wenn wir dieses Geschwätz eines Tages abschalten können, tritt Ruhe und Frieden ein.

Die Lehrrede beginnt damit, daß der Buddha seine Mönche fragt, ob sie einen Mönchsbruder kennen, der zehn Fähigkeiten in sich vervollkommnet hat. Er zählt dann diese zehn Eigenschaften auf, wobei Meditation erst an siebenter Stelle erwähnt wird. Die ersten sechs unterstützen die Meditation und führen zu ihr hin; sie bilden das nötige Fundament. Das bedeutet nicht, daß wir erst anfangen können zu meditieren, wenn wir diese Eigenschaften in uns vervollkommnet haben, im Gegenteil, die Meditation hilft uns bei dieser Entwicklung.

Die erste Eigenschaft, die der Buddha erwähnte, ist die Fähigkeit, wenig Wünsche zu haben. Ein jeder, der schon einmal meditiert hat, weiß aus eigener Erfahrung, wie störend und unangenehm es ist, wenn man auf dem Kissen sitzt und sich wünscht, daß die Zeit schon vorbei sei, es nicht so heiß oder kalt wäre, die Beine nicht schmerzten, die Fliegen uns in Ruhe lassen würden, der Nachbar nicht husten würde und es schon Zeit zum Essen sei. Auch solche, im Prinzip recht unbedeutsame Wünsche sind Hindernisse, denn jeder Wunsch bringt *Dukkha* mit sich. *Dukkha* läßt sich schwer übersetzen. Es wird oft als „Leid" bezeichnet, bedeutet aber vor allem unerfüllt oder unzufrieden zu sein, sich unvollständig zu fühlen. Es schließt alles ein, was Negativität in sich trägt. Bei tiefster Einsicht erkennen wir eines Tages, daß jegliches Existieren unweigerlich *Dukkha* mit einschließt, weil wir nichts greifen können, das uns auf immer befriedigt. Die Ursache, warum Leid, Kummer, Sorgen und Ärgernisse aufsteigen, ist unsere Suche nach Befriedigung, also Wünsche zu haben, die oft unerfüllt bleiben oder nach Erfüllung wieder neu auftreten. Entweder wir wollen etwas bekommen, was angenehme Gefühle verspricht, oder etwas loswerden, was unangenehme Gefühle verursacht. Bei seiner Erleuchtung hat der Buddha die „Vier Edlen Wahrheiten" durchschaut und unsere Begierden, die uns *Dukkha* bringen, die erste und die zweite Edle Wahrheit genannt.

Diese beiden Wahrheiten können wir ohne weiteres nachvollziehen. Die Wünsche, die wir im täglichen Leben haben, scheinen uns das Leben interessant zu machen. In Wirklichkeit aber nehmen sie uns den Frieden des Herzens. Es gibt kaum einen Menschen auf der Welt, der inneren Frieden verspürt, weil ein jeder unerfüllte oder neu erwachte Wünsche hat. Wenn es keine persönlichen Wünsche sind, dann sollte wenigstens die Welt um uns herum anders sein. Unsere Umwelt ist aber nur ein Spiegelbild unserer Innenwelt. Sie zeigt uns unsere Stärken und Schwächen, denn wir haben sie selbst erschaffen.

Der Buddha sagte nicht, daß er einen wunschlosen Mönch suche, sondern einen, der wenig Wünsche hat. Dazu gehört dann auch die zweite Fähigkeit, die der Buddha von einem Mönch erhoffte, nämlich Zufriedenheit. In dieser Weise sollte er auch andere belehren und ihnen erklären können, daß wenig Wünsche zum Heil gereichen. Das Wort „zufrieden" zeigt deutlich, daß diese Eigenschaft „zum Frieden" führt. Zufriedenheit können wir erreichen, wenn wir nicht immer mehr haben, sein oder können wollen, sondern einmal die Wirklichkeit untersuchen und erkennen, daß alles so ist, wie es sein soll. Das bedeutet nicht, daß wir selbstzufrieden werden, sondern nur, daß wir Situationen und Menschen so akzeptieren, wie sie sind, und vor allem uns selbst auch. Wenn wir uns selbst nicht akzeptieren, können wir niemanden annehmen. Wir sind uns selbst immer der

Nächste, mit dem wir ständig beisammen sind, und dort ist der erste Schritt nötig. Zufriedenheit ist eine Grundlage, auf der sich Liebende Güte entwickeln kann. Sie ist eine der fünfzehn notwendigen Eigenschaften, um lieben zu können, die der Buddha in der Lehrrede über die Liebende Güte aufgezählt hat. Je weniger zufrieden wir sind, desto weniger können wir uns selbst und andere lieben. Unzufriedenheit führt zu Ablehnung; sie ist beinahe identisch damit.

Zufriedenheit bezieht sich nicht nur auf die materielle Ebene, sondern auf alles, das mit unserem Leben zu tun hat. Akzeptieren ist mehr als Toleranz, es bedeutet, alles als gleichbedeutend und gleichwertig anzunehmen. Die Dinge sind so, wie sie sind, und erst, wenn wir die Umwelt, uns selbst und andere in dieser Weise anerkennen, können wir anfangen, unsere Existenz auf einer tieferen spirituellen Basis zu untersuchen. Wenn wir weiter unserer Unzufriedenheit Ausdruck geben, können wir uns keiner Situation, keinem Menschen, keinem Gefühl ganz hingeben, denn alles erscheint uns ja verbesserungsbedürftig. Erst wenn wir uns hingeben können, ist es uns möglich, richtig verstehen zu lernen. Dies sind die beiden ersten Eigenschaften, die der Buddha als Grundlage für die Meditation beschrieb.

Als nächstes erwähnte der Buddha, zurückgezogen und nicht inmitten von zu vielen Geschehnissen zu leben. Auch in der Lehrrede des großen Heils (*Mahā Mangala Sutta*) ist ein friedlicher Wohnort als Segen erwähnt. Am Anfang der Meditationspraxis sind wir von äußeren Einflüssen sehr abhängig, so daß ein ruhiger Platz, an den wir uns zurückziehen können, äußerst wichtig ist. Wenn wir meditieren wollen, muß unser Geist sich zunächst beruhigen und aufhören zu denken. Wenn zu viele Sinneseindrücke auf uns einströmen, ist es schwierig, nicht darauf zu reagieren.

Sich abseits von der Gesellschaft aufzuhalten, ist die nächste der wünschenswerten Eigenschaften. Der Buddha hat häufig erwähnt, mit welcher Art Menschen wir Umgang pflegen sollten. Wir sollen nicht mit törichten Menschen, sondern mit Weisen zusammensein, was er als großen Segen bezeichnet hat. Noble Freunde hat er als das wichtigste Heilmittel für unsere Schwierigkeiten erklärt. Ein guter Freund sei das ganze spirituelle Leben, wurde vom Buddha ausgesagt. In diesem Sinne muß ein guter Freund ein spiritueller Freund sein, der schon einige Schritte voraus ist und uns den Weg zeigen kann. Auf Pali heißt der gute Freund *Kalyāna-mitta,* und oft versteht man darunter den Meditationslehrer. Wir sollten mit Menschen verkehren, denen wir wirklich vertrauen können, die nicht nur Freunde sind, wenn es uns gutgeht, solche, bei denen wir tiefe Ehrlichkeit und enge Verbundenheit verspüren. Wenn wir ein geselliges Leben pflegen, kommen wir mit vielen verschiedenen Menschen zusammen, denen wir uns anpassen müssen. Dies ist schädlich für den spirituellen Pfad, denn wem passen wir uns hier an? Doch nur der Welt, ihren Gepflogenheiten, ihren Vergnügungen und illusorischen Werturteilen. Wenn wir aber bereits wissen, daß das endgültige Glück nicht in der Welt zu finden ist, dann können uns diese Anpassungsmanöver auf Dauer auch nicht zufriedenstellen. Eine große Erleichterung auf dem spirituellen Pfad kann das häufige Erleben von Situationen sein, in denen unsere Innenerfahrungen zählen und wir die Außenwelt nur als Spiegelbild erkennen.

Energie ist die nächste vom Buddha erwähnte wünschenswerte Eigenschaft. Energie ist einer der sieben Erleuchtungsfaktoren und das Gegenstück zum Hindernis der Trägheit und Lässigkeit. Ohne Energie können wir nicht meditieren oder die Lehre in uns aufnehmen. Beide stellen Ansprüche an den Geist, denen er nicht nachkommen kann, wenn er müde und schlaff ist. Der Buddha hat die Menschen, die der Lehre zuhören, mit Tontöpfen verglichen. Der erste Tontopf hat Löcher am Boden; das hineingegossene Wasser läuft unten wieder hinaus. Solche Menschen hören mit einem Ohr zu und vergessen das Gehörte sofort. Dann gibt es Tontöpfe mit Rissen; das hineingegossene Wasser sickert hinaus. Solche Menschen hören die Lehre wohl, vergessen aber bald alles wieder. Dann gibt es Tontöpfe, die bis oben hin voll mit Wasser sind, und frisches Wasser kann nicht zugegossen werden. Damit meint der Buddha Menschen, die so sehr mit ihren eigenen Meinungen angefüllt sind, daß sie nichts Neues mehr aufnehmen können. Es gibt natürlich auch leere Tontöpfe, ohne Löcher und Risse. Ich hoffe, daß wir alle leere Töpfe ohne Löcher und Risse sind.

Energie ist vor allem eine geistige Eigenschaft, die sich aber auch auf den Körper auswirkt. Wenn der Geist ohne Energie ist, so ist es der Körper ebenso. Dann werden wir zu seltsamen Zeiten todmüde, ohne überhaupt etwas getan zu haben, und abends sind wir so erschöpft, als hätten wir körperlich schwer gearbeitet. Obwohl das nicht der Fall gewesen ist, hat der Geist ständig gedacht, beurteilt und verurteilt, gewollt und abgelehnt, so daß er natürlich erschlafft und ermüdet ist. Wir können viel geistige Energie sparen, wenn wir sie nur dann einsetzen, wenn sich die Anstrengung lohnt. Ferner hilft es, Achtsamkeit im täglichen Leben walten zu lassen und in der Meditation zur Ruhe zu kommen. Meditative Ruhe bringt neue Energiezufuhr, die der Geist braucht, um klare und ungetrübte Wahrheit erkennen zu können. Auf der anderen Seite beansprucht Meditation aber auch so lange geistige Energie, bis wir tiefe Ruhe erleben können, die uns dann erfrischt und neu belebt. Unsere anfänglichen Konzentrationsversuche erfordern natürlich einen starken Energieaufwand und lassen den Geist ermüden. Wir müssen mit unserer Energie haushalten, um die besten Resultate zu erzielen. Dazu gehört das noble Schweigen und immer wieder der Versuch, nicht diskursiv zu denken, sondern statt dessen achtsam den Tag zu verbringen. Wir können jede Körperbewegung, jede Handlung, jedes Gefühl beobachten und uns völlig darauf konzentrieren. Auch unser Denken können wir als Beobachter achtsam betrachten. In dem Moment, wo wir uns selbst beobachten, sind wir nicht mehr der Denker, was uns bei der Meditation sehr hilfreich sein wird.

Meditation besteht nicht nur darin, daß wir mit gekreuzten Beinen dasitzen und unseren Atem beobachten; auch Achtsamkeit spielt eine zentrale Rolle dabei. Wir dürfen die Achtsamkeit jedoch nicht gleich wieder aufgeben, wenn wir das Meditationskissen verlassen, sondern sollten sie während des ganzen Tages beibehalten, wissen, daß wir zur Tür gehen, die Türklinke hinunterdrücken, die Tür aufmachen, hinausgehen und die Treppe hinuntergehen. Wenn wir alle unsere Bewegungen beobachten, dann hat der Geist keinen unnötigen Energieaufwand und zersplittert nicht in viele Gedanken. Er bleibt einspitzig, wie es für die Meditation notwendig ist. Wir geben dem Geist die Möglichkeit, sich auch außerhalb der Meditation zu konzentrieren, so daß er es in der Meditation um so besser kann. Wenn wir den Geist nicht dazu anhalten, sich auch während des Tages zu festigen, können wir wohl kaum erwarten, daß er es kann, wenn wir uns auf das Meditationskissen setzen. Unsere Körperhaltung hat sich vielleicht geändert, aber unsere Geisteseinstellung kann sich nicht so schnell umstellen. Wenn der Geist tagsüber ständig gedacht, geplant, sich geärgert und gewundert hat, kann er nicht auf Anhieb alles fallenlassen und ganz friedlich den Atem betrachten.

Wir können den Körper sehen und berühren, und daher ist er das Deutlichste und Einfachste, was wir beobachten können. In der Meditation ist es der Atem, der uns die Körperbetrachtung veranschaulicht; im Tagesablauf sind es unsere Bewegungen und Handlungen, die wir achtsam beobachten können. Sollte ein starkes Gefühl aufkommen, so wenden wir unsere Konzentration dem Gefühl zu und können dadurch die darauffolgende Reaktion vermeiden. Wenn es schon zu spät und die Reaktion bereits erfolgt ist, so betrachten wir die Reaktion. Dadurch lernen wir, ein interessierter, objektiver Beobachter zu werden. Keinen anderen kann es auch nur annähernd so sehr interessieren wie uns selbst, was sich in uns abspielt.

Wenn Achtsamkeit unser ständiger Begleiter ist, hat unsere Meditation die besten Vorbedingungen, und der Energieaufwand des ständigen Denkens, Überlegens, Planens und Hoffens wird überflüssig. Ein energievoller Geist kann sich mühelos überall hinbewegen, genau wie ein energievoller Körper ohne Schwierigkeiten seine Haltung ändern kann, wogegen ein schlaffer Körper vielleicht Mühe hat, sich aufrecht zu halten. Das gleiche gilt für den Geist. Daher gibt der Buddha diesen Eigenschaften einen prominenten Platz in seiner Lehre: wenig Wünsche haben, Zufriedenheit, Zurückgezogenheit, ohne Geselligkeit leben und voll Energie sein.

Achtsamkeit bezieht sich vorerst auf die Meditation. Wir benutzen dabei die vier Grundlagen der Achtsamkeit. Als erstes beziehen wir uns auf den Körper, und zwar auf den Atem, der ja eine Körperbewegung darstellt. Wir benutzen den Atem als unser Meditationsobjekt. Wenn ein flüchtiger Gedanke unsere Konzentration auf den Atem unterbricht, wie es bei erfahrenen Meditierenden der Fall sein kann, dann lassen wir diesen Gedanken wie eine Wolke an uns vorbeiziehen. Wenn aber ein massiver Denkprozeß einsetzt, so wie es bei den meisten Menschen üblich ist, die noch nicht lange oder nur sporadisch meditieren*, dann gilt es dem Gedanken ein Etikett aufzukleben, das seinen Inhalt beschreibt. (*Sporadisch meditieren kann man übrigens mit sporadisch essen vergleichen. Eines hält den Körper, das andere den Geist nicht in Ordnung.)

Dies ist eine der wichtigsten meditativen Übungen, weil wir damit gleich zwei Resultate erzielen. Als erstes werden wir zum Beobachter unserer Gedanken, was zur

Folge hat, daß der Gedanke auseinanderfällt und wir zum Meditationsobjekt zurückkehren können. Natürlich kommt bald ein neuer Gedanke, aber auch das gibt sich nach einiger Zeit. Als zweites lernen wir unsere gewohnheitsmäßigen Gedankengänge kennen, die uns entweder in die Zukunft oder in die Vergangenheit treiben, zu Ablehnung und Ärger oder zu Habenwollen und Gier veranlassen. Auch Träumereien, Hoffnungen oder Langeweile mögen hochkommen. Wir können also Etiketten wie Zukunft, Vergangenheit, Hoffnung, Pläne, Wünsche, Ärger, Langeweile, Unsinn, Träume gebrauchen. Das erste Etikett, das hochkommt, ist das richtige. Es ist nicht nötig, das beste zu finden. In jedem Fall hilft uns das Etikettieren, uns selbst besser kennenzulernen.

Wir haben hier also bereits drei Grundlagen der Achtsamkeit zum Praktizieren: der Körper (Atem), die Gedanken (Erkennen des Denkens und sich nicht hinreißen lassen, weiterhin zu denken) und der Inhalt der Gedanken (Etikett). Auch im täglichen Leben hilft uns das Erkennen und Etikettieren unserer Gedanken. Wenn wir negativ, ablehnend, ärgerlich, wütend, sorgen- und kummervoll sind, und wir etikettieren dies, dann verdeutlicht uns das, wie wir uns selbst zum Unglück hinreißen lassen. Sobald wir gelernt haben, Gedanken fallenzulassen und zum Atem zurückzugehen, können wir auch im täglichen Leben negative Gedanken fallenlassen und durch positive ersetzen, denn es ist genau dieselbe geistige Bewegung. Wenn wir dies ständig praktizieren, brauchen wir eines Tages keine negativen Gedanken mehr zu denken und daher nie wieder unser eigenes Unglück heraufzubeschwören. Es fängt damit an, daß wir den störenden Gedanken in der Meditation ein Etikett geben und sie durch Atembetrachtung ersetzen. Das Ersetzen durch das Gegenteil ist eine wichtige spirituelle Fähigkeit.

Was uns ebenfalls bei der Meditation stören kann, sind Gefühle, oftmals unangenehme Körperempfindungen, die durch die ungewohnte Sitzhaltung hervorgerufen werden. Wenn wir diese unerwünschten Empfindungen als Lernmöglichkeit annehmen, können wir uns von Grund auf kennenlernen und absolute Wahrheiten erfahren, die uns vielleicht eines Tages zur vollkommenen Freiheit und Erlösung führen. Denn das, was wir im Moment von uns selber sehen, ist eine Illusion. Die unangenehmen Empfindungen können uns den Weg zur Wahrheit zeigen.

Wenn ein unangenehmes Gefühl auftritt, so ist unsere instinktive, impulsive Reaktion, das Gefühl total abzulehnen. Daher werden wir entweder schnell die Sitzhaltung ändern oder aber die Zähne zusammenbeißen und bei uns denken: „Ich werde denen schon zeigen, daß ich durchsitzen kann." Beide Wege sind grundfalsch. Der erste ist Gier nach Bequemlichkeit, und der zweite ist Haß, ausgedrückt als: „Ich kann dies zwar nicht leiden, aber ich beiße mich durch." Haß und Gier sind die zwei Charaktereigenschaften, denen wir alle untertan sind, und obwohl beide Worte scheinbar Unschönes beschreiben, können wir uns ruhig mal vor Augen halten, daß alles, was wir haben wollen, sei es noch so unscheinbar, auf Gier aufgebaut ist, und daß allem, was wir loswerden wollen, Haß zugrunde liegt.

Anstatt daher sofort das unangenehme Gefühl loswerden zu wollen oder mit Ablehnung zu reagieren, sollten wir die Situation einmal ganz anders anpacken und feststellen, daß ein Sinneskontakt der Berührung stattgefunden hat, und daß alle Sinneskontakte Gefühle verursachen. Es gibt nur drei Arten von Gefühlen: angenehme, unangenehme und neutrale. Die neutralen halten wir gewöhnlich für angenehm, weil sie wenigstens nicht unangenehm sind. Wir haben also nur zwei Arten, mit denen wir uns abgeben müssen, die angenehmen und die unangenehmen Gefühle, und mit diesen sind wir unser Leben lang beschäftigt. Wenn wir beim Meditieren merken, daß wir unsere Zeit vergeuden, weil wir den angenehmen Gefühlen nachjagen und den unangenehmen aus dem Weg gehen wollen, dann haben wir einen großen Schritt in Richtung Erkenntnis getan.

Wir erleben also einen Sinneskontakt, der ein unangenehmes Gefühl hervorruft, die Wahrnehmung etikettiert dies mit „Schmerz", und danach kommt die Reaktion, die sich erst einmal in unseren Gedanken abspielt. Die Reaktion kann sein: „Das ist ja scheußlich", „Ich kann das nicht leiden" oder „Wozu meditiert man denn überhaupt in dieser Haltung?", „Das ist bestimmt ungesund, denn es schneidet die Blutzirkulation ab" und was sich sonst noch alles im Geist abspielen kann. Als letzter Gedanke kommt dann: „So etwas kann kein Mensch aushalten, ich setze mich mal um." Und kurz danach fängt dasselbe Gedankenspiel wieder an, weil ja das Umsetzen auf die Dauer auch nicht nur angenehme Gefühle bringt. Statt dessen können wir der Beobachter von Sinneskontakt, Gefühl, Wahrnehmung und Reaktion werden. Wir brauchen der Reaktion keineswegs blind zu glauben, sondern müssen sie nur beobachten, dann fallenlassen und durch das Beobachten des Atems ersetzen. Jeder kann dies kurzfristig tun. Es bringt ein Gefühl der Sicherheit, wenn wir merken, daß wir nicht auf jedes Gefühl reagieren müssen, sondern daß wir die Reaktionen auch loslassen können. Im täglichen Leben ist dies eine wichtige Fähigkeit, die uns Selbstvertrauen verleiht.

Wenn wir einige Male unsere Reaktionen fallengelassen und durch Achtsamkeit auf den Atem ersetzt haben, mag der Geist vielleicht sagen: „Jetzt habe ich aber genug davon." Dann können wir uns langsam und vorsichtig umsetzen, wobei wir den eigenen Geist oder den des Nachbarn nicht zu sehr stören und vor uns selbst zugeben, daß wir von einem unangenehmen Gefühl besiegt worden sind. Wir werden ständig von unseren Gefühlen besiegt; der große Unterschied ist, daß wir dies sonst nicht wahrnehmen. Hier aber können wir es ganz klar feststellen, was Einsicht in uns selbst bringt. Wir erkennen, was wahrhaftig in uns vorgeht, anstatt mit Haß,

Ablehnung, Ärger, Trauer und Schmerzen zu reagieren und zu warten, daß die Meditationszeit vorbeigeht.

Zu erkennen wie unser Geist reagiert, wie wir von Natur aus beschaffen sind und immer bleiben werden, wenn wir nicht Einhalt gebieten, bringt uns eine neue Sicht. Der menschliche Geist will das Angenehme und lehnt das Unangenehme ab; darauf ist unsere ganze Wirtschaft aufgebaut. Eines Tages können wir diesen Begierden Einhalt gebieten, aber nicht sofort, nicht auf Anhieb. Unsere Gedanken und Gefühle stellen sich in den Weg, und wir lernen, weise mit ihnen umzugehen. Die Formel heißt: erkennen, benennen, fallenlassen, ersetzen.

Zur Meditationsmethode:

Diejenigen, die schon einige Jahre lang täglich meditieren, sollen die Methode weiterbenutzen, an die sie gewöhnt sind. Diejenigen, die etwas mehr Hilfestellung bei der Meditation brauchen, sollen eine Krücke verwenden. Nur den Atem allein zu betrachten, ist schwierig, und es gibt zu viele Möglichkeiten, den Geist anderweitig zu beschäftigen, denn im Prinzip will der Geist sich ja nicht konzentrieren. Obwohl wir wissen, daß Konzentration gut für uns ist, macht der Geist anfangs nicht mit.

Diejenigen, die Zahlen mögen, können den Atem zählen. Eins beim Einatmen, eins beim Ausatmen, zwei beim Einatmen, zwei beim Ausatmen, nicht weiter als zehn; jedesmal wenn der Geist in die Ferne schweift, gehen wir zurück zu eins. Das verhindert, daß wir überlegen, bei welcher Zahl wir eigentlich stehengeblieben waren, was vollkommen gleichgültig ist.

Diejenigen, die Worte lieber haben als Zahlen, können sich ein Wort aussuchen. Wenn wir buddhistisch orientiert sind, kann „Buddho" ein sehr gutes Wort sein: „Budd" beim Einatmen, „ho" beim Ausatmen, andernfalls „Liebe" beim Einatmen, „Frieden" beim Ausatmen oder auch „Lie" beim Einatmen und „be" beim Ausatmen. Ein einziges Wort verleitet uns weniger zum Denken als zwei oder mehr Worte, aber wenn der Geist sich nicht nur auf eines konzentrieren will, dann können zwei Worte hilfreich sein.

Wer weder Zahlen noch Worte anziehend findet, aber leicht visualisieren kann, kann sich eines der folgenden Bilder aussuchen: Der Atem ist eine strahlend weiße Wolke, die in uns hinein- und aus uns hinauszieht. Der Atem ist eine glitzernde Meereswelle, die in uns hinein- und aus uns hinausfließt.

Alle inneren Fähigkeiten und Tendenzen können eingesetzt werden, um uns bei der Meditation behilflich zu sein. Was wir bereits an guten Eigenschaften besitzen, verwenden wir, um den Geist in eine andere Richtung zu lenken. Wenn keine der drei bis jetzt genannten Möglichkeiten Ihr Interesse erweckt hat, dann bleiben noch die Empfindungen als Unterstützung der Konzentration. Wenn der Wind des Atems die Nasenlöcher berührt, entsteht dort eine Empfindung, die sich in der Nase fortsetzt und dann vielleicht in der Stirn, im Kehlkopf, in der Lunge und vielleicht sogar bis in den Bauch hinunter spürbar wird. Beim Einatmen entsteht ein Gefühl der Erweiterung, der Fülle, beim Ausatmen ein Gefühl des Zusammenschrumpfens, der Leere.

Zahlen, Worte, Bilder oder Empfindungen können als Konzentrationsstütze verwendet werden. Wir suchen uns eine davon aus und behalten diese bei, bis wir sie genügend ausprobiert haben. Wenn die Konzentration weiterhin sehr schwierig ist, können wir notfalls eine neue Stütze wählen. Später ist es möglich, daß wir die Konzentrationsstütze fallenlassen und uns nur auf den Atem beziehen, bis wir eines Tages alle Methoden loslassen können. Die Methode ist noch nicht Meditation, wird uns aber dahin führen.

KAPITEL 2

Das Heil der Tugend

In seiner Unterhaltung mit den Mönchen fragte der Buddha als nächstes, ob ein Mönch zu finden wäre, der das Heil der Tugend vollkommen in sich entwickelt hat und so auch lehrt.

Wir können den Weg zum Heil in vier Schritten gehen, wobei als erster Schritt der Wille zu nennen ist, sich innerlich so zu läutern, daß keinerlei Befleckung mehr besteht. Der Wille zur Läuterung zeigt sich im Praktizieren der vier großen Anstrengungen, die von Willenskraft und Achtsamkeit abhängig sind.

Die vier großen Anstrengungen
- Einen unheilsamen Gedanken, der noch nicht aufgekommen ist, nicht aufkommen lassen.
- Einen unheilsamen Gedanken, der schon aufgekommen ist, nicht weiterführen
- Einen heilsamen Gedanken, der noch nicht aufgekommen ist, aufkommen lassen.
- Einen heilsamen Gedanken, der schon aufgekommen ist, weiterführen.

Wenn wir in der Meditation gelernt haben, unsere Gedanken zu benennen, so merken wir ganz schnell, daß wir ihnen nicht zu glauben brauchen, denn sie sind voller Phantasie und beziehen sich nicht auf die momentane Gegenwart, in der wir leben. Daraus können wir Schlußfolgerungen für das tägliche Leben ziehen. In dem Moment, in dem wir wissen, daß wir unseren Gedanken nicht zu glauben brauchen, wissen wir auch, daß wir einen unheilsamen Gedanken nicht beibehalten müssen, denn er verbreitet nur Unglück um sich. Diese Erklärung des Buddha ist so einfach, klar und logisch, daß wir uns fragen können, warum wir nicht selbst darauf gekommen sind. Die meisten Menschen kommen leider überhaupt nie darauf, und diejenigen, die durch die Lehre des Buddha darauf hingewiesen werden, haben gewiß Schwierigkeiten damit. Erst wenn wir zu praktizieren beginnen, merken wir, um was es hier eigentlich geht. Es gibt doch wirklich nichts Vernünftigeres als sich einmal klarzumachen, daß wir unheilsame, negative, unglücklich machende Gedanken nicht mit uns herumzutragen brauchen, weil sie weder glaubwürdig und glücksspendend noch erhebend oder belehrend sind. Sie ziehen uns nur in die Tiefe.

In der Meditation macht es weniger Schwierigkeiten, die eigenen Gedanken zu etikettieren, als im täglichen Leben, denn wir wissen genau, daß uns die Meditation Ruhe, Frieden und Glück bringen soll. Es wird uns schnell klar, daß dies beim Denken nicht geschieht und daß ein Etikett uns helfen kann, die Gedanken abzuschalten.

Im täglichen Leben hingegen, wenn Situationen und Menschen schnell an uns vorbeiziehen, wird dies leicht vergessen. Wenn wir jedoch geduldig weiterüben, wird uns das Etikettieren eines Tages zur Gewohnheit, und wir erlauben uns die unheilsamen Gedanken nicht mehr, weil sie effektiv nur schlechte Resultate bringen.

Den Unterschied zwischen „heilsam" und „unheilsam" können wir alle erkennen, wenn wir uns daran erinnern, daß das Heilsame beglückend, aufmunternd und belehrend ist. Wenn diese Eigenschaften fehlen, erleben wir das Unheilsame, das negativ, niederziehend und schmerzhaft ist. Wenn ein unheilsamer Gedanke schon hochgekommen und etikettiert worden ist und wir den festen Willen haben, diesen Gedanken nicht weiterzuführen, so können wir im täglichen Leben dieselbe Methode anwenden, die wir auch in der Meditation gelernt haben, nämlich das Ersetzen des unheilsamen Gedankens durch einen heilsamen. In der Meditation ist der Ersatz die Achtsamkeit auf den Atem.

Es ist schwieriger, den unheilsamen Gedanken zu erkennen, bevor er hochgekommen ist, als wenn er sich schon ausgebreitet hat. Es ist jedoch viel hilfreicher und glückspendender, wenn wir lernen, die Beschmutzung überhaupt nicht erst zuzulassen. Jeder Gedanke schickt ein Gefühl als Vorboten. Ein unheilsamer Gedanke wird durch ein unangenehmes Gefühl der Schwere, der Unruhe, der Dumpfheit oder Vernebelung angekündigt. Wenn wir eines dieser Gefühle in uns erkennen, können wir schnellstens einen heilsamen Gedanken hervorbringen und damit den unheilsamen völlig vermeiden. Wenn eines Tages alle unheilsamen Gedanken vermieden und nur die heilsamen entfaltet werden, werden wir keine Sekunde lang mehr unglücklich sein. Einem Erleuchteten ist dies ohne weiteres möglich. Wir sind natürlich nicht immer dazu in der Lage. Wenn wir aber die Absicht haben, innerlich zu wachsen, dann müssen wir es zumindest so oft wie möglich üben. Je öfter wir etwas praktizieren, desto leichter fällt es uns.

Die Meditation ist unser wichtigstes Hilfsmittel, aber die Achtsamkeit im täglichen Leben wird genauso dringend benötigt. Wir können vielleicht schon jetzt erkennen, daß die Meditation nichts weiter ist als ein Mittel zum Zweck, und nicht der Zweck an sich. Dies wird oft nicht klar erkannt, besonders im Westen, wo Meditation ja noch Neuland ist. Meditation ist in der Tat ein unersetzbares Mittel, ohne das spirituelles Wachstum nicht möglich ist, aber wir müssen es durch tägliche Achtsamkeit unterstützen und vervollkommnen.

In der Abgeschiedenheit fällt uns die Achtsamkeit leichter als im geschäftigen Leben der Welt. In der Zurückgezogenheit passiert nicht viel, und wir haben Gelegenheit, einmal auf uns selbst aufzupassen. Die Heilsamkeit eines Gedanke wird uns klar, wenn wir ihn auf seine Egobezogenheit hin untersuchen. Je weniger der Gedanke sich um unsere eigenen Interessen dreht, desto wahrscheinlicher ist seine Lauterkeit. Wenn wir an uns selbst denken, so ist dies meist mit Wünschen oder Ablehnung verbunden. Beispiele für heilsame Gedanken sind solche der Hilfsbereitschaft, der Liebe, des Mitgefühls, der Mitfreude und des Gebens. All diese Gedanken beziehen sich auf andere Menschen. Ein heilsamer Gedanke für uns selbst wäre der Wille und die Absicht, den inneren Weg des spirituellen Wachstums zu fördern. Je mehr wir uns darüber klar werden, daß an andere denken für uns selbst das größte Glück und Heil bedeutet, desto leichter wird es uns fallen, solche Gedanken in uns zu entfalten. Nicht allein um Gutes zu tun, sondern um der eigenen Läuterung willen. Diese vier großen Anstrengungen gehören zu den 37 Erleuchtungsfaktoren, ohne die es keinen spirituellen Pfad gibt. Wenn wir das „Ersetzen mit dem Heilsamen" nicht praktizieren, können wir keine Läuterung erwarten. Damit wir uns besser an diese Anweisungen erinnern, können wir sie in vier Worten zusammenfassen: *Vermeiden, Überwinden, Entfalten, Erhalten.*

Der Wille ist der erste Schritt zur Tugend, weil es ohne ihn unmöglich ist, überhaupt etwas zu tun. Ob wir ein Haus bauen oder frühmorgens aufstehen wollen, alles braucht die Kraft des Willens. Er ist es, der uns überhaupt aktionsfähig macht. Wenn uns der Wille verlorengeht und wir uns treiben lassen, ist keine innere Entwicklung mehr möglich. Sich treiben lassen ist eine Art von Faulheit, nämlich Gedankenfaulheit, die jeder Mensch latent in sich trägt. Wenn wir aber praktizieren wollen, müssen wir in dieser Beziehung auf der Hut sein und dem Geist immer wieder die Möglichkeit geben, sich zu läutern.

Wir können den Geist mit einem sehr kostbaren Juwel vergleichen, dem kostbarsten im ganzen Universum, denn er trägt den Samen der Erleuchtung in sich, an dem wir alle Anteil haben. Wenn wir dieses Juwel nicht fürsorglich behandeln, wird es schmutzig, zerkratzt und unscheinbar und hat am Ende überhaupt keine Leuchtkraft mehr. Jeder von uns kann dieses Juwel nur selbst vor Verunreinigung schützen und davor, daß es in Verstecke gerät, wo es nicht strahlen kann. Wir müssen immer wieder darauf achten, daß wir die Reinheit, die Klarheit und die Schönheit dieses Juwels zur Geltung bringen. Es muß uns auch klar sein, daß es nichts Wichtigeres im Leben gibt. Alles was wir sonst noch tun, ist Nebensache. Wenn unser Geist die menschliche Problematik einmal abgelegt hat und transzendental denkt, haben wir das Juwel richtig behandelt.

Im allgemeinen ist alles, was wir im Leben tun, darauf ausgerichtet, unseren Körper in Ordnung zu halten. Die meisten von uns vergessen völlig, das Juwel des Geistes in Ordnung zu halten. Die vier großen Anstrengungen ermöglichen uns dies, und die Energie, die wir aus der Meditation schöpfen, gibt uns die Kraft dazu. Es ist auch noch zu bedenken, daß unser Geist die Eigenschaft des Anhaftens hat. Weil er an unheilsamen Gedanken anhaftet, glaubt er, daß sie berechtigt seien. Erst haftet er an, und dann rechtfertigt er sich. Wenn wir das nicht in uns erkennen, können wir den Willen, etwas zu ändern, nicht aufbringen. Die Formel heißt: „Erkennen, nicht tadeln, ändern." Eine ganz einfache Formel, die leicht zu behalten ist, wir müssen sie nur in die Tat umsetzen.

Es wird oft gefragt, ob der Buddhismus eine Religion, eine Philosophie, eine Art von Psychologie oder eine Wissenschaft sei. Es kommt wohl ganz darauf an, von welcher Warte aus wir dies betrachten. Im Prinzip ist der Buddhismus nichts weiter als eine Lehre der Praxis, die aus allem Leid herausführt. Um diese Lehre aber erfolgreich praktizieren zu können, müssen wir sie kennen und dürfen sie nicht mit unseren eigenen Meinungen vermischen. Wir sollten versuchen, die Lehre so zu verstehen, wie sie uns überliefert wurde, denn sie basiert auf einer Wahrheit, die wir erst einsehen können, wenn wir genügend praktiziert haben. Es ist also nicht zweckmäßig, zu hoffen, daß unsere eigenen Ideen uns behilflich sein werden. Das einzige, was uns hilft, ist, den

Richtlinien zu folgen und selbst zu sehen, ob wir Resultate dabei erzielen.

Allein der Wille zur Tugend und zur Meditation bewirkt bereits gutes *Karma*. Der Buddha hat gesagt, *Karma* ist die Absicht. Ob diese Absicht dann auch die Früchte trägt, die wir uns erhoffen, ist erst der nächste Schritt. Wenn wir uns vornehmen, die unheilsamen Gedanken loszulassen und die heilsamen in uns zu fördern, bewirken wir durch diese Absicht gutes *Karma*. Je mehr gutes *Karma* wir bewirken, desto mehr Unterstützung wird uns in praktischer, materieller und geistiger Hinsicht zuteil.

Wir müssen natürlich immer wieder unser eigener Beobachter sein und dürfen nicht versuchen, uns vor uns selbst zu rechtfertigen. Wenn zum Beispiel ein unheilsamer Gedanke aufgekommen ist, etwa: „Ich kann diesen Menschen nicht leiden", sollten wir ihn nicht damit rechtfertigen wollen, daß diese Person wirklich ekelhaft ist. Das macht nämlich jeder, dazu brauchen wir keinen spirituellen Pfad. Statt dessen erkennen wir den Gedanken als unheilsam, beschmutzend, verhärtend, wehtuend, lieblos und weder für uns noch für andere hilfreich und versuchen ihn so schnell wie möglich zu ersetzen. Je schneller wir das Unheilsame aus unserem Geist entfernen, desto weniger Unheil und Beschmutzung findet im Geist statt. Je länger es dauert, desto mehr Schmutz haben wir dann wegzuräumen.

Der zweite Schritt zum Heil der Tugend wird Geistesverfassung genannt. Damit sind unsere Reaktionen auf unsere Emotionen gemeint, mit denen wir ja ständig zu tun haben. Der erste Schritt betrifft also unsere Gedanken, der zweite unsere Emotionen. Tugend ist viel mehr als nur Sittlichkeit, denn vollkommen tugendhaft zu sein, bedeutet, vollkommen geläutert zu sein, was gleichbedeutend mit Erleuchtung ist. Für uns gibt es den Pfad der Praxis. Man kann sagen, daß das größte Gut, das der Buddha uns hinterlassen hat, seine Erklärungen und

Richtlinien sind, nach denen wir üben können. Wir brauchen nicht zu warten, zu hoffen oder zu bitten, es ist ganz deutlich überliefert, was zu tun ist.

Unsere Geistesverfassung baut auf unseren Reaktionen auf. Wenn wir mit unseren Sinnen etwas wahrnehmen, was uns schön oder angenehm erscheint, so ist unsere natürliche, instinktive Reaktion, daß wir uns ihm nähern, es behalten und besitzen wollen. Wir verstärken also unser Anhaften. Wir können aber nun einmal anfangen, uns ein bißchen davon zu lösen. Wir sind mit Geist und Körper der Ich-Illusion verhaftet: „Das bin ich, das gehört mir, das will ich haben, das will ich sein, das will ich werden." Alles dreht sich um „mich". Wenn also die Sinne, die wir ja ständig in Gebrauch haben, uns etwas zeigen, was wir als wünschenswert empfinden, verbinden wir ein angenehmes Gefühl damit, laufen dem hinterher und suchen dadurch etwas Neues zum Anhaften. Es genügt uns anscheinend nicht, daß wir schon an so vielen Dingen anhaften.

Die Kehrseite der Medaille handelt davon, daß wir mit den Sinnen etwas Unangenehmes, Häßliches, Schmerzliches berühren und sich sofort Widerstand zeigt: „Ich will das nicht, ich kann das nicht leiden, ich muß weg davon." Gleich zeigt sich unsere Negativität, die allein dadurch hochkommt, daß ein Sinneskontakt stattgefunden hat und wir dem glauben, was da vor sich geht, als ob es die einzige Realität wäre. In Wirklichkeit können diese Vorgänge höchstens zeitweiliges Vergnügen oder Mißvergnügen bereiten, aber niemals inneren Frieden und innere Harmonie erzeugen. Darum ist es nötig, Innenschau zu halten, um zu erkennen, was hier in uns selbst vorgeht.

Vielleicht hören wir Worte, die uns nicht gefallen, und sofort kommt eine Reaktion: „Dieser Mensch ist bei mir im Haus nicht erwünscht." Dabei ist nichts weiter geschehen, als daß wir Worte gehört haben, von denen der Sprecher sogar überzeugt ist. Die Reaktion darauf entsteht in uns selbst, was schwer zu erkennen ist. Die meisten Menschen glauben, alles hinge von dem ab, was von außen auf sie zukommt.

Vielleicht können wir uns einmal folgendes vorstellen: Eine kleine Teufelspuppe, mit der Kinder spielen, sitzt in ihrem Kasten auf einer Spirale. Wenn das Kind den Deckel nur ganz leicht berührt, springt die Teufelspuppe zum größten Vergnügen des Kindes heraus. Nun entfernt jemand die Teufelspuppe aus dem Kasten und wirft sie weg. Das Kind drückt und drückt auf den Deckel – ohne Ergebnis. Es holt einen Hammer und haut auf den Deckel, aber nichts springt heraus. Das ist ein Gleichnis für unsere Reaktionen. Sie springen jedesmal heraus, wenn jemand auf den Deckel drückt, weil sie in uns sitzen. Wenn wir einmal festgestellt haben, daß bei uns immer das gleiche Programm abläuft, werden wir vielleicht versuchen, uns von allem fernzuhalten, was auf unseren Deckel drücken könnte. Das ist aber nicht möglich. Die Welt ist voll von diesen „Kindern", die auf unsere Deckel drücken, selbst wenn wir uns in eine einsame Höhle zurückziehen. Auch da wird es kalt und regnet, gibt es Ungeziefer, kommen Leute vorbei, die uns auslachen, und andere Unannehmlichkeiten. Es hat keinen Sinn, den Deckeldrücker zu tadeln oder ihm auszuweichen. Es gibt nur einen Weg, nämlich endlich einmal die eigene Teufelspuppe kennenzulernen und sich vorzunehmen, nicht mehr dasselbe Programm ablaufen zu lassen. Wir können uns klarmachen, daß ja nichts weiter stattfindet als ein Sinneskontakt.

Wenn wir zum Beispiel mit Knieschmerzen dasitzen, kann es sein, daß unser Geist sich empört: „Das ist ja schrecklich, wirklich furchtbar. Ich hätte nie so etwas anfangen sollen. Erleuchtet werde ich ja ohnehin nicht. Ich mache das nicht länger mit. Ich gehe einfach." Und was hat wirklich stattgefunden? Nichts weiter als ein Berührungskontakt, der unangenehme Gefühle hervorgerufen hat. Der Geist kann aber ein ganzes Drehbuch aus der einfachen Tatsache machen, daß das Knie das Kissen berührt und ein unangenehmes Gefühl hervorruft. Wenn wir das Knie streicheln, findet auch ein Berührungskontakt statt, der jedoch mit einem angenehmen Gefühl verbunden ist. Der Geist reagiert dann wohlwollend: „Wie schön, mach doch weiter, herrlich." Die äußeren Anlässe und unsere Reaktionen vermitteln uns den Eindruck, als sei das die Welt. Der Buddha hat wiederholt gesagt: „Die Welt, das sind unsere Sinne und die Sinnesobjekte, die wir mit dem Sinnesbewußtsein wahrnehmen und daher sehen, hören, riechen, schmecken, berühren und denken, und weiter gar nichts."

Der erste Schritt auf dem Weg zur inneren Reinheit besteht also darin, daß wir unsere Gedanken in heilsame Bahnen lenken, der zweite darin, daß wir unsere Gefühlsreaktionen beachten und versuchen, uns vom Haben- und Loswerdenwollen zu befreien. Beide verursachen Leid, denn sie bedeuten ja, daß wir nicht zufrieden sind mit den Dingen, so wie sie sind. Leider ist das der Gram aller Lebewesen. Wir brauchen uns nur die Kühe anzuschauen; sie stecken immer ihren Kopf durch den Zaun, um das Gras auf der anderen Seite zu fressen. Dabei ist es genau dasselbe Gras wie auf ihrer Seite. Bei uns sieht es auch nicht anders aus; wir sind selten zufrieden mit dem, was wir haben, erleben, wissen und sind. Es sollte immer besser, schöner und vollständiger sein. Was werden wir also ändern können, damit endlich einmal diese Unzufriedenheit in uns aufhört? Wir können wohl etwas ändern, aber nicht von außen. Wir haben die Anweisungen des Buddha, wie wir innerlich etwas ändern können.

Unser Hauptanliegen ist die Läuterung von Herz und Geist mit den entsprechenden Methoden, diese zu erreichen. Die Meditation ist eine Methode der Läuterung; jeder Moment der Konzentration ist ein Moment der Läuterung. Wenn der Geist nur eine Sekunde lang konzentriert ist, kann er nicht unheilsam denken oder reagieren. Wir wissen auch, daß die Zeit sehr schnell verfließt, wenn wir konzentriert sind, was daran liegt, daß der Geist zu der Zeit nichts Unlauteres in sich birgt. Diese Art der Läuterung funktioniert wie eine automatische Waschmaschine. Wir brauchen uns nicht vorzunehmen, nichts Böses zu denken oder alle Menschen zu lieben. Konzentration allein genügt. Um unser Innenleben zu läutern und tugendhaft zu gestalten, brauchen wir keine grandiosen, spirituellen Fähigkeiten. Nur Verständnis und gute Absicht sind nötig.

Der dritte Schritt zum Heil der Tugend besteht darin, daß wir unsere Sinnestore schützen. Wir tun das, indem wir uns zurücknehmen, was uns auch hilft, unsere Reaktionen zu vermindern. Wenn wir unsere Sinnestore schützen, sind wir nicht an allem interessiert, was um uns herum vorgeht. Das Wort „Neugierde" macht deutlich, worum es dabei geht, nämlich um die „Gier nach dem Neuen". Diese Gier wird durch unsere Rastlosigkeit, unsere Unzufriedenheit und unser Nicht-erfüllt-Sein hervorgerufen. Wir wollen noch etwas Neues sehen, hören, schmecken, riechen, antasten oder eventuell denken. Also schaffen wir uns noch einige Bücher an oder belegen etliche neue Kurse. Die Gier nach dem Neuen hat zur Folge, daß unsere Sinne ständig beschäftigt sind, was uns jedoch nie befriedigen kann.

Nicht das Auge sieht eine hübsche Frau oder einen gutaussehenden Mann. Das Auge kann nichts weiter erkennen als Farbe und Form, der Geist muß es dann erklären. Das Ohr hört nicht, daß jemand hämmert, es kann nur Geräusch hören. Das Geräusch erzeugt Gefühle, dann kommt die Erklärung „hämmern" und daraufhin die Reaktion: „Das kann ich nicht leiden; wie soll ich hier meditieren; ich gehe nach Hause." So spielt sich unser ganzes Leben ab. Immer wieder sind wir den fünf Sinnen und unseren Reaktionen ausgesetzt. Daß uns dabei auf die Dauer langweilig wird, ist nicht verwunderlich, und so suchen wir ständig nach etwas Neuem. Im Prinzip aber bleibt es immer beim Alten, es ändert sich nichts. Wir hören, sehen, schmecken, riechen, berühren oder denken etwas, und nichts weiter geschieht als Gehörtes, Gesehenes, Geschmecktes, Gerochenes, Berührtes und Gedachtes, daraufhin ein Gefühl, die Erklärung und dann die Reaktion: „Dies habe ich gern, jenes kann ich nicht leiden. Dieses soll näherkommen, ich will es behalten, jenes soll fort."

Wir können also unsere Sinne schützen und dadurch etwas beruhigen, daß wir sie nicht mit ewiger Neugierde in die Welt hinausschicken, sondern daß wir mit dem zufrieden sind, was wir schon haben und erleben. Wir werden in dem Moment bereit sein, unsere Sinneskontakte allmählich zu reduzieren, in dem wir erkennen, daß unser ganzes Leben von unseren Reaktionen abhängig ist und daher nie vollkommen befriedigend sein kann. Im Prinzip suchen wir doch alle Glück und Frieden. Unsere Sinneskontakte sprechen dagegen, denn sie bringen uns niemals das Gewünschte – nur etwas Neues, das wir entweder haben wollen oder nicht, und daraus erwächst sicherlich kein Glück und kein Frieden.

Wenn wir uns klar darüber sind, daß wir inneren Frieden suchen, müssen wir auch gewillt sein, etwas dafür aufzugeben. Es handelt sich dabei nicht um Familie, Heim oder Arbeitsstelle, sondern darum, daß wir aufgeben, das Glück dort zu suchen, wo es nicht zu finden ist. Wir alle haben lange genug, nämlich seit wir auf der Welt sind, versucht, durch unsere Sinneskontakte volle Befriedigung zu finden, und es ist uns niemals gelungen. Wir haben immer nur momentanes Vergnügen erreicht. Wenn wir also wirklich einmal Frieden haben wollen, müssen wir bereit sein, das aufzugeben, was uns keine Befriedigung gebracht hat.

Das bedeutet jedoch nicht, mit geschlossenen Augen, Ohren, Nase und Mund durch die Welt zu gehen. Das ist unmöglich und wäre auch sinnlos. Der Buddha war ein pragmatischer Lehrer und hat alles aus der Sicht der Praxis gelehrt. Unsere Erwartungshaltung, daß aus den Sinneskontakten eines Tages das wirkliche Glück entsprießen wird, können wir aufgeben. Wir denken, wenn wir es nur richtig anpacken, das Beste kaufen, das Gesündeste essen, den richtigen Partner haben, die neuesten Yoga-Übungen machen, dann wird es schon klappen. Wir denken, bis jetzt haben wir es eben sicher noch nicht ganz richtig gemacht. Leider wird sich das aber bis zum Ende unseres Lebens nicht ändern. Wir können natürlich immer wieder probieren.

Gesundes Essen und Yoga-Übungen sind wichtig, aber zu erwarten, daß sie uns Glück und Frieden verschaffen, ist Utopie. Diese Erwartungshaltung bringt innere Unruhe. Wir denken: „Habe ich es nun richtig gemacht? Wird sich mir keiner in den Weg stellen? Werden alle, die ich liebe, bei mir bleiben? Wird jetzt und zukünftig alles in Ordnung sein?" Mit dieser Erwartungshaltung kommt sofort die Enttäuschung, weil es natürlich nicht funktioniert. Also glauben wir, es muß wohl doch der falsche Partner sein, die falsche Yoga-Übung, die falsche Ernährung oder was immer wir uns ausdenken mögen. Es könnte auch das falsche Buch, der falsche Kurs oder der falsche Lehrer sein. Statt aufzuhören, das Glück mit unseren Sinnen in der Außenwelt zu suchen, fangen wir unweigerlich wieder von vorn an, nach neuen Objekten zu suchen, die uns Erfüllung bringen sollen.

Wir brauchen unsere Sinne zum Überleben, denn sie warnen uns vor Gefahren. Statt dessen mißbrauchen wir sie als Mittel auf der Suche nach Vergnügen. Die Vorstellung, daß sie uns eines Tages Glück und Frieden bringen werden, müssen wir ein für allemal aufgeben. Wenn wir dies als Kontemplation betrachten, nachprüfen und klar erkennen, so heißt das nicht, daß wir uns nie mehr an angenehmen Sinneskontakten erfreuen werden. Es bedeutet lediglich, daß wir kein bleibendes Glück und keinen inneren Frieden von ihnen erwarten. Wir akzeptieren jeden angenehmen Sinneskontakt mit großer Dankbarkeit, und wenn wir einen unangenehmen erleben, wissen wir, daß er das Erbe unseres eigenen *Karmas* ist. Wir benutzen die Situation als Lehre, und daher kommt auch keine Abneigung hoch, sondern Dankbarkeit für diese Möglichkeit des Praktizierens. Haben wir eine solche Lernsituation richtig genutzt, so bringt sie weder Anhaftung an das Angenehme noch Ablehnung des Unangenehmen mit sich, sondern Dankbarkeit für beides – einerseits für das gute *Karma*, das uns das Angenehme beschert, und anderseits für die Lernsituation, die uns mit dem Unangenehmen konfrontiert.

Wenn wir unsere Sinne in dieser Weise benutzen, sind sie uns gute Freunde. Im allgemeinen aber sind sie den Menschen ein Feind. Wir sehen etwas, wollen es besitzen, und schon stürzen wir uns in Schulden, um es zu erwerben. Wir sehen einen Menschen, den wir begehren, und öffnen die Tore für Eifersucht und Neid. Vielleicht gibt es etwas, das wir unbedingt ändern wollen, und müssen uns in Schwierigkeiten begeben, um dies zu erreichen. Wenn wir unsere Sinne als Lehrer und Freunde benutzen, werden wir immer wieder dankbar sein, daß wir sie alle in gutem Zustand besitzen, und uns daran erinnern, daß es Menschen gibt, denen nicht alle fünf Sinne zur Verfügung stehen, was uns wiederum hilft, Mitgefühl zu empfinden.

Dankbarkeit ist eine wichtige Eigenschaft, weil darin Demut enthalten ist. Die Überzeugung, es besser zu wissen oder besser zu können, hat keinen Platz mehr in unserem Geist, wenn wir dankbar sind. Auch Freude steigt hoch, denn wir können ja nur dankbar für etwas sein, das uns erfreut. Dankbarkeit und Freude sind zwei wichtige Bestandteile des inneren Friedens.

Wir haben nun drei Schritte kennengelernt, die zur Tugend führen: erstens unsere unheilsamen Gedanken durch heilsame zu ersetzen; zweitens auf unsere emotionellen Reaktionen zu achten und loszulassen; drittens unsere Sinne zu beschützen und sie richtig zu bewerten, nicht als Weg zum Glück, sondern als Lehrer. Der vierte Schritt ist die Nicht-Ausschreitung. Körper und Sprache sollen beobachtet und behütet werden aus Rücksicht auf andere und uns selbst. Unser eigenes Gewissen weiß, was heilsam und was unheilsam ist. Gewissen und Scham *(Hiri-ottappa)* hat der Buddha die zwei Hüter der Welt genannt, ohne die wir im Chaos leben würden. Teilweise herrschen Schamlosigkeit und Gewissenlosigkeit in der Welt, aber von Natur aus schämen wir uns, Schlechtes zu tun, und die beiden Hüter warnen uns davor, Körper und Sprache unheilsam zu verwenden.

Der Buddha hat gesagt, daß diese Anweisungen für gewöhnliche Menschen genügen, aber nicht für diejenigen, die einen spirituellen Pfad eingeschlagen haben und innerlich wachsen wollen. Für solche ist es absolut nötig, daß sie tugendhaftes Benehmen pflegen, um zur Erlösung, zur vollkommenen Freiheit, zum *Nibbāna* zu gelangen. Das wäre dann eine viel stärkere Motivation. Unser Gewissen können wir immer beruhigen. Wir sind sehr geschickt darin und können gut erklären, wieso etwas berechtigt ist. Häufig sind wir auch von anderen beeindruckt und lassen uns von ihnen beeinflussen. Wir haben auch gerade Jahrzehnte hinter uns (glücklicherweise sind sie vorbei), in denen Tugend nicht sehr hoch angesehen war. Wenn wir aber wissen, daß Tugend unumgänglich ist für den spirituellen Pfad, das innere Wachstum und die volle Erlösung, dann gibt es keinerlei Beschwichtigungen mehr.

Die rechte Dringlichkeit kommt erst auf, wenn uns klar geworden ist, daß vollkommene Erlösung und Freiheit, ein komplettes Transzendieren der menschlichen Problematik möglich ist und daß der Buddha uns den Weg dahin gezeigt hat, auf dem Tugend das Fundament bildet. Dann haben wir eine Motivation, die stark genug ist, uns nicht mehr vom Pfad abirren zu lassen.

Fragen und Antworten

F: Ich habe eine Frage zu heilsamen und unheilsamen Gedanken. Wie ist das mit Sorgen, die man sich um einen Menschen oder um Angehörige macht, wenn man denkt, es könnte etwas im Krankenhaus passiert sein. Es ist mir letztes Wochenende so gegangen, und ich habe versucht loszulassen, aber es ging recht schlecht. Als ich dann losgelassen hatte, kamen andere Gedanken, wie zum Beispiel: „Vielleicht bist du gleichgültig, wenn du dir diese Gedanken und Sorgen nicht machst." Ich kann schlecht unterscheiden, wann es gleichgültig und wann heilsam ist, weil dann Angst und Mißtrauen auch eine Rolle spielen.

A: Die heilsamen Gedanken sind auf liebender Güte, Mitgefühl, Mitfreude und Gleichmut aufgebaut. In diesem Fall, wenn ein Mensch krank ist, können wir Mitgefühl praktizieren. Wenn wir uns erkundigen wollen, ob es einem Menschen gut oder schlecht geht, können wir dies aus Mitgefühl tun. Sich Sorgen zu machen, hat keinen Sinn, es ändert nichts an der Situation. Mitgefühl hingegen verändert etwas im eigenen Herzen, es zeigt sich in der Sprache und kann dem anderen eine Hilfe sein. Wir können uns selbst prüfen, ob wir eigennützig denken und empfinden oder ob wir dem anderen helfen wollen. Mitgefühl ist immer auf den anderen gerichtet. Sich Sorgen zu machen, ist im allgemeinen eigennützig. Daher sind diese Gedanken fallenzulassen und zu ersetzen.

F: Wie kann ich das denn in diesem Fall ersetzen?

A: Genau wie wir unsere Gedanken während der Meditation durch die Betrachtung des Atems ersetzen, so tun wir das auch im täglichen Leben. Je besser das in der Meditation geht, desto leichter geht es im Leben. Genau wie wir in der Meditation immer wieder die Gedanken fallenlassen und statt dessen

den Atem betrachten, so ersetzen wir auch im Alltag das Unheilsame durch das Heilsame.
F: In der Meditation ist es wohl egal, ob ein Gedanke heilsam oder unheilsam ist. Man etikettiert ihn und tut etwas anderes. Da kümmern wir uns nicht darum, ob er heilsam ist. Stimmt das?
A: Das stimmt, es ist aber dieselbe Handlung des Ersetzens.
F: Aber wir brauchen ihn nicht erst in etwas Heilsames umzuwandeln?
A: Nein, man wandelt den Gedanken in die Atembetrachtung um.
F: Im Alltag würde man den Gedanken in einen heilsamen umwandeln?
A: Richtig. Es bleibt dieselbe Handlung des Ersetzens. Durch das Etikettieren lernen wir auch, daß die meisten Gedanken unheilsam sind, weil sie uns ablenken.
F: In der Meditation ist ein schöner Gedanke also gar nicht heilsam? Das Heilsame nützt uns dabei nichts?
A: In der Meditation nicht. Wenn am Anfang heilsame Gedanken hochkommen, kann uns das helfen, den Geist zu beruhigen, aber während des Meditierens sind alle Gedanken zu ersetzen, und im Leben handelt es sich um alle unheilsamen.
F: Ich habe den Unterschied zwischen Kontemplation und Meditation noch nicht verstanden.
A: In der Meditation versuchen wir, den Geist vom Denken abzubringen und statt dessen zu erleben. Am Anfang benutzen wir den Atem als Methode dazu. Wenn die Meditation konzentriert genug geworden ist, brauchen wir keine Methode mehr. Um den Geist vom Denken abzubringen, müssen wir den Atem erleben. Wir hören also auf, all dem Aufmerksamkeit zu schenken, was wir im allgemeinen denken.
Bei der Kontemplation hingegen wählen wir ein Thema, wie zum Beispiel den eigenen Tod, und blei-

ben bei diesem Thema. Es geht nicht darum, heilsam oder unheilsam zu reagieren, sondern darum, die eigenen Reaktionen kennenzulernen. Wir können dadurch erfahren, was uns bewegt und motiviert, wie wir im Leben stehen und wie wir uns eventuell hilfreich ändern können. Gewählt wird immer ein Thema von universeller Wahrheit, das wir auf uns persönlich beziehen. Das bedeutet, den Mikrokosmos im Makrokosmos zu sehen und sich selbst als Teil des Ganzen wahrzunehmen.

KAPITEL 3

Das Heil der Vertiefung

Wir kommen jetzt zu der siebenten Qualität, die der Buddha in einem Mönch gesucht hat, nämlich zum „Heil der Vertiefung". Es ist die Geistessammlung, zu der die anderen sechs Qualitäten hinführen sollen. Ohne diese anderen Fähigkeiten kann die Konzentration nicht vervollständigt werden.

Konzentration heißt auf Pali *samādhi* oder *samatha*. Das Wort *samādhi* ist uns nicht ganz fremd; es bedeutet nichts anderes als die Sammlung des Geistes, wodurch er einspitzig wird. Er bleibt dann auf einem Platz, gehorcht und tut, was wir von ihm wollen, schweift nicht in die Ferne und kümmert sich um nichts anderes als um das, worum er sich kümmern soll. Die Sammlung des Geistes kann momentan, angrenzend oder vollkommen sein.

Die momentane Sammlung haben wir sicherlich alle schon erlebt, wenn der Geist kurzfristig nur dem Atem Beachtung schenkt. Aus dieser momentanen Sammlung kann sich die angrenzende Sammlung entwickeln. Diese sieht in der Praxis so aus, daß es uns scheint, als wären wir die ganze Zeit auf den Atem konzentriert, aber es ziehen noch Gedanken wie Wolken am Hinterkopf vorbei. Sie sind nicht konkret genug, um benannt werden zu können, sondern so nebelhaft, daß sie keinen erkennbaren Inhalt haben. Dennoch hindern sie uns daran, die volle Vertiefung zu erreichen. Dies ist sehr häufig bei Menschen der Fall, die schon länger Meditation praktizieren. Die angrenzende Sammlung ist ein relativ ruhiger Zustand, auf jeden Fall bedeutend friedlicher als das sonstige Denken, aber sie kann uns noch keine Bewußtseinsveränderung bringen. Um diese zu erleben, müssen wir vollkommen aufhören zu denken. So schwierig oder unmöglich sich das im Moment vielleicht auch anhört, es ist doch möglich und nicht schwierig, wir müssen nur dabeibleiben und es immer wieder üben.

Die Sammlung des Geistes bedeutet auch, daß er sich festigt. Wenn etwas gesammelt und an einem Platz gespeichert wird, ballt es sich zusammen. Ein gefestigter Geist ist nicht mehr so leicht aus der Ruhe zu bringen, und zwar nicht nur in der Meditation. Der Geist, der in der Lage ist, sich meditativ zu festigen, zur Ruhe zu kommen und seine Bewußtseinsebene zu erhöhen, nimmt natürlich etwas davon ins tägliche Leben mit, denn er ändert seine Beschaffenheit. Der Geist weiß, daß er zur Ruhe kommen kann, denn er hat es schon erlebt.

Wenn die Tugenden vervollkommnet werden, haben wir den Vorteil der Reuelosigkeit. Wenn die Konzentration vervollkommnet wird, haben wir den Vorteil der inneren Sicherheit, die unantastbar ist. Das bedeutet nicht, daß wir glauben, mehr zu wissen; im Gegenteil, zu viel Wissen kann uns leicht im Wege stehen und tut es auch oft. Es bedeutet vielmehr, daß der Geist ein Heim gefunden hat. Was wir für den Körper als selbstverständlich ansehen, nämlich ein Dach über dem Kopf, das uns gegen die Unbilden des Wetters schützt, einen bequemen Stuhl, ein komfortables Bett, eine angenehme Umgebung – das findet der Geist erst, wenn er in die Vertiefung gehen kann und sich gesammelt hat. Der Körper kann noch so bequem im schönsten Lehnstuhl sitzen und sich gut fühlen, die Gedanken schweifen dennoch in die Ferne. Der Geist macht sich Sorgen über die Zukunft, bereut die Vergangenheit, plant voraus, hofft auf etwas Besseres und ärgert sich über das, was schon passiert ist. Nirgends kann er vollkommen zur Ruhe kommen. Erst wenn er gelernt hat, sich in der Meditation zu sammeln, so daß er jedesmal, wenn er sich vornimmt zu meditieren, tiefe Ruhe erlebt und vor allen Unbilden der Emotionen geschützt ist, hat er sein Heim gefunden. Allein das zu wissen genügt, um uns innere Sicherheit zu verschaffen.

In der Welt ist es unmöglich, sich ständig nur in geschützten Situationen zu bewegen. Was wir nämlich beschützt haben wollen, ist unser Ego. Da das aber jeder will, krachen die Egos aufeinander. Wenn wir nicht lernen, unseren eigenen Schutz – das Heim für den Geist – zu finden, werden wir uns immer wieder in Situationen des Tauziehens befinden; einmal ziehen wir stärker, einmal der andere. Wir können uns nie darauf verlassen, daß wir dabei nicht hinfallen und uns weh tun.

Sobald wir in der Lage gewesen sind, uns zu sammeln, und am eigenen Leib erfahren haben, wie man zu dieser inneren Ruhe kommt, so daß wir es jederzeit wiederholen können, wissen wir, daß wir geschützt sind. Jeder andere Schutz, den wir glauben, uns aneignen zu können, ist genauso vergänglich wie wir selbst. Dieser Schutz ist jedoch nur vergänglich, wenn unsere Konzentration nachläßt. Es liegt also nur an uns. Wir brauchen uns auf nichts Äußeres zu verlassen.

Die angrenzende Sammlung, die denen möglich ist, die schon länger meditiert haben, muß durch Willenskraft in die volle Sammlung umgewandelt werden. Es ist ein Moment des Entschlusses, der den letzten Anstoß dazu gibt; kein verbissenes Wollen, sondern eine Kraft, die der Geist in sich aufbringt, so daß er diese Schwierigkeiten überwinden kann. Die Schwierigkeiten liegen wie immer beim Ego. Unsere Ich-Behauptung kann nur unterstützt werden, solange wir denken, und daher denken wir andauernd, bis wir lernen, einmal damit aufzuhören.

Darum ist es auch so schwierig, sich wirklich zu konzentrieren, denn wenn wir vollkommen konzentriert sind, ist niemand da, der sagen kann: „Wie schön du dich konzentrierst, das ist ja herrlich." In dem Moment, wo wir das sagen, ist die Meditation ja schon wieder zu Ende. Es muß also jeder Gedanke daran, was ich kann, möchte oder werden will, ganz ausgeschaltet werden. Das innere Erleben ist dann das einzige, was bleibt. Dabei gibt es zwar einen Beobachter und ein Beobachtetes, aber niemanden, der die Ich-Illusion unterstützt, und daher ist es schwer, über diese Schwelle zu treten.

Wenn wir einmal über diese Schwelle getreten sind, sollten wir in der Lage sein, es immer wieder zu tun. Ich vergleiche dies häufig mit dem Eintreten in ein Haus, wobei die Meditationsmethode, die wir anwenden, der Schlüssel ist. Wenn wir den Schlüssel lange und fest genug in der Hand halten, können wir ihn endlich in das Schlüsselloch stecken. Solange wir den Schlüssel jedoch nicht ruhig halten, ist es unmöglich, das Schlüsselloch zu treffen. Aber wenn wir den Schlüssel (das Meditationsobjekt) lange und intensiv genug festhalten, können wir die Tür aufschließen. Selbstverständlich müssen wir die Tür, wenn wir sie einmal aufgeschlossen haben, durch ständige Praxis offenhalten. Dann brauchen wir den Schlüssel nicht mehr, das heißt die Methode ist nicht mehr nötig.

Dahin muß uns die Sammlung des Geistes führen, denn nur dort lernen wir kennen, was wir uns alle wünschen, was aber nur wenigen Menschen auf der Welt beschieden ist, weil sie sich einfach nicht in der richtigen Weise bemühen. Es ist der Herzensfrieden und die innere Freude, die uns ganz allein dadurch zuteil werden, daß wir uns konzentrieren und unsere Ich-Bezogenheit zeitweise fallenlassen. Wir brauchen nichts zu erleben, das uns friedlich stimmt, wir brauchen nichts zu erlangen, das uns Freude macht; nichts gibt es zu sehen, zu hören, zu schmecken, zu riechen, zu berühren oder zu denken, wodurch Freude und Frieden einziehen können. Der Herzensfrieden und die innere Freude existieren vielmehr bereits in uns, und wir brauchen uns ihnen nur zu nähern.

Es ist interessant und von großer Bedeutung für uns, zu erleben, wie der Frieden durch nichts anderes gestört wird als durch unser Denken. Wie einfach, wenn man nur aufhören könnte! Es ist möglich, dies zu tun, aber es gehören Willenskraft, ständige Praxis und Hingabe dazu. Darum gibt es auch die Anweisung, jede Meditationssitzung mit „liebender Güte" für sich selbst zu beginnen. Das bringt nicht nur ein Gefühl der Liebe und Ruhe, sondern eine gewisse Weichheit in den Geist, als Hilfsmittel gegen die Starrheit des „Ich weiß, ich kann und ich will". Diese Geisteshaltung macht jedem, der sie hat, das Meditieren unmöglich. Die Weichheit des Geistes, die sich dem Geschehen hingeben kann, macht es uns leicht, in die Vertiefung zu kommen. Der Geist fließt mit dem, was ist, und versucht nicht, Einfluß auszuüben.

Daß der Frieden in uns existiert und nur vom Denken überschattet ist, daß das innere Glück in uns wohnt und nur von unseren Emotionen unterdrückt wird, bedeutet, daß unser Geist von Natur aus rein und lauter ist und wir lediglich die Schlacke entfernen müssen. Es ist, als ob wir in ein Bergwerk gingen und uns daranmachten, endlich einmal die Juwelen, die dort versteckt liegen, von all der Schlacke zu befreien, die sie umgibt. Bei manchen Menschen liegen die Juwelen ziemlich nah an der Oberfläche, und sie brauchen nicht so viel an sich zu arbeiten. Der Buddha hat das eine schnelle Entwicklung mit schnellen Resultaten genannt, die wenig Leid in sich birgt. Andere Menschen müssen mehr und länger an sich arbeiten, bevor sie an ihren inneren Reichtum herankönnen.

Wohl jeder Mensch hat unterschwellig das Gefühl, daß es etwas geben müsse, das wirklich Glück und Frieden bringt, und bezeichnet das dann mit Namen, die er irgendwo gehört oder gelesen hat. Vielleicht hat uns auch jemand erzählt, daß er auf eine bestimmte Art Frieden gefunden habe, und wir versuchen, das nachzuahmen. Es gibt die seltsamsten Vorstellungen davon, wo und wie man Glück finden könne. Diese Ideengebäude lassen uns deutlich erkennen, daß der Geist eigentlich weiß, daß es etwas anderes gibt als die Marktplatzmentalität, mit der wir uns immer wieder auf die Dualität des Denkens einlassen, auf Gut und Schlecht, Mein und Dein, Haben und Loswerden, Kaufen und Verkaufen, womit die meisten Menschen ihr Leben ausfüllen. Wir wissen, es gibt etwas viel Erhabeneres, auch wenn wir es noch nicht erlebt haben. Jeder von uns trägt Glück und Frieden in sich, und darum ist uns auch klar, daß sie zu finden sind. Wie schwer es ist, an sie heranzukommen, hängt davon ab, wieviel Schlacke noch vorhanden ist und wieviel wir schon entfernt haben.

Deswegen besteht die Lehre des Buddha immer aus drei Teilen, wovon der erste Teil, das Fundament, die Tugend ist. Das größte Heil ist die Tugend, die wir in uns entwickeln wollen, um einen spirituellen Pfad gehen zu können, der uns zu höheren Bewußtseinsebenen führt; nicht nur, damit uns andere anerkennen oder wir nicht bestraft werden. Dafür haben wir Beschützer, nämlich Gewissen und Scham. Auch diese beiden können uns helfen, unsere Tugend zu vervollständigen, aber die tiefste und eindringlichste Motivation ist die Überzeugung: „Ich muß mich reinigen und läutern, um Glück und Frieden in mir zu finden."

Ohne die Sammlung des Geistes ist dies nicht möglich. Es gibt hin und wieder Menschen, die spontan und zufällig ein beeindruckendes Erlebnis von Glück und Frieden haben, wenn sie beispielsweise am Meer so von der Wellenbewegung fasziniert sind, daß alle Gedanken ausgeschaltet und sie ganz von der Wellenbewegung durchdrungen sind. Dadurch kann ein inneres Erlebnis ausgelöst werden, das tiefbeglückend ist. Vielleicht glauben diese Menschen dann, daß sie, um das noch einmal zu erleben, wieder ans Meer gehen müssen. Aber möglicherweise haben sie keine Gelegenheit, wieder dorthin zu gehen, oder sie gehen hin, und es passiert gar nichts.

Das Erlebnis hat nichts mit dem Objekt unserer Faszination zu tun, sondern nur damit, daß sich der Geist gesammelt hatte. Das gleiche Erlebnis können wir zum Beispiel auch angesichts eines herrlichen Sonnenuntergangs haben, aber wieder sind wir von einem äußeren Ereignis abhängig. Wenn die geistige Sammlung und die Hingabe jedoch ohne jeglichen Rückhalt geschehen, dann steht uns dieses Erleben jederzeit offen.

Unser Denken ist unsere Abwehr, weil es verhindert, daß unsere Ich-Illusion auch nur für einen Moment in Frage gestellt wird. In unserem Kopf geht es oft zu wie auf einem Schlachtfeld, auf dem der Geist etwas will, aber etwas anderes tut und damit sozusagen gegen sich selbst ankämpft. Sich nicht zu wehren bedeutet nicht, sich einfach gehenzulassen, sondern vollkommen wach und achtsam zu erleben, was wirklich im eigenen Innern vorgeht. Wenn wir dabeibleiben können, indem wir den Atem lange genug betrachten, so daß er schließlich ganz fein wird, ist der nächste Schritt das Erleben der inneren Empfindungen.

Die volle Konzentration ist erreicht, wenn der Atem so fein geworden ist, daß wir ihn entweder gar nicht oder nur schwer wahrnehmen können. Sehr häufig machen wir dann den Fehler, nochmals tief zu atmen, um uns des Atems zu vergewissern. Das ist dann so, als hätten wir den Schlüssel ins Schlüsselloch gesteckt, aber anstatt die Tür aufzuschließen, geben wir uns erneut mit dem Schlüssel ab. In dem Moment, wo der Atem so fein wird, daß wir ihn kaum noch wahrnehmen können, lassen wir von ihm ab und richten unsere Achtsamkeit auf die inneren Empfindungen, die zu dieser Zeit höchst angenehm sind. Wenn wir das tun, sind wir über die Schwelle getreten. Anfangs ist das vielleicht nicht mehr als ein momentanes Erlebnis, aber das macht nichts, wir müssen es einfach immer wieder üben. Dann kommt der Geist zur Sammlung und findet Glück, Frieden und Ruhe.

Wir können uns die allerschönsten Märchen ausdenken, solange der Geist denkt, arbeitet er, und das kann nie wirkliche Ruhe bringen. Der Geist, der denkt, bewegt sich, und alles, was sich ständig bewegt, muß irritierend wirken, da es Reibung erzeugt. Darum glauben wir ja auch, daß wir schlafen sollten, wenn wir ausruhen wollen. Wenn wir dann keine wilden Träume haben, glauben wir, der Geist sei zur Ruhe gekommen. Schlaf kann jedoch kaum der Weg sein, auf dem inneres Glück und innerer Friede zu erreichen sind. Das wäre ja eine absolute Verneinung unserer spirituellen Fähigkeiten.

Der erste Schritt jeglicher Meditation ist die Hinwendung zum Meditationsobjekt. Dieses anfängliche Hinwenden wirkt der Lässigkeit und Trägheit des Geistes entgegen. Lässigkeit und Trägheit ist eines der fünf Hindernisse (1. Sinnenlust, 2. Übelwollen, 3. Lässigkeit und Trägheit, 4. Unruhe und Sorgen, 5. Zweifelsucht) und äußert sich darin, daß wir es „morgen" machen wollen, uns nicht aufraffen können, nur das tun, was unbedingt sein muß oder zum Überleben notwendig ist, uns überfordert fühlen und keine Zeit für andere haben, weil unser Geist nicht die Spannkraft hat, die auf einer starken Geistesenergie beruht. Die Lässigkeit des Geistes verursacht die Trägheit des Körpers. Wenn der Körper Schmerzen hat, jammert der Geist, und wenn der Geist faul ist, kann auch der Körper nichts erledigen. Das anfängliche Hinwenden arbeitet gegen diesen Zustand, denn um uns dem Meditationsobjekt zuwenden zu können, müssen wir geistig wach sein, andernfalls können wir das Meditationsobjekt ja überhaupt nicht aufgreifen. Allein schon dieser Anfang ist ein Schritt in die richtige Richtung.

Wir leiden unter den fünf Hindernissen und erfreuen uns an fünf Faktoren der meditativen Vertiefung, die diesen fünf Hindernissen entgegenwirken. Das Heil der Vertiefung liegt nicht nur darin, daß der Geist nun ein Heim gefunden hat, sondern auch darin, daß die Vertiefung eine sehr rapide Läuterung mit sich bringt, obwohl sie zeitlich begrenzt ist. Ein Mensch, der sich immer wieder in meditative Vertiefung begibt, verkleinert die Hindernisse. Das heißt nicht, daß sie gleich mit der Wurzel ausgerissen werden, aber es bedeutet, daß sie immer schwächer werden. Ich vergleiche das gern mit dem Unkraut im Garten. Wenn wir das Unkraut wuchern lassen und nichts dagegen tun, nimmt es die ganze Nahrung aus dem Boden und überschattet die Pflanzen, so daß sie weder Sonne noch Regen bekommen und wir nichts anderes als Unkraut sehen können. Das Unkraut wird dann so kräftig, daß es schwer ist, es zu entwurzeln. Wir können es jedoch niederschlagen oder abschneiden, ohne es gleich entwurzeln zu müssen. Wenn wir es oft genug abgeschnitten haben, wird es immer kleiner und schwächer, so daß es erstens nicht mehr die Blumen überschattet und ihnen Sonne und Regen nimmt, zweitens nicht alle Nährstoffe aus dem Boden zieht und wir drittens nicht nur Unkraut, sondern auch Blumen zu sehen bekommen. In der meditativen Vertiefung beschneiden wir das Unkraut der Hindernisse und können allmählich einige der Blumen erkennen, die in unserem Herzen wachsen. Es kommt etwas von der inneren Reinheit zum Vorschein, die jeder Geist in sich trägt, denn wenn sie nicht im Keim vorhanden wäre, könnten wir sie niemals in uns zum Wachsen bringen. Wenn wir nun unsere Hindernisse immer wieder unterbinden, werden sie schwächer und schwächer und nehmen nicht mehr so viel Kraft von Herz und Geist in Anspruch, so daß wir mehr Energie für den spirituellen Pfad zur Verfügung haben. Außerdem haben kleinere Gewächse auch schwächere Wurzeln, so daß diese wiederholte Läuterung uns das endgültige Entwurzeln des Unheilsamen sehr erleichtert.

Diese automatische Läuterung muß Hand in Hand gehen mit der absichtlichen Läuterung im täglichen Leben, die darin besteht, daß wir unsere Gedanken,

Reaktionen, Sinneskontakte, Worte und Handlungen beobachten und immer wieder vor unheilsamen Dingen beschützen. Wenn wir uns jedoch nur auf die Läuterung im täglichen Leben verlassen, haben wir einen langen und schwierigen Weg vor uns, der wahrscheinlich nicht zum Ziel führen wird. Der Geist, der sich nur auf das tägliche Leben konzentriert, ist natürlich derselbe Geist, der auch die Unarten in sich hat. Wenn wir diesen Prozeß aber mit Meditation und Konzentration kombinieren und auf beiden Ebenen arbeiten, tun wir das Bestmögliche für uns selbst. Die Kombination von täglicher Achtsamkeit und automatischer Läuterung in der Meditation kann schnelle Resultate bringen, denn durch die wiederholte Vertiefung haben wir uns eine verfeinerte Bewußtseinsqualität erworben. Diese erleichtert es uns, die innere Reinheit immer wieder zu kultivieren, so daß die Blumen sich entfalten können und das Unkraut niedergeschlagen wird.

Die anfängliche Hinwendung zum Meditationsobjekt, die Trägheit und Lässigkeit vielleicht nicht ganz ausmerzt, aber immerhin vermindert, muß während der Meditation immer wieder aufgenommen werden. Jedesmal, wenn wir die Konzentration verlieren, müssen wir uns erneut dem Meditationsobjekt zuwenden – eventuell dutzendemal. Weil dies notwendigerweise geschieht, haben wir die Möglichkeit, die Müdigkeit, die Lässigkeit und Trägheit des Geistes immer wieder zu unterminieren. Gelingt uns das in der Meditation, so wird es uns auch im täglichen Leben gelingen. Wir können uns dann immer wieder den Dingen zuwenden, die heilsam sind, und können unsere ganze Meditationserfahrung mit ins tägliche Leben hineinnehmen. Wenn wir andererseits das tägliche Leben nicht nutzen, um unsere Meditation zu unterstützen, werden wir beim Meditieren immer Schwierigkeiten haben. Anhaltende Achtsamkeit auf uns selbst verleiht unserer Meditation das Fundament, um erfolgreich zu sein. Die meditative Vertiefung ist ein Mittel zum Zweck, genau wie die Meditation selbst ein Mittel zur Einsicht ist; ohne die richtigen Mittel werden wir uns dem Ziel nicht nähern können.

Nachdem wir uns immer wieder dem Meditationsobjekt zugewandt haben, wird uns mit dem nächsten Meditationsschritt bewußt, daß der Geist nun endlich gehorcht und auf einer Stelle bleibt. Er hat jetzt eine gewisse Schwere und ist nicht mehr so leicht aus der Ruhe zu bringen. Er hat sich niedergelassen. Die anhaltende Konzentration, die uns zeigt, daß dies möglich ist, bringt ein sehr wichtiges Resultat mit sich. Wir können aufhören, daran zu zweifeln, daß Meditation wirklich funktioniert, daß wir sie je erlernen werden und daß dies der richtige Weg ist. Sollten wir gerade noch überlegt haben, ob wir nicht lieber Tai Chi praktizieren, an einem Yoga-Kurs teilnehmen oder gar das Töpfern erlernen sollten, so erübrigt sich das jetzt. Wir spüren zutiefst, daß dies der Weg zu innerer Ruhe und Ausgeglichenheit ist, und der skeptische Zweifel, der uns immer wieder daran gehindert hat, Selbstvertrauen zu empfinden, ist zum großen Teil verschwunden.

Es ist daher ein sehr wichtiges Erlebnis, wenn der Geist einmal für längere Zeit dort bleibt, wo wir ihn gern hätten. Daraus entsteht ein Gefühl des Vertrauens in uns selbst und in die Lehre. Wir können selbst bezeugen, daß es so stimmt und funktioniert, wie die Anweisungen lauten. Ohne dieses Herzensvertrauen ist es unmöglich, einen spirituellen Weg in seiner ganzen Fülle zu erleben. Vertrauen ist nicht das gleiche wie blinder Glaube. Der Buddha hat den blinden Glauben immer wieder für gefährlich erklärt; aber er hat gelehrt, daß wir genug Vertrauen haben müssen, um uns vollkommen zu öffnen und die Methoden selbst auszuprobieren.

Hier ist unsere Hingabe gefragt. Einem Menschen, dem es leichtfällt, sich und andere Menschen zu lieben, wird es auch leichtfallen, sich einem spirituellen Pfad hinzugeben. Ein Mensch, dem Liebe schwerfällt, wird gewöhnlich auch stärker von skeptischen Zweifeln heimgesucht. Lieben können heißt Vertrauen haben. Wenn wir den spirituellen Pfad, den wir gehen wollen, nicht lieben können, werden wir immer wieder etwas Neues suchen, in der Hoffnung darauf, daß noch etwas Liebenswerteres kommt.

Die Hingabe an einen spirituellen Pfad ist die engste Verbindung, die wir in diesem Leben eingehen können. Wenn wir eng mit einem anderen Menschen verbunden sein wollen, müssen wir ihn verstehen und lieben, sonst ist diese Verbindung schon von vornherein zum Scheitern verurteilt. Wenn wir einen Menschen nur lieben und nicht verstehen oder nur verstehen und nicht lieben, stehen wir sozusagen auf einem Bein. Das gleiche gilt für die spirituelle Lehre, die wir praktizieren wollen. Wir müssen vollkommen und von Grund auf verstehen, daß hier ein Weg ist, der uns zu unserer geistigen Heimat führt, wenn wir ihm konsequent folgen. Die Lehre des Buddha ist verständlich, logisch und praktisch nachvollziehbar, aber Liebe und Hingabe kommen im allgemeinen erst, wenn wir merken, daß wir Vorteile davon haben. Wir sind nun einmal von Natur aus selbstsüchtig. Das ändert sich meistens erst, wenn wir lange genug geübt haben.

Wenn der Geist nun beim Meditationsobjekt bleibt und die Gedanken nicht mehr kommen, erleben wir ein Gefühl, das an Ruhe angrenzt; es ist ein Gefühl der Sicherheit, das Gefühl, Meister unserer Situation zu sein. Solange wir von unseren Gedanken und Emotionen hin- und hergeworfen werden, sind wir deren Opfer. Erst wenn wir unsere Gedanken auf Wunsch abstellen können, werden wir das Heil der Vertiefung zu kosten bekommen.

Dafür müssen wir Geduld, Entschlußkraft und Energie entwickeln und bereit sein, immer wieder von vorn anzufangen. Jedesmal, wenn unser Geist in die Ferne schweift, bringen wir ihn zum Meditationsobjekt zurück.

Wir brauchen uns nicht darüber zu ärgern, nicht die Lust zu verlieren und nicht zu denken: „Ich kann das nicht, alle anderen können es sicher besser." Wir geben dem Geist nur immer wieder von neuem die Möglichkeit zur Läuterung. Wenn wir das oft genug gemacht haben, wird er zweifellos bei dem Meditationsobjekt bleiben. Wir alle behandeln die Dinge auf gewohnheitsmäßige Art und Weise; nicht nur das, was wir tun, sondern auch das, was wir denken. Wenn wir dem Geist bestimmte Gewohnheiten anerziehen, lernt er, dabei zu bleiben. Wir erleben dann nicht nur Sicherheit, Ruhe und Dankbarkeit, sondern auch Liebe. Endlich haben wir etwas gefunden, dem wir uns uneingeschränkt hingeben können, wo uns nichts Widerwärtiges zustoßen kann. Da ist niemand, der weglaufen oder einen anderen lieben könnte oder der Liebe nicht wert wäre. Hier kann unsere Liebe ungehindert wachsen und blühen. Dies bedeutet auch, daß wir die Richtung des spirituellen Wachstums, das Transzendieren der menschlichen Probleme, ständig mit dem Hauptmotiv der Läuterung in uns tragen.

Liebende-Güte-Meditation
(Goldenes Licht)

Wir richten unsere Achtsamkeit einige Momente lang auf den Atem. Wir wollen uns einmal vorstellen, daß ein helles, goldenes Licht alle Winkel und Ecken unseres Herzens erleuchtet, so daß nichts Trübes bestehen bleiben kann. Alles ist hell und leuchtend, voll Liebe, Mitgefühl, Hilfsbereitschaft und Freundschaft, und mit diesen Gefühlen füllen und umhüllen wir uns.

Jetzt lassen wir dieses helle, goldene Licht aus unserem Herzen zu dem Menschen leuchten, der uns am nächsten sitzt. Wir lassen ihn unsere Liebe und unser Mitgefühl, unsere Freundschaft und unsere Hilfsbereitschaft spüren.

Nun lassen wir dieses helle, goldene Licht aus unserem Herzen zu allen ausstrahlen, die hier sind, und lassen sie unsere Liebe, unser Mitgefühl und unsere Freundschaft empfinden.

Wir wollen jetzt dieses helle, goldene Licht zu den Menschen schicken, die uns am liebsten sind, so daß sie unsere Liebe, unser Mitgefühl und unsere Hilfsbereitschaft spüren. Wir füllen sie damit an und umarmen sie liebevoll.

Jetzt lassen wir das helle, goldene Licht aus unserem Herzen zu all unseren Freunden ausstrahlen. Unser Herz ist ganz rein und licht, voll Liebe, Mitgefühl und Freundschaft, so daß unsere Freunde diese Ausstrahlung empfangen können.

Nun lassen wir dieses helle, goldene Licht aus unserem Herzen zu allen Menschen ausstrahlen, die in der Nähe unseres Hauses leben, so daß unsere ganze Nachbarschaft mit Liebe, Mitgefühl und Freundschaft angefüllt ist.

Jetzt lassen wir dieses helle, goldene Licht aus unserem Herzen etwas weiter in die Ferne strahlen, zu Menschen, die weiter weg von uns leben. Wir wollen sie alle mit Liebe, Mitgefühl und Freundschaft anfüllen und umarmen, so daß sie es fühlen können.

Nun schicken wir den goldenen Lichtstrahl aus unserem Herzen voll Liebe und Mitgefühl immer weiter und weiter in die Ferne wie eine goldene Wolke, die sich immer weiter verbreitet und aus der Tropfen von Liebe und Mitgefühl in die Herzen der Menschen fallen.

Jetzt wollen wir die goldene Wolke sich ausdehnen lassen, so daß sie immer größere Ausmaße annimmt und sich über die ganze Erde verbreitet. Überall kann dann Liebe und Mitgefühl aus dieser goldenen Wolke in die Herzen der Menschen tropfen.

Nun lenken wir die Achtsamkeit wieder auf uns selbst und spüren das Wohlbefinden, das aus einem reinen und lauteren Herzen fließt; die Freude, die vom Lieben und Geben kommt und die Zufriedenheit, die der rechten Anstrengung entspringt. Wir wollen uns mit diesen Gefühlen anfüllen und umhüllen.

Möget ihr immer Freude und Zufriedenheit erleben.
Mögen alle Lebewesen glücklich und zufrieden sein.

KAPITEL 4

Das Heil der Weisheit

Die nächste Entwicklungsstufe, die der Buddha in einem Mönch suchte, ist die Weisheit. Wir können jetzt erkennen, wie die drei Entwicklungsstufen aufeinanderfolgen: Tugend *(Sīla)*, Sammlung *(Samādhi)* und Weisheit *(Paññā)*. Eine ist immer das Fundament und die Ursache für die nächste. Die Tugend ist nötig für die Sammlung und die Sammlung für die Weisheit. Selbstverständlich müssen wir alle drei gleichzeitig praktizieren, denn jeder Fortschritt findet auf allen drei Ebenen statt. Wenn wir warten wollten, bis wir die vollkommene Tugend erreicht haben, um erst dann zu meditieren, würden wir in diesem Leben vermutlich nicht mehr dazu kommen, und desgleichen, wenn wir uns nicht um Einsicht bemühten, bevor die Sammlung perfekt ist.

Die Sammlung wird durch Konzentration möglich, und wir erleben sie in der Meditation als Ruhe. Sie ist das Mittel zum Zweck der Weisheit, aber niemals ein Zweck an sich. Ohne das passende Mittel können wir den Zweck jedoch nicht erfüllen. Wenn wir in der Lage sind, bei unserem Atem zu bleiben, gehen wir der Sammlung entgegen. Wenn wir wissen, daß jeder Atemzug vergänglich ist und sein muß, gehen wir der Weisheit entgegen. Das eine wird als Ruhe, das andere als Klarblick bezeichnet. Es ist absolut notwendig, den Unterschied zu kennen und zu verstehen und in der Meditation beides zu verwenden.

Es gibt viele Meditationsmethoden; der Buddha selbst lehrte vierzig verschiedene. Wir können einige davon praktizieren, aber letztendlich ist eine Methode nichts als eine Methode, die den Geist auf einen Punkt oder ein Thema bringen soll. Obwohl es vierzig Meditationsmethoden gibt, gibt es dennoch nur zwei Richtungen, in die unsere Meditation führt, nämlich Ruhe und Einsicht. Wenn wir es mit unserem spirituellen Wachstum ernst meinen, müssen wir uns um diese beiden Aspekte bemühen. Jeder möchte gern einmal ganz zur Ruhe kommen, möchte sich längere Zeit friedlich und glücklich fühlen. Aber das Ziel unserer ganzen Praxis ist das Erlangen von Weisheit, Einsicht oder Klarblick, was uns letztendlich zu Glück und Frieden verhilft, unabhängig von jeder Methode.

Weisheit hat einen Mitarbeiter und Helfer, ohne den sie trocken und intellektuell wird, und das ist Vertrauen. Wir können es auch so formulieren: Weisheit ist im Geist, Vertrauen ist im Herzen. Beide müssen stets zusammenarbeiten. Die Weisheit muß das Vertrauen zu Rate ziehen, das ihr die Herzenskraft verleiht und sie zur Hingabe bewegt. Das bedeutet, daß wir mit Herz und Geist bei unserer spirituellen Praxis sein müssen, wenn wir sie als den wichtigsten Teil unseres Lebens erfahren wollen. Wenn wir nur kleine Versuche machen wollen, kommt es nicht so darauf an. Wenn es uns aber um unser Innenleben geht und um die Läuterung von Herz und Geist, dann müssen wir beide zu benutzen wissen. Wir können in uns selbst erkennen, ob es uns mehr an Weisheit oder mehr an Vertrauen mangelt. In den traditionell buddhistischen Ländern ist das Vertrauen stark entfaltet, und Einsicht wird weniger beachtet. Im Westen ist es umgekehrt. Es gibt genügend Bücher und Vorträge, so daß wir die Lehre schon einigermaßen verstehen können, aber unser Herz wird oft gar nicht davon berührt.

Weisheit entsteht langsam und allmählich. Der erste Schritt besteht aus Hören, Lesen und Besprechen. Das gilt auch für alle weltlichen Erkenntnisse, nicht nur für die spirituellen. Der nächste Schritt ist, sich an das Gelernte zu erinnern. Auch das ist im weltlichen Bereich genauso. Wir können keine Berufsausbildung erlangen, wenn wir uns nicht an das Gelernte erinnern können.

Sehr häufig kommt es allerdings vor, daß wir etwas nur so lange im Gedächtnis behalten, wie es unbedingt nötig ist. Die spirituellen Anweisungen brauchen wir aber bis an unser Lebensende und müssen uns daher permanent daran erinnern, was nicht ganz einfach ist. Das menschliche Erinnerungsvermögen ist schwach, was auf schwache Achtsamkeit zurückzuführen ist. Achtsamkeit und Erinnern gehören nämlich zusammen, und gefestigte Achtsamkeit bringt ein gutes Gedächtnis mit sich.

Nachdem wir uns an das Gelernte erinnert haben, müssen wir es erwägen. Wir müssen überlegen, ob das Gehörte, Gelesene und Erfahrene auf unser eigenes Leben zutrifft und ob es der Wahrheit entspricht. Wenn wir das bestätigen können, müssen wir anfangen, in diesem Sinne zu praktizieren. Nach und nach steigt dann Weisheit wie ein inneres Licht in uns auf, als erkanntes Erleben.

Als erstes haben wir also die Informationen, die heute an Vielseitigkeit kaum zu überbieten sind. Wir müssen sie jedoch unter dem Aspekt sortieren, welche für uns wirklichen Wert haben, weil wir uns ja auf keinen Fall an alles erinnern können. Wenn wir uns dann um Erinnern, Nachdenken, Betrachten, Kontemplieren und Nachvollziehen bemühen, erkennen wir ganz klar, daß nur ein ruhiger Geist dazu fähig ist. Wenn der Geist in der Meditation ruhig wird, sammelt er Kräfte. Er ist außerdem in der Lage, als objektiver Beobachter zu fungieren und nicht mehr alles subjektiv als persönliches Erlebnis, Drama oder Problem anzusehen. Wenn wir aufhören, alles persönlich zu nehmen, und unsere Erlebnisse mehr universell betrachten können, haben wir einen Schritt auf dem Pfad der Weisheit getan, der genügt, um den spirituellen Pfad erfolgreich zu beschreiten.

Wir müssen einmal von unserem tief verwurzelten Persönlichkeitsglauben Abstand nehmen, der sich in allem äußert, was durch uns und mit uns geschieht, und statt dessen unser eigenes Erleben in das universelle Geschehen einreihen. Der meditativ zur Ruhe gekommene Geist kann das akzeptieren, wohingegen der alltagsbezogene Geist noch nicht die Fähigkeit hat, sich von der Ichbezogenheit zu lösen. Wir meditieren alle für uns selbst, aber nur um eines Tages unser „Selbst" loszulassen. Dazu brauchen wir einen ruhigen, konzentrierten Geist, der ohne abschweifende Gedanken, Ideen, Hoffnungen, Pläne und Wünsche erkennt, was außerhalb der Ichbezogenheit liegt. Weisheit kommt in kleinen Schritten. Sie ist kein goldener Mantel, der sich um uns breitet, und schon sind wir weise geworden. Allmählich kommen wir der Weisheit näher, und jeder kleinste Schritt auf diesem Weg sollte freudig begrüßt werden. Wenn Weisheit oder Einsicht in uns aufsteigt, sehen wir altbekannte Dinge in einem neuen Licht. Der Baum war schon immer ein Baum, und „ich" war schon immer „ich", aber nun sehen wir diese alltäglichen Dinge aus einer anderen Perspektive. Es gibt nichts Neues im Universum, alles ist schon einmal dagewesen. Es kommt nur darauf an, von welcher Warte aus wir schauen. Mit Weisheit schauen wir objektiver und unpersönlicher. Wir werden nicht mehr so stark berührt von dem, was sich um uns herum abspielt. Die Ichbezogenheit, die will, kann, möchte, hofft und plant, steht nicht mehr permanent im Vordergrund, sondern fügt sich in den Rahmen der Ganzheit ein.

Wir sehen dieselben Dinge wie früher, aber unser Geist reagiert anders darauf und wundert sich nicht über die ständige Veränderung. Er wundert sich höchstens darüber, daß er all die Jahre so blind war und alles geglaubt hat, was die Welt im allgemeinen glaubt. Daß fast jeder die Welt und sich selbst als eigenständig und von allem getrennt sieht, ist kein Grund für den Meditierenden, das ohne weiteres auch zu akzeptieren. Weisheit sieht die gewohnten Dinge in einem neuen Licht. Wir können und wollen das durch Kontemplation fördern.

Jeder Mensch weiß, daß er sterben wird. Was ist daran neu? Wir können unseren Postboten und unsere Nachbarn fragen, ob sie es wissen, und fraglos werden sie zustimmen, aber sie wollen sich im Grunde keine Gedanken darüber machen. Jeder Mensch weiß, daß alles, was lebt, sterben muß. Das ist nicht neu, aber wir können es auf neue und bedeutungsvolle Weise begreifen. Wenn wir kontemplieren und die Naturgesetze auf uns selbst beziehen, sie also sowohl in uns, als auch in ihrer Gesamtheit erfassen, werden wir sie anders sehen und ein anderes Gefühl für sie bekommen. Jegliches Erkennen bringt ein Gefühl mit sich, und dieses Gefühl sagt uns ganz klar: „So ist es." Es ist ein Gefühl der Sicherheit, der Unantastbarkeit, des festen Vertrauens, das uns bestätigt, daß wir etwas richtig erkannt haben. Wenn wir Zweifel haben, können wir uns darauf verlassen, daß die vermeintliche Einsicht nicht stichhaltig ist. Der Zweifel dient dazu, uns von der falschen Fährte abzubringen.

Nach den Worten des Buddha liegt Einsicht oder Weisheit immer im Erkennen einer der drei Eigenschaften des ganzen Universums: Vergänglichkeit *(Anicca)*, Leidhaftigkeit *(Dukkha)* und Substanzlosigkeit *(Anattā)*. Jeder, der den Pfad zur Leidlosigkeit gehen will, wird sich eine dieser drei Eigenschaften als bevorzugtes Kontemplationsobjekt aussuchen. Der Buddha hat gesagt, es gäbe nur einige Menschen mit „wenig Staub auf den Augen", den inneren Augen der Erkenntnis. Es ist also nicht jeder fähig, sich diesem Pfad voll und ganz hinzugeben, weil dazu bestimmte karmische Voraussetzungen gegeben sein müssen. Wenn wir zu denen gehören, die wenig Staub auf den Augen haben, können wir dankbar sein.

Die drei Daseinsmerkmale des Universums gelten auch für uns. Wir und das Universum sind nicht verschieden oder voneinander getrennt. Der Buddha hat gesagt, daß das ganze Universum in unserem Körper und Geist zu finden sei. Wenn wir uns selbst, zum Beispiel unter dem Aspekt der Vergänglichkeit, betrachten, erkennen wir auch alles, was uns umgibt, in der gleichen Weise. Es ist logisch und praktisch, sich selbst zu beobachten und dadurch die Einheit von allem wahrzunehmen. Jeder Schritt, den wir auf diesem Weg gehen, bringt etwas mehr Klarheit, mit der es sich dann einfacher leben läßt.

Ein Mensch, der viel Vertrauen in die Lehre des Buddha hat, sucht sich im allgemeinen die Vergänglichkeit als Kontemplationsobjekt aus. Mit guter Konzentration wählt man sich oft die Leidhaftigkeit, und wer einen analytischen Verstand hat, bevorzugt meist die Substanzlosigkeit. Da wir aber sehr häufig eine Mischung von allen drei Eigenschaften haben, ist uns oft nicht ganz klar, welches Kontemplationsobjekt wir wählen sollen. Im Prinzip ist es ganz gleichgültig, welches wir wählen, die Hauptsache ist, daß wir mit einem beginnen. Wenn das gewählte Objekt uns nicht weiterhilft oder unser Interesse daran nicht mehr stark genug ist, können wir eines der beiden anderen benutzen. Die Einteilung nach Vertrauen, Konzentration und analytischen Fähigkeiten ist allgemein gehalten. Wenn wir eines der Daseinsmerkmale vollkommen durchschaut haben, werden uns auch die anderen beiden völlig klar, denn sie gehören zusammen. Jegliche Einsicht in eines davon beleuchtet auch die anderen zwei.

Das Pali-Wort *Dukkha* bedeutet Unzufriedenheit, Unzulänglichkeit und Unerfülltheit, bezeichnet aber auch das Gefühl der Leere und die Hoffnung auf Besseres. Die ewige Hoffnung, es doch noch besser erwischen zu können, bringt uns im allgemeinen dazu, unsere Probleme falsch anzugehen. Wir haben ganz bestimmte Verhaltensmuster, die wir immer wieder auf unsere Schwierigkeiten anwenden. Auf diese Weise verschleiern wir jedoch das *Dukkha* der Existenz, so daß es leicht in Vergessenheit gerät.

Die erste, sehr beliebte Reaktion auf irgendwelche Unannehmlichkeiten, die fast jeder schon angewendet hat, ist, jemand anderen dafür verantwortlich zu machen. Irgend jemand muß an unserer Unzufriedenheit schuld haben. Wenn es nicht der Partner oder der Freund, der Arbeitskollege oder der Chef ist, dann ist es vielleicht die Regierung, die Amerikaner oder das Wetter, irgendwer muß doch schuld sein. Damit geben wir uns dann zufrieden und glauben, daß andere unser *Dukkha* hervorgerufen haben und wir ganz unschuldig leiden. Diese Haltung bringt leicht Selbstmitleid mit sich, was spirituelles Wachstum unmöglich macht. Wenn wir uns selbst leid tun, können wir nicht an uns arbeiten. Im Gegenteil, die Wahrscheinlichkeit, daß wir in Depressionen verfallen, ist groß. Das Wort „Selbstmitleid" macht bereits deutlich, was da passiert. Wir leiden mit uns selbst, was doppeltes Leid bedeutet: *Dukkha* haben wir sowieso und dann noch Mit-Leid.

Die zweite Art, mit *Dukkha* umzugehen, ist der Versuch, so schnell wie möglich davon wegzukommen, etwas Äußerliches zu verändern oder sich abzulenken. Wenn wir in der Sitzhaltung Schmerzen bekommen und uns schnell umsetzen wollen, so ist dies der Versuch, schnellstens von etwas Unangenehmem wegzukommen. Wir haben auch die Möglichkeit der Veränderung, indem wir etwas ganz Neues suchen – immer in der Hoffnung, daß wir damit Erfolg haben werden. Wir können uns auch ablenken, indem wir telefonieren, uns vor den Fernseher setzen, einen Roman lesen, uns mit den Nachbarn unterhalten, ein neues Hobby anfangen, das Radio anstellen, auf Reisen gehen... Die Möglichkeiten sind fast endlos, und all das nur, damit wir nicht merken, daß *Dukkha* unser ständiger Begleiter ist.

Wenn wir *Dukkha* für unser persönliches Wachstum nutzen wollen, müssen wir seine Bedeutung als unser bester Lehrer anerkennen. Das geschieht, sobald wir aufhören, andere zu beschuldigen, sobald wir nicht mehr weglaufen, uns ablenken, oder die äußeren Umstände ändern wollen, sondern *Dukkha* ganz klar ins Auge schauen und sagen: „Da bist du ja wieder, alter Freund, was willst du mir denn jetzt beibringen?"

Wir können lernen, mit *Dukkha* weise umzugehen, aber zuvor müssen wir sehr scharf beobachten lernen, um herauszufinden, ob vollkommene Zufriedenheit, vollkommenes Glück und vollkommener Frieden überhaupt existieren. Wenn wir diese Betrachtung ernst nehmen, werden wir bald feststellen, daß sie nicht existieren, außer zeitlich begrenzt während der intensiven Meditation.

Unsere Sinne suchen andauernd Nahrung im Sehen, Hören, Riechen, Schmecken, Tasten und Denken. Wir glauben, daß unsere Freuden und Annehmlichkeiten in den Sinnesempfindungen liegen, denn wir kennen nichts anderes. Daß solche Freuden ganz kurzlebig sind, müssen wir erst einmal durch scharfes Beobachten erkennen. Erkennen müssen wir aber auch, daß sie so kurzlebig sein müssen, um nicht sofort wieder in *Dukkha* umzuschlagen. Die Tatsache, daß unsere Nahrung verdaut und ausgeschieden werden muß, um uns körperliches Wohlbefinden zu bereiten, mag verdeutlichen, daß unsere Sinneskontakte entstehen und vergehen müssen und daß dieser Prozeß niemals aufgehalten werden kann. Eine solche Betrachtung öffnet unser Verständnis für neue Realitäten.

Es ist nur eine relative Wirklichkeit, daß uns das Essen gut schmeckt und wir es für wichtig halten, was wir essen. Auf der absoluten Ebene ist Essen lediglich notwendig, um den Körper mit Energie zu versorgen und ihn am Leben zu erhalten, was auch viele Schwierigkeiten mit sich bringt. Oft ist es uns zu viel, zu wenig, zu süß, zu sauer, zu salzig, zu heiß, zu kalt, zu spät, zu früh, eine ständige Versuchung zum Reagieren. Die absolute Wahrheit verändert die relative Wirklichkeit nicht, aber sie verändert unseren Standpunkt, unsere Perspektive. Wir begreifen, daß wir in einem Kasperletheater mitspielen, wo sich der Kasperle und seine Frau, der Polizist und der Teufel alle Mühe geben, aber am Ende fällt doch der Vorhang, und alles ist vorbei. Aus der Perspektive der absoluten Wirklichkeit sehen wir etwas anderes: nicht etwa, daß der Vorhang am Ende nicht fällt, sondern daß er lediglich fällt, weil er am Anfang hochgezogen wurde. Aus dieser Perspektive ist alles eine Frage von Ursache und Wirkung. Der Vorhang braucht nicht mehr hochzugehen, wenn wir erkannt haben, daß es sich nicht lohnt, im Kasperletheater mitzuspielen.

Wir müssen einmal anfangen, die Dinge aus dieser Perspektive zu sehen. Es ist hilfreich, mit dem eigenen *Dukkha* anzufangen und den Körper als Kontemplationsobjekt zu verwenden. Können wir uns auf unseren Körper verlassen, so daß er uns *Dukkha* erspart? Es ist nicht nur die Meditationshaltung, die ihn plagt. Wenn wir uns zu Hause in einem bequemen Sessel ausstrecken und den Fernsehapparat anstellen, also angeblich den größten Komfort für Geist und Körper haben, sollten wir einmal zählen, wie oft wir uns in nur zehn Minuten bewegen. Unser Körper muß fortwährend behütet und beschützt werden, damit ihm nichts passiert. Wir müssen uns ständig um ihn kümmern und etwas für ihn tun. Unsere Wohnhäuser sind so gebaut und eingerichtet, daß unsere Körper sich darin wohlfühlen können. Wenn das nicht so wäre, wären wir alle unglücklich. Wir müssen unseren Körper einmal so erkennen, wie er wirklich ist, nämlich ständig zuwendungsbedürftig.

Wenn wir *Dukkha* verstehen wollen, können wir damit beginnen, unseren Körper von einer anderen Warte aus zu betrachten. Wir haben ihn vielleicht immer als Quelle der Freude angesehen und es für wichtig gehalten, daß er attraktiv aussieht. Jetzt können wir einmal versuchen, ihn etwas realistischer zu sehen. Der Buddha war weder ein Optimist noch ein Pessimist, sondern ein Realist und hat uns angeleitet, die Dinge so zu sehen, wie sie wirklich sind, was Einsicht, Weisheit oder Klarblick bedeutet.

Durch das Erforschen von *Dukkha* haben wir die Möglichkeit, Weisheit zu erlangen. Vielleicht wird uns klar, daß *Dukkha* nur existiert, weil wir Dinge anders haben wollen, als sie sind. Haben wir Knieschmerzen, so hätten wir lieber keine. Bemerken wir die Schmerzen aber nur als unangenehmes Gefühl und lehnen uns nicht dagegen auf, so leiden wir nicht darunter. Erst in dem Moment, wo wir denken, daß wir viel besser meditieren könnten und die Welt viel schöner wäre, wenn wir keine Knieschmerzen hätten, beginnt das Leid. Wozu ist das nötig? Unzufriedenheit nimmt uns den inneren Frieden. Ohne Frieden ist immer *Dukkha* im Herzen. Entweder haben wir das eine oder das andere. Wieso nicht die bessere Wahl treffen? Zufriedenheit, innere Freude, In-sich-Ruhen ist uns möglich, wenn wir aufhören, uns gegen die Naturgesetze aufzulehnen, und sie statt dessen freudig akzeptieren.

Es ist oft nur die Unruhe des Geistes, die uns davon abhält, inneren Frieden zu erfahren. Der Geist will etwas außerhalb finden, das ihm Frieden verschaffen soll. Wünschen und Wollen, was auch Nicht-Wollen einschließt, verursacht jedoch immer Leid. Entweder möchten wir etwas, das wir nicht haben, und sind deswegen nicht zufrieden. Oder wir haben etwas, das wir loswerden wollen, und sind genauso unzufrieden. Das Leid des Habenwollens ist schwerer zu erkennen, denn was wir so alles kaufen, sehen, hören oder erleben können, scheint doch befriedigend. Es erscheint wünschenswert und daher erfüllend.

Wenn wir uns die Gegend hier betrachten, so ist sie sicherlich wunderschön. *Māra*, der Versucher, sitzt ständig in unseren Herzen und will uns zu den Sinnesgenüssen verführen. Er verleitet uns zu denken: „Wozu meditieren? Wozu die Wahrheit erkennen? Draußen scheint die Sonne auf die grünen Wiesen; geh doch lieber spazieren." *Māra*, der Versucher, schlich sich noch in das Herz des Buddha, als er unter dem Bodhi-Baum saß und die

Erleuchtung zu erlangen versuchte, und wollte ihn von dort weglocken. Als ihm das nicht gelang, soll er angeblich vor Wut geplatzt sein. Leider hat er sich sehr bald wieder zusammengefügt, denn er sitzt ja noch heute im Herzen eines jeden Menschen. Wenn der Buddha noch Minuten vor der Erleuchtung den Verführer im Herzen hatte, können wir uns vorstellen, wie es bei uns aussieht, die wir vielleicht noch länger als einige Minuten von der Erleuchtung entfernt sind.

Die Verführung durch die Dinge, die unsere Sinne berühren, ist schwerer als Leid zu erkennen als das Leid, das wir erfahren, wenn uns etwas fehlt. Im allgemeinen können wir uns Wünschenswertes besorgen. Wir können draußen spazierengehen, es verbietet uns keiner. Wir haben genügend Geld, um uns ein Auto zu kaufen oder auf Reisen zu gehen. Wir können uns wahrscheinlich alles anschaffen, was wir gerne hätten. Wir erkennen das darin enthaltene *Dukkha* nicht, denn wir bekommen, was wir wollen, und erkennen die Kurzfristigkeit der Befriedigung und die damit verbundene Wiederholung des gleichen Vorganges nicht. Haben wir uns einmal die schöne Natur angesehen, so müssen wir sie immer wieder anschauen, um die gleiche Freude zu bekommen.

Die Sinnesbefriedigung, die jeder Mensch anstrebt, ist schwer als *Dukkha* erkennbar. Wenn wir das gute *Karma* haben, uns viele angenehme Sinnesbefriedigungen verschaffen zu können, vergessen wir, daß unsere ganze Zeit und Energie darauf ausgerichtet ist, diese Befriedigungen zu bekommen, die sowieso nie dauerhaft sein können. Daher ist die Kraft, Energie und Zeit, die wir dafür opfern, nutzlos verschwendet. Alle angenehmen Sinneskontakte, die wir je hatten, sind jetzt im Moment schon vergangen und vergessen.

Die Ablehnung der Unannehmlichkeiten ist viel einfacher als *Dukkha* zu erkennen, weil es sich ja um Unerwünschtes handelt. Wenn wir einmal klar und deutlich beobachtet haben, wie wir uns verausgaben, um Sinnesbefriedigungen zu bekommen, und sie dennoch nie behalten können, dann haben wir *Dukkha* in beiden Richtungen erkannt: in der Gier des Habenwollens und im Haß des Loswerdenwollens. Das erkannt zu haben, bedeutet nicht, daß uns das Essen nicht mehr schmecken wird, sondern nur, daß wir verstanden haben, daß unter weltlichen Bedingungen innerer Frieden und bleibendes Glück nicht zu finden sind. Wenn wir wissen, daß *Dukkha* sowohl in der Gier als auch im Haß liegt und daß die Welt uns nicht befriedigen kann, dann haben wir Weisheit durch Betrachtung von *Dukkha* erlangt, was uns zur vollkommenen Freiheit führen kann. Wenn wir Dukkha als Kontemplationsobjekt gewählt haben, erkennen wir bald, daß nur Wunschlosigkeit davon erlösen kann.

Es ist wichtig, einmal zu prüfen, welche Wünsche wir mit uns herumtragen. Wir werden sie nicht gleich alle fallenlassen können, aber einige von den unwichtigeren können wir sicherlich loslassen. Auf jeden Fall kommen wir so der Ursache der inneren Unruhe, des nicht vollkommen friedlichen Innenlebens, auf die Spur. Wenn wir durch Selbstbeobachtung unsere Wünsche als Ursachen für *Dukkha* erkannt haben, können wir allmählich immer mehr von unserem Wollen fallenlassen. Die Betrachtung von *Dukkha* ist keine Aufforderung zum Unglücklichsein, sondern eine Methode, um das eigene Leid zu verstehen, als Universalgeschehen zu akzeptieren und eines Tages vollkommen zu transzendieren. Erst wenn wir *Dukkha* auf diese Weise erfassen und nicht mehr darunter leiden, haben wir die Botschaft des Buddha verstanden.

Fragen und Antworten

F: Ich habe ein Problem mit den körperlichen Schmerzen. Ich kann verstehen, daß man Dinge nicht mehr haben will, und daß das Wollen durch das Erlöschen der Ich-Illusion aufhört. Aber ich kann mir nicht vorstellen, daß damit auch die Schmerzen aufhören, denn der Körper ist ja noch da und tut immer noch weh.

A: Es ist sehr schwer, sich vorzustellen, wie die Welt vom Gipfel eines Berges gesehen ausschaut, wenn man noch nicht dort gewesen ist. Das ist vergleichbar mit jemandem, der noch nie in Paris war, es sich aber anhand von Bildern vorstellen will. Der Buddha hat gesagt: „Der unerleuchtete Jünger hat zwei Pfeile, die ihn treffen, nämlich Körper und Geist. Den erleuchteten Jünger aber trifft nur ein Pfeil, nämlich der Körper mit seinen Schmerzen." Das heißt also, daß wir unerleuchtet sind, wenn der Körper uns weh tut und der Geist darüber klagt. Wenn den Erleuchteten der Körper schmerzt, meditiert der Geist. Der Buddha lag auf seinem Sterbebett und ist die acht meditativen Vertiefungen durchgegangen. Zwischen der vierten und der fünften Vertiefung ist er gestorben. Er starb an den Folgen einer Lebensmittelvergiftung, was schon ziemlich schmerzhaft gewesen sein muß.

F: Ich stehe in ständigem Konflikt mit meinem Körper, der sich bewegen möchte. Der Geist wird dann auch oft wütend, und außerdem bekommt der Körper Verstopfung. Ist es wirklich notwendig, sich überhaupt nicht zu bewegen in dieser Zeit? Ich habe richtige Probleme mit so wenig Bewegung, und du hast ja vorhin gesagt, daß Probleme der Meditation nicht förderlich sind. Wie soll ich also damit umgehen?

A: Wenn du gern Bewegung hättest, schlage ich dir vor, einen Dauerlauf zu machen. Dafür ist genug Zeit vorhanden, und dem steht nichts im Wege. – Aber während der Meditation muß man schon ruhig sitzen, sonst kann man den Geist nie zur Ruhe bekommen.

F: Ich möchte noch einmal auf die Sinne zurückkommen. Es gibt doch Berufe, in denen die Sinne ganz speziell gereizt werden, so daß man in einer besonderen Form zum Konsum verleitet wird. Würde das dann in letzter Konsequenz bedeuten, solche Berufe zu meiden oder mit den Dingen zu spielen, ohne „attached" zu sein? Ich arbeite im Hotel und habe manchmal eine irrsinnige Wut, wenn ich beispielsweise ein Geschäftsessen um 300 Mark für zwei Personen serviere oder eine Suite für 1800 Mark die Nacht vermiete. Auf der einen Seite macht die Arbeit Freude; auf der anderen Seite ist da ein Gewissenskonflikt.

A: Wenn das Gewissen unruhig ist, würde ich dort nicht weiterarbeiten. Wenn die Menschen dort so teuer essen und in so teuren Zimmern schlafen, dann ist das ihre Sache. Dagegen können wir nichts tun. Aber wenn es dir Schwierigkeiten macht, es dich berührt und du darüber unglücklich bist, dann würde ich an deiner Stelle dort nicht bleiben. Dieses Unglücklich- und Berührtsein bringt deinen Geist immer mehr in Unruhe. Dann solltest du eine Stellung annehmen, wo dein Geist ruhig und zufrieden sein kann. Du kannst auch einmal überprüfen, wie die Welt im allgemeinen funktioniert. Dein Hotel ist ja nicht der einzige Ort, wo solche Überteuerungen stattfinden. An den meisten Orten der Welt werden seltsame Dinge angeboten, weil der Mensch auf Sinnesbefriedigung aus ist. Wenn du sagen kannst: „Die Preise sind Sache der Gäste, ich bin nur hier, um meinen Job so gut wie möglich auszufüllen"; wenn du Verständnis dafür hast, daß diese Menschen nichts anderes kennen als ihre Sinnesbefriedigung, wenn du

Mitgefühl in dir erleben kannst, denn diese Menschen sind auch nicht glücklich, dann geht es. Aber wenn der Job mit Schwierigkeiten für dich verbunden ist, würde ich ihn nicht beibehalten. Man soll sich nicht in Situationen begeben, die den Geist noch mehr verärgern, als es ohnehin schon der Fall ist. Wenn der Geist einmal nicht mehr von solchen Situationen beeinflußt wird, kann man sich überall hinbegeben. Dann erlebt man alles mit Mitgefühl, wie der Buddha es seinerzeit getan hat. Ich kann mir gut vorstellen, daß Menschen, die 1800 Mark pro Nacht für ein Zimmer bezahlen, genausowenig glücklich sind wie jeder andere.

KAPITEL 5

Das Heil der Erlösung durch die Läuterung der Vollkommenheiten

Freigebigkeit und Entsagung

Als nächstes erwähnte der Buddha das Erleben der Erlösung als bedeutende Eigenschaft eines Mönchs. Das Heil der Weisheit ist nicht gleichbedeutend mit dem Heil der Erlösung. Weisheit ist auch nicht identisch mit Wissen. Sie ist vielmehr intuitives inneres Erleben, das den Schritt in die Freiheit vorbereitet. Außerdem verlangte der Buddha, daß die Erlösung nicht nur erlebt, sondern auch voll erkannt und als „erkanntes Erleben" mitteilbar sein solle. Dafür brauchen wir genügend Wissen.

Es gibt Menschen, die, ohne Meditation zu praktizieren, einschneidende und überwältigende meditative Erlebnisse haben, aber sie können wenig damit anfangen. Sie erkennen die Bedeutung dieser Erlebnisse nicht, können sie sich selbst nicht erklären, und natürlich können sie sie auch nicht wiederholen. Um ein Erlebnis wiederholen zu können, muß man es erkannt haben, und dazu benötigen wir Herz und Verstand. Wir erleben gefühlsmäßig und erkennen verstandesmäßig. Daß wir beim Meditieren nicht denken wollen, bedeutet nicht, daß wir unseren Verstand ausschalten. Der Geist besteht aus mehreren Funktionen, wovon nur eine das Denken ist. Erkanntes Erleben ist etwas anderes, und um das zu ermöglichen, brauchen wir ausreichende Information. Wenn wir nichts über die Stufen der Meditation und der Einsicht wissen, sind wir zwar erstaunt, erfreut und beglückt von unseren interessanten Erlebnissen und erklären diese wahrscheinlich auch im Zusammenhang mit bisherigen Erfahrungen, aber das ist noch kein wahres Erkennen. Was für alle meditativen Erlebnisse zutrifft, wird hier besonders für die Erlösung erwähnt. Erlösung bedeutet im Prinzip, daß *Dukkha* nicht mehr persönlich erlebt wird. Das heißt nicht nur, daß die Illusion des Ich durchschaut worden ist, denn das gehört zum Heil der Weisheit. Es heißt vielmehr, daß die Illusion fallengelassen wird, was ein großer Unterschied und ein markanter Schritt ist. Diese Art des Erkennens ist speziell vom Buddha gelehrt worden, aber viele Mystiker anderer Religionen haben sie ebenfalls erlebt. Jeder menschliche Geist besteht aus denselben Bestandteilen, obwohl wir uns wahrscheinlich einreden, daß wir etwas Besonderes sind. Das ist nichts als eine egoistische Weltsicht. Wir alle haben die Möglichkeit, das Menschliche zu transzendieren. Der Buddha hat dieses Erleben für jeden Meditierenden zugänglich gemacht.

Wir haben jetzt von zehn Eigenschaften gehört, die der Buddha in einem Mönch suchte. (Siehe auch Glossar Seite 248 ff.) Diese Eigenschaften sollte er sich selbst erarbeitet haben und an andere weitergeben können. Ein Mönch namens Punna Mantāniputta (der Name bedeutet „verdienstvoller Sohn der Mantāni") genügte nach Ansicht seiner Mitmönche all diesen Ansprüchen. Ein anderer Mönch namens Sāriputta hörte diese Lobpreisung und wollte Punna Mantāniputta gern kennenlernen. Ein Mensch, der diese Errungenschaften bereits in sich verwirklicht habe, müsse ein großer Heiliger sein, und mit solch einem ungewöhnlichen Menschen würde er sich gern unterhalten. Sāriputta war der Hauptjünger des Buddha, und es wurde allgemein gesagt, daß er die gleiche Weisheit habe wie der Buddha. In vielen Fällen gab der Buddha nur kurze Lehrreden, und wenn die Zuhörer die kurzen Erklärungen nicht verstanden, gingen sie zu Sāriputta und baten ihn um eine detaillierte Erklärung. Er war bekannt für das größte analytische Wissen und konnte die kurzen Lehrreden äußerst gut auslegen. Aber wie Menschen nun mal sind, gingen die Zuhörer dann meist noch einmal zum Buddha und fragten ihn, ob Sāriputta es auch richtig interpretiert habe. Unweigerlich stimmte der Buddha den Äußerungen von Sāriputta zu. So verbreitete sich der Ruf, daß Sāriputta die Weisheit des Buddha habe.

Zu dieser Zeit hielt sich der Buddha in Anāthapindikas Kloster auf. Punna Mantāniputta folgte ihm dorthin, um seine Lehrreden zu hören. Sāriputta erfuhr, daß der Mönch, den er gern sprechen wollte, in Anāthapindikas Kloster zu finden sei, und so machte auch er sich auf den Weg dorthin. Beide Mönche meditierten den ganzen Tag im Wald, und als der Abend kam, standen sie von der Meditation auf, und Sāriputta ging zu Punna, um ihn zu befragen.

Seine erste Frage war, ob das heilige Leben unter dem Erhabenen auch wirklich gelebt würde. Punna wußte nicht, von wem er befragt wurde, und sagte: „Ja natürlich."

Als nächstes fragte Sāriputta: „Wird das heilige Leben zum Zweck der Läuterung der Tugend gelebt?"

Punna antwortete: „Nein."

Daraufhin fragte Sāriputta: „Wird es zum Zweck der Läuterung von Herz und Geist gelebt?"

Wieder sagte Punna: „Nein."

Dann fragte Sāriputta: „Wird es zum Zweck der Läuterung der Ansichten gelebt?"

Auch hier war die Antwort: „Nein."

Als nächste Frage kam: „Wird es zum Zweck der Läuterung von Zweifeln gelebt?"

Auch dies wurde verneint.

Nun fragte Sāriputta: „Wird es zum Zweck des Erkennens, was der Pfad ist und was er nicht ist, gelebt?"

Auch hier war die Antwort: „Nein."

„Wird es zum Zweck der Läuterung des Erkennens und Wissens des Pfades gelebt?"

Wieder hieß es: „Nein."

Sāriputta beharrte: „Wird es zum Zweck der Läuterung des Erkennens und Wissens des Klarblicks gelebt?"

Auch das wurde verneint.

Nun sagte Sāriputta: „Du sagst zu allem, was ich frage, ‚nein'. Wozu wird das heilige Leben denn dann gelebt?"

Punna antwortete: „Das heilige Leben wird zum Zweck der Erlöschung *(Nibbāna)* durch das Aufgeben des Anhaftens gelebt."

Daraufhin fragte Sāriputta: „Ist die Läuterung von Tugend *Nibbāna* durch das Aufgeben des Anhaftens?"

Wieder sagte Punna: „Nein."

Daraufhin wiederholte Sāriputta alle seine Fragen mit dem Zusatz: „Ist das *Nibbāna* durch das Aufgeben des Anhaftens" und bekam immer wieder „Nein" zur Antwort.

Am Ende fragte er: „Ist dann die Läuterung durch Einsicht und Klarblick *Nibbāna* durch das Aufgeben des Anhaftens?"

Wiederum sagte Punna: „Nein."

Nun bekannte sich Sāriputta als ratlos: „Was soll ich damit anfangen? Wie kann ich diese Darstellung verstehen? Du hast gesagt, das heilige Leben wird zum Zwecke der Erlöschung, des *Nibbāna* gelebt, was gleichbedeutend ist mit dem Aufgeben des Anhaftens. Wenn ich dir aber alles aufzähle, was von dem Erhabenen gelehrt wird, dann sagst du zu allem nein."

„Ich werde dir ein Gleichnis geben", sagte Punna. „König Pasenadi von Kosala (der auch ein Anhänger des Buddha war und häufig in den Lehrreden erwähnt wird) lebt in Sāvatthi. Er muß dringend nach Sāketa, was recht weit entfernt ist. Um den Weg mühelos zurücklegen zu können, muß er sich sieben Kutschen mit sieben Gespannen besorgen. Er verläßt also den Palast und steigt in die erste Kutsche. Wenn das Gespann müde ist, nimmt er das zweite, dann das dritte, vierte, fünfte, sechste und siebente. Mit dem siebten Gespann und der siebten Kutsche kommt er am Palast in Sāketa an. Wenn man ihn nun fragen würde: ‚Bist du mit dieser letzten Kutsche nach Sāketa gekommen?', müßte er wahrheitsgetreu antworten: ‚Nein, ich habe sieben Gespanne und sieben Kutschen gebraucht. Die siebente erst hat mich vor die Tür des Palastes gebracht.' Genauso ist es mit dem heiligen Leben, dem spirituellen Pfad. Es braucht sieben Läuterungen, damit durch die letzte – die Läuterung von Einsicht und Klarblick – das Anhaften aufgegeben werden kann, was mit der Ankunft in einem Palast vergleichbar ist."

Sāriputta war von dieser Erklärung begeistert und dankte Punna Mantāniputta. Dieser fragte ihn daraufhin nach seinem Namen. Als er hörte, daß sein Befrager Sāriputta war, wurde Punna verlegen und sagte: „Wenn ich gewußt hätte, mit wem ich rede, hätte ich nicht soviel gesagt." Sāriputta versicherte ihm, daß es eine sehr wertvolle Unterhaltung gewesen war.

Auf dieser Unterhaltung zwischen zwei erleuchteten Mönchen basiert der *Visuddhi-Magga* (Pfad der Läuterung), ein im 5. Jahrhundert von dem Mönch Buddhagossa verfaßter Kommentar, der den gesamten Lehrkomplex des Buddha in allen Einzelheiten, die zur Erleuchtung führen können, erfaßt. Diese Darlegung zeigt uns deutlich, daß wir den ganzen Weg gehen müssen, Schritt für Schritt, um alles *Dukkha* zum Erlöschen zu bringen. Jeder Schritt vermindert das *Dukkha* ein wenig, und es ist unmöglich, den nächsten Schritt zu tun, bevor wir den vorherigen erkannt und nachvollzogen haben. Auch dieser Weg beginnt mit der Läuterung der Tugend, dem Fundament, auf dem wir aufbauen können. Zur Tugend gehören die zehn Vollkommenheiten, die wir auf dem spirituellen Pfad entwickeln können. Die Samen dafür trägt jeder Mensch in sich, und es ist eine Frage der Arbeit an sich selbst, ob sie wachsen und gedeihen.

Die erste der Vollkommenheiten heißt Freigebigkeit, Großzügigkeit oder Gebefreudigkeit. Manche Menschen geben, weil sie sich schämen, nicht zu geben. Das ist immer noch besser, als es nicht zu tun. Manche Menschen geben, weil sie an die Wirkung des *Karma* glauben, nach dem Motto „wie du säest, so sollst du ernten". Auch das ist besser, als nicht zu geben. Die reine Freigebigkeit entsteht jedoch erst, wenn das Herz sich für andere öffnet und das Geben aus der reinen Freude daran praktiziert wird, nicht, weil wir uns verpflichtet fühlen oder weil wir ein gutes *Karma* erzielen möchten. Der Buddha hat gerade diese Eigenschaft immer wieder lobend erwähnt. Sie ist in buddhistischen Ländern sehr ausgeprägt, und jeder, der schon einmal in einem buddhistischen Land war, kann erstaunliche Geschichten über Freigebigkeit und Gastfreundschaft erzählen, die ein Teil dieser Kulturen sind. In westlichen Ländern wird Kindern die spontane Gebefreudigkeit oft ausgeredet. Wenn sie ihre Spielsachen weggeben wollen, haben die Eltern Angst, neue kaufen zu müssen, und verbieten diese Freigebigkeit. Wenn wir dann ins Arbeitsleben eintreten, Geld verdienen und uns um unseren eigenen Vorteil bemühen, glauben wir, daß diese Mühe heilsam für uns sei.

Freigebigkeit vermindert unsere Ichbezogenheit, und das vereinfacht unser Leben, erleichtert den spirituellen Pfad, hilft der Meditation und verkleinert unser *Dukkha*. Ohne daß wir unsere Ichbezogenheit vermindern, gibt es kein spirituelles Leben. Nicht „ich" werde nun plötzlich spirituell, vielmehr erschließen sich die spirituellen Möglichkeiten dem Menschen, der loslassen kann.

Loslassen verlangt, daß wir mit dem Anhaften aufhören, und das bedeutet letztendlich Freiheit von allem *Dukkha*. In der Meditation bezieht sich das Loslassen auf die Gedanken. Es fällt uns immer wieder schwer, sie loszulassen, weil sie unser Ego unterstützen. Wenn wir nicht denken, bleibt uns das „Ich" unbekannt. Loslassen ist der rote Faden, der sich durch die ganze spirituelle Praxis zieht. Wenn wir meditieren, so tun wir das anfänglich, um etwas zu bekommen, höchstwahrscheinlich, um Ruhe und Frieden zu bekommen. Aber was müssen wir dafür tun? Loslassen, nichts anderes als das. Wenn wir dazu nicht bereit sind, bleibt uns der Weg verschlossen. Das Loslassen bezieht sich natürlich nicht nur, aber auch, auf materielle Güter. Sich von materiellen Dingen zu trennen, sie anderen Menschen zur Verfügung zu stellen, ihnen die Möglichkeit zu geben, sich daran zu erfreuen, ist ein guter Anfang, um die Ichbezogenheit zu reduzieren.

Je weniger wir besitzen, desto freier sind wir. Oft glauben wir, daß wir um so mehr sind, je mehr wir haben. Es ist genau umgekehrt. Wir leben viel besser und viel einfacher, wenn wir weniger haben. Aber das ist nicht der Grund, warum wir freigebig sind; indem wir geben, manifestieren wir vielmehr Mitgefühl in erkennbarer Form.

Der Buddha hat die Freigebigkeit eine Tugend des Weltlings genannt. Ein Weltling ist ein Mensch, der *Nibbāna* noch nicht erlebt hat, der vielleicht nicht einmal meditiert. In der Tugend der Freigebigkeit kann er sich dennoch üben. Güter, Zeit, Liebe, Mitgefühl und Fähigkeiten für andere bereitzustellen, kann allmählich zur Gewohnheit werden. Ein sofortiges Karma-Resultat für den Spender ist die Freude, die er selbst erfährt, wenn er erlebt, wie ein anderer Mensch sich über sein Geschenk freut. Während wir uns überlegen, was ein anderer gebrauchen kann, was wir für einen anderen tun könnten, wie wir helfen können, sind alle persönlichen Probleme ausgelöscht. Wir können nämlich nur entweder unsere eigenen Probleme wälzen oder an andere denken. Beides gleichzeitig ist unmöglich.

Wir sollten jedoch auch nicht meinen, in der Welt Gutes tun zu müssen, wenn uns keiner dazu aufgefordert hat oder wir gar nicht die nötigen Erfahrungen dafür mitbringen. Es ist besser, wenn wir mit Weisheit erkennen, wo und wie wir helfen können. Das bedeutet, daß wir uns zunächst selbst helfen. Es ist nicht möglich, einen anderen glücklich zu machen, wenn man selbst unglücklich ist. Mutter Theresa widmet ihr Leben armen und sterbenden Menschen in Kalkutta. Das ist sicherlich mehr, als Geld oder Güter je bewirken könnten. Jeder gibt soviel, wie sein Herz erlaubt. Wenn unser Herz vollkommen verschlossen ist und wir uns nur um uns selbst kümmern, wird es uns sehr schwerfallen zu geben. Wenn wir andere Menschen jedoch in unser Herz aufgenommen haben, werden wir automatisch geben. Freigebigkeit ist eine erlernbare Eigenschaft wie alle anderen Tugenden auch, vor allem wenn wir erkannt haben, daß sie ein Teil des spirituellen Pfades sind. Wenn uns die Gebefreudigkeit schwerfällt, ist es besonders wichtig, daß wir uns darin üben, denn unser Widerstand dagegen zeigt uns, daß sie genau das ist, was wir lernen müssen.

Eine weitere Vollkommenheit ist die Entsagung, und auch sie hat die Minderung der Egobezogenheit zum Ziel. Je größer die Egobezogenheit ist, desto leichter eckt man an. Manche Menschen halten sich für äußerst sensibel und glauben, sie hätten deswegen so viele Schwierigkeiten in ihren zwischenmenschlichen Beziehungen. In Wirklichkeit liegt das einzig und allein daran, daß ihr Ego auf das ihrer Mitmenschen prallt. Das ist etwa so, wie wenn ein sehr dicker Mensch Schwierigkeiten hat, zur Tür hereinzukommen, weil er mit seinem Körper an beiden Türpfosten anstößt. Je dicker unser Ego ist, desto leichter stoßen wir an. Entsagung arbeitet dem entgegen und bedeutet, daß wir die Jagd nach den Sinnesvergnügungen als unnütze Zeitverschwendung erkannt haben. Wir können auf diese Weise sowieso nicht befriedigt werden und können einmal untersuchen, ob wir noch andere Prioritäten im Leben haben.

Sinnesvergnügungen sind keine Ausschweifungen, sondern einfach nur der Versuch, Glück und Freude von außen zu bekommen, was ständig neu geschehen muß. Wir können einmal prüfen, wieviel Zeit, Energie, Geld und Interesse wir aufwenden, um einen oder mehrere unserer fünf Sinne zu befriedigen, und ob wir es je geschafft haben, ganz erfüllt zu sein. Entsagung bedeutet, diese Jagd einmal aufzugeben und andere Prioritäten zu setzen. Unsere Sinne funktionieren weiter wie bisher, und angenehme Kontakte werden uns noch immer zuteil, aber der Jagd und der Suche nach Befriedigung durch die Sinne können wir entsagen. Wir erkennen vielleicht, daß wir nicht überall mitmachen und nicht alles Neue erforschen müssen, weil die Dinge der Welt uns ohnehin nicht das bringen, was wir eigentlich suchen. Durch tiefere Einsicht lassen wir so manches fallen, was uns früher äußerst wichtig erschien.

Wir können das mit einem Kind vergleichen, das am Strand Burgen baut. Wenn es älter wird, spielt es vielleicht mit einem Fußball. Als nächstes bringt es möglicherweise ein Fahrrad mit, dann ein Surfbrett, und am Ende kommt es mit einem Freund oder einer Freundin, und weder die Burgen noch der Fußball, das Fahrrad oder das Surfbrett sind von irgendwelchem Interesse. Wir wachsen aus den Dingen heraus, die wir als unnötig und unpassend für uns erkannt haben. Wir können unsere Gewohnheiten untersuchen und prüfen, ob sie uns hilfreich sind oder ob wir uns anderen Dingen zuwenden könnten, um innerlich zu wachsen. Wenn wir erkannt haben, daß unser ganzes Leben nichts weiter ist als eine Schulklasse, in der immer wieder Examen kommen, die wir bestehen müssen, um nicht sitzenzubleiben, dann sehen wir auch, welchen Dingen wir entsagen können. Sie haben immer mit Sinnesbefriedigung zu tun. Je weniger wir der nachjagen, desto reiner und klarer wird unser Innenleben.

Wir merken erst, wieviel weniger Steine des Anstoßes es gibt, wieviel einfacher unser Denken wird, wenn das Leben aus weniger Vielfalt besteht. Auf Pali heißen die unendlich vielen Möglichkeiten der Mannigfaltigkeit *Papañca*. Schon das Wort klingt nach Ausbreitung und Vervielfältigung. Überall gibt es etwas Neues oder anderes zu sehen, hören, riechen, schmecken, anzutasten, kennenzulernen, zu erleben. Da ist kein Ende abzusehen. Je weiter wir uns in diese Vielfalt begeben, desto unruhiger wird unser Geist, desto schlechter können wir meditieren und den spirituellen Pfad gehen, weil ein unruhiger Geist ständig nach Neuem sucht. Wenn wir gesehen haben, daß diese Unruhe nichts weiter ist als innere Unzufriedenheit und Unerfülltheit, können wir uns müheloser auf unser Innenleben konzentrieren und dieser Vielfalt auch leichter entsagen, weil wir sie als unnötig für unser Glück durchschaut haben.

Die Welt hat einen Glanz, der uns immer wieder verführt zu glauben, daß alles, was glitzert, reines Gold ist. In Wirklichkeit werden wir von Scheingold genarrt, das zwar glänzt, aber überhaupt keinen Wert hat. Es ist schwierig, Klarheit im Denken zu erlangen, wenn die Emotionen auf- und abwogen und die Sinneseindrücke uns immer wieder begehrlich machen. Nur Selbstbeobachtung und Selbsterkenntnis weisen uns den Weg aus dem Kreislauf von Wollen und Ablehnen. Selbstüberwindung bringt uns ein Gefühl der Sicherheit und Kraft, das es uns immer wieder möglich macht, den nächsten Schritt zu tun. Wenn wir wissen, was unser eigenes Glück wirklich bedeutet, dann ist jegliche Selbstüberwindung mit bedingungsloser Liebe gepaart und führt zu freudigem, selbstverständlichem Loslassen. Was wir erkannt haben, können wir auch nachvollziehen.

Fragen und Antworten

F: Ich habe mit Menschen zu tun, die nicht viel von Entsagung halten, und mit denen hat man bald keinen Kontakt mehr, wenn man sich persönlich für das Entsagen entscheidet. Man muß dann oft absagen und nicht mitmachen.

A: Das passiert fast jedem am Anfang der Praxis, manchmal sogar mit der eigenen Familie. Nach einiger Zeit kommen neue Freunde, die dieselben Interessen haben. Die Übergangszeit ist oft schwierig. Es hat keinen Sinn, andere überzeugen zu wollen; es hat genausowenig Sinn, bei ihnen mitzumachen. Wir können hoffen, daß wir akzeptiert werden, wie wir sind, und wollen jeden so annehmen, wie er ist.

F: Ich verstehe diese Situation auch auf den Arbeitsplatz bezogen. Ich schließe mich bei irgendwelchen gemeinsamen Unternehmungen aus, und irgendwann habe ich mich auch schon total zurückgezogen. Dann wird die Zusammenarbeit schwieriger, weil die anderen mich in eine Schublade einordnen.

A: Das ist nicht zu ändern und passiert einem auch, wenn man nicht den spirituellen Pfad wählt. Das sind menschliche Urteile und Vorurteile, Ansichten und Meinungen. Eine der Läuterungen, von denen wir sprechen werden, ist die Läuterung der Ansichten. Wir können nur ganz konsequent unseren Weg gehen und so viel Liebende-Güte in uns entwickeln, wie uns möglich ist, um anderen auf der Ebene zu begegnen.

F: Wäre dann die letzte Konsequenz, Nonne (oder Mönch) zu werden, wenn man sich mit diesen Dingen wirklich ernsthaft beschäftigt?

A: Man kann auch erleuchtet werden, ohne Nonne (oder Mönch) zu sein. Es ist wie mit dem Kind am Strand. Wir wachsen aus einigen Verhaltensweisen heraus und tun etwas Neues.

F: Heißt das, daß der spirituelle Pfad nicht von der Masse beschritten wird?
A: Ja, das stimmt. Wir brauchen dazu Selbstüberwindung, Entschlußkraft, Willenskraft und Verständnis für *Dukkha*. Wer *Dukkha* verstanden und in sich selbst erkannt hat, bekommt genug Antrieb für die Praxis. Solange man glaubt, daß irgend etwas Weltliches doch zufriedenstellend sein kann, fehlt der wahre Impuls zum Praktizieren.

Entschlußkraft, Willenskraft, Weisheit und Wahrhaftigkeit

In der Unterhaltung zwischen Sāriputta und Punna Mantāniputta wird die Frage aufgeworfen, ob jedes der Entwicklungsstadien Zweck des spirituellen Lebens sei, und immer ist die Antwort nein. Keines der Stadien ist der Zweck – jedes ist lediglich ein Mittel, ohne das der Zweck nicht erfüllt werden kann. Ebenso ist es nicht der Zweck der Meditation, einmal Ruhe in den Geist zu bekommen; auch das ist nur ein Mittel. Der Zweck der Meditation ist Klarblick, Einsicht, Erlösung, Erlöschung, und nur wenn wir diesen Zweck ernsthaft verfolgen, können wir die Meditation gut entwickeln. Andernfalls werden wir uns dabei immer wieder selbst zurückhalten, denn unser Ich stellt sich uns ständig in den Weg.

Das erste der sieben Mittel ist die Läuterung der Tugend, wobei die Tugend zusätzlich als dritte der zehn Vollkommenheiten genannt wird, die wir in uns entwickeln können und müssen, wenn wir uns ernsthaft mit dem Pfad zur Erlösung beschäftigen wollen. (Siehe auch Glossar Seite 248 ff.) Die Vollkommenheit, die wir uns jetzt anschauen werden, ist die Entschlußkraft, die uns ein ständiger Begleiter sein kann. Entschlußkraft brauchen wir für alles, was wir tun. Wir brauchen sie, um morgens aufzustehen, und sie ist nötig, damit wir uns überhaupt zur Meditation hinsetzen. Vielen Menschen fehlt sie, wenn sie die Praxis zu Hause allein weiterführen sollen, aber wir alle tragen den Samen dafür in uns und können ihn entwickeln, wenn wir wollen und vor allem erkennen, wie wichtig das ist. Lassen wir uns einfach treiben, dann geht von unserer Entschlußkraft ständig etwas mehr verloren, bis wir uns schließlich nur noch um die Dinge kümmern, die zum puren Überleben nötig sind. Über-leben ist aber ohnehin ein hoffnungsloses Unterfangen, keiner von uns kann es je zustande bringen, und so lohnt es sich auch nicht, sich dies zur Lebensaufgabe zu machen. Das wäre Verschwendung eines wertvollen Menschenlebens, das immer die Möglichkeit der spirituellen Emanzipation in sich trägt. Es ist daher vernünftiger, daß wir uns um Dinge kümmern, die unser Wachstum fördern. Entschließen wir uns nicht dazu, wird es uns immer schwererfallen die Praxis beizubehalten.

Es passiert häufig, daß die Meditation schon nach relativ kurzer Zeit in Vergessenheit gerät und nur ab und zu einmal praktiziert wird. Dies kann schwerlich zu Resultaten führen. Nur wenn wir täglich meditieren und die Meditation als feste Institution in unser Leben einbauen, wird unser Geist uns eines Tages voll und ganz gehorchen.

Es geschieht zuerst auf der geistigen, dann auf der körperlichen Ebene, daß wir uns gehenlassen, und natürlich fällt es uns bei uns selbst zuletzt auf; man sollte sich also genau daraufhin beobachten. Entschlußkraft muß im Geist hervorgebracht werden, damit sie sich körperlich auswirken kann. Sie ist das Gegenstück zu Lässigkeit und Trägheit, die uns als menschliche Grundeigenschaften scheinbar viel näher liegen, weil man ihnen leichter nachgeben kann. In Wirklichkeit ist es aber gar nicht einfacher, sich gehenzulassen, weil es viel weniger zufriedenstellend ist. Wenn wir wissen, daß wir Lässigkeit und Faulheit überwunden haben, fühlen wir uns innerlich gestärkt und sicher. Wir haben das Gefühl, etwas erreicht zu haben. Wenn wir uns gehenlassen, tut es uns oft später leid. Wir rechtfertigen das natürlich vor uns selbst: „Ich bin überarbeitet; ich bin müde; ich bin zu alt, ich kann das nicht mehr"; oder: „Ich habe noch viel Zeit, um das zu erledigen." Diese Erklärungen bringen uns nicht weiter.

Die tägliche Meditation reicht allerdings nicht aus. Wir müssen zusätzlich den Entschluß fassen, uns selbst zu läutern, und dafür ist die Meditation nur eines der Mittel. Mit diesem Entschluß bringen wir Reinheit in uns selbst und in unsere Umgebung. Was immer wir an Reinheit in uns entwickeln, das können wir ausstrahlen, und davon wird unsere Umgebung auch berührt. Es gibt nur zwei Möglichkeiten für uns, entweder Reinheit oder Unreinheit zu entwickeln.

Keiner von uns kann im Leben stehenbleiben, da sich alles immerfort bewegt und verändert. Wir müssen daher auch ständig unsere Fähigkeiten neu prüfen und schulen. Es scheint immer einfacher zu sein, dem Gesetz der Schwerkraft zu folgen, das uns nach unten zieht. Es ist auch tatsächlich einfacher, Menschen zum Schlechten zu beeinflussen, und viel schwieriger, sich selbst oder andere zum Guten hinzuführen. Aber gerade die Überwindung von Schwierigkeiten bringt die besten Resultate. Ohne festen Entschluß wird es kaum möglich sein, den spirituellen Weg zu gehen.

Die Willenskraft, die unsere geistige Energie repräsentiert, wird durch das Entschlußfassen unterstützt. Willenskraft als solche ist unser „Ankurbler", aber wir müssen darüber hinaus auch noch die richtigen Entschlüsse fassen können, und dazu brauchen wir Weisheit. Alle drei Eigenschaften gehören zu den zehn Vollkommenheiten: Entschlußkraft, Willenskraft und Weisheit, und sie unterstützen sich gegenseitig. Wenn wir keine Weisheit haben, wissen wir nicht, welche Entschlüsse zu fassen sind. Wenn wir keine richtigen Entschlüsse fassen, nützt uns die ganze Willenskraft nichts, denn wir lenken sie vielleicht in die falsche Richtung.

Weisheit fängt immer damit an, daß wir Selbstverantwortung übernehmen und aufhören, andere dafür verantwortlich zu machen, was mit uns geschieht. Das Gesetz des *Karma* ist ein Naturgesetz, dem wir alle untertan sind, und wenn uns klar wird, daß wir alles, was in unserem Leben geschieht, selbst in die Wege geleitet haben, akzeptieren wir unsere eigene Verantwortung. Wir kennen alle den Satz: „Wie du säest, so wirst du ernten." Das ist das Gesetz des *Karma*, wie es einfacher gar nicht ausgedrückt werden kann. Was wir täglich säen, ist das, was wir täglich ernten. Wenn wir volle Eigenverantwortung für jede Reaktion und jeden Gedanken übernehmen, haben wir den ersten Schritt zur Weisheit getan.

Jeder andere Mensch ist genauso von seinem eigenen *Karma* abhängig wie wir selbst. Wenn ein anderer auch noch so unliebsam, störend oder unfreundlich zu uns ist, unsere Reaktion darauf ist alleinig unser *Karma*. Daß wir mit Menschen konfrontiert werden, die unfreundlich sind, ist ein Resultat unseres eigenen *Karma*. Wenn wir beispielsweise unser Auto nicht auftanken, brauchen wir uns nicht zu wundern, wenn wir an der nächsten Ecke stehenbleiben. Das beruht auf unserem eigenen Tun. Dennoch versuchen wir vielleicht, uns herauszureden, indem wir sagen: „Ich wurde gestört, deshalb habe ich vergessen, daß ich noch hätte tanken müssen. Immer will jemand etwas von mir. Deswegen habe ich kein Benzin im Auto." In Wirklichkeit liegen dem Vergessen jedoch lediglich unsere eigenen Gedanken zugrunde. Wenn wir auch häufig nicht mehr wissen, was wir gedacht, getan oder gesagt haben und mit einem Resultat konfrontiert werden, das uns ungerecht erscheint, erleben wir nichts, was nicht auf unseren eigenen Absichten beruht.

Zum ersten Schritt der Weisheit gehört, sich klarzumachen, daß der Moment, den man gerade erlebt, ein Resultat der Dinge ist, die man gedacht, gesagt und getan hat. Wenn wir mit unserer Situation nicht ganz zufrieden sind, können nur wir selbst etwas daran ändern, kein anderer kann dies für uns tun. Erst wenn diese Einsicht felsenfest in uns verankert ist, können wir anfangen, an uns selbst zu arbeiten. Solange wir glauben, daß wir jemand anderen brauchen, der uns glücklich macht, oder jemanden loswerden müssen, der uns unglücklich macht, so lange gibt es keine spirituelle Arbeit.

Karma ist das Gesetz von Ursache und Wirkung, und die Lehre des Buddha ist auf diesem Prinzip aufgebaut.

Ein Kernpunkt der Lehre ist die Kette bedingten Entstehens, die nichts weiter ist als das Wechselspiel zwischen Ursache und Wirkung, und über die der Buddha gesagt hat: „Wer bedingte Entstehung versteht, versteht das *Dhamma*, wer das *Dhamma* versteht, versteht bedingte Entstehung." Jede Wirkung hat eine Ursache, und wenn wir das einmal an uns selbst untersuchen und zum Gegenstand unserer Kontemplation machen, können wir uns möglicherweise an Worte oder Handlungen erinnern, deren Resultate unverkennbar sind. Dann können wir dieses Gesetz von Ursache und Wirkung an uns selbst nachvollziehen. Da es ein unpersönliches Naturgesetz ist, nutzt es recht wenig, sich dagegen aufzulehnen, denn damit schaffen wir uns nur noch mehr *Dukkha,* als wir ohnehin schon haben.

Eine vom Buddha empfohlene Betrachtung lautet:
„Ich bin der Eigentümer meines *Karma*.
Ich bin der Erbe meines *Karma*.
Ich bin aus meinem *Karma* geboren.
Ich bin mit meinem *Karma* eng verknüpft.
Ob ich gutes oder schlechtes *Karma* mache, dessen Erbe werde ich sein."

Das Akzeptieren dieses Gesetzes muß mehr beinhalten als lediglich die Bestätigung seiner Richtigkeit. Es muß in jeder Situation angewendet werden, mit der wir konfrontiert sind. Nichts ist mein, aber solange ich glaube, daß ich „Ich" bin, ist das *Karma* mein. Wenn die Illusion des „Ich" verschwindet, verschwindet auch das *Karma*. Solange jedoch das „Ich" existiert, gibt es nichts, was uns gehört, außer den Resultaten unseres *Karma*. Das Gesetz von Ursache und Wirkung existiert genau wie Tag und Nacht, wie Sonne, Mond und Sterne. Haben wir dies einmal als innere Weisheit verarbeitet, entsteht daraus der Entschluß, gutes *Karma* zu machen. Nichts kann weiser sein als das. Wie einfach es doch ist, weise zu sein, man muß es nur noch durchführen. Wenn wir das Gesetz von Ursache und Wirkung als für uns zutreffend akzeptiert und den Entschluß gefaßt haben, es so zu verwenden, daß es für uns von Nutzen ist, dann gibt es gar keine andere Möglichkeit mehr, als gutes *Karma* zu machen.

Wie machen wir gutes *Karma*? Auf dreierlei Art: durch Gedanken, Worte und Taten. Die Gedanken sind der Auslöser für Worte und Taten; darum sind sie natürlich besonders zu beachten. Sind sie uns bereits „durchgebrannt", können wir immer noch die Worte behüten, wenn diese auch „durchbrennen", schließlich noch die Taten. Von besonderer Wichtigkeit ist es natürlich, die Gedanken zu behüten, denn dann wird es uns leichter fallen, mit Worten und Taten gutes *Karma* zu machen. Vielleicht müssen wir diesen Entschluß öfter erneuern, so wie man zu Neujahr beispielsweise den Entschluß faßt, nie mehr zu rauchen, immer liebenswürdig zu sein und so weiter. Am 5. Januar muß man diesen Entschluß bereits erneuern und am 8. Januar nochmals. So geht es uns auch mit der Absicht, gutes *Karma* zu machen. Je öfter wir uns daran erinnern, die Weisheit, die wir schon erkannt haben, durch Entschlußkraft zu verwirklichen, desto leichter wird es uns fallen, die Willenskraft aufzubringen, um auch wirklich gutes *Karma* zu machen.

Die genannten drei Vollkommenheiten sind eng miteinander verknüpft, und jede dieser drei ist auf die anderen beiden angewiesen. Gutes *Karma* zu machen bedeutet, daß es für uns und andere zum Heil gereicht. Es hat eine aufbauende und erhebende Qualität, die uns zu etwas mehr Weisheit, Liebe und Güte verhilft. Das ermöglicht es uns, mehr innere Freude zu erleben und dadurch auch mehr innere Freude auszustrahlen und anderen damit zu helfen.

Jeder Mensch macht gutes und schlechtes *Karma*, aber wir können durch Entschluß und Willen die Balance ändern und uns mehr zum Guten hin ausrichten. Wenn wir mehr gutes *Karma* machen, ändert sich unser Leben, ohne daß wir bewußt etwas verändern wollen. Die äußeren Umstände werden einfacher, und wir brauchen uns nicht mehr so anzustrengen, um das tägliche Leben zu meistern. Es „fließt" besser. Weniger Menschen reagieren unfreundlich auf uns, und unser Innenleben hat die Chance, mehr zur Ruhe zu kommen. Je mehr gutes *Karma* wir machen, desto mehr Auswahl haben wir in unserem Tun; dazu brauchen wir auch wiederum mehr Weisheit, um das Gute zu wählen. Wir erleben also Wachstum in alle Richtungen. Läuterung und Reinheit bedeuten inneres Wachstum, aber gleichzeitig werden auch die Umstände um uns herum geläutert.

Wir dürfen uns dann aber nicht zurücklehnen und selbstzufrieden sagen: „Ich habe so viel gutes *Karma* gemacht, jetzt geht alles gut." Das funktioniert auch nicht. Weisheit, Wille und Entschlußkraft müssen weiterhin bestehen bleiben. Alle Fähigkeiten müssen immer wieder praktiziert werden, bis der Moment der vollen Erleuchtung, der Zustand der vollkommenen Heiligkeit erreicht ist. Einen Menschen, der das erreicht hat, nennen wir einen „Heiligen" oder einen „nicht mehr Praktizierenden", weil seine Arbeit getan ist. Bis zu dem Punkt müssen wir alle Tugenden, die wir ja in uns tragen, immer wieder erwecken und uns mit ihnen vertraut machen, so daß ihre Ausübung innere Zufriedenheit bringt.

Die Weisheit, die wir durch das Erkennen von Ursache und Wirkung bereits erlangt haben, bringt mit sich, daß wir unsere Absichten als Motive für unsere Handlungen erkennen. Eine Handlung mag ganz unschuldig aussehen, wenn aber eine lieblose Absicht dahintersteht, erzeugt sie ein schlechtes *Karma*-Resultat. Sieht eine Handlung hingegen von außen grob oder unhöflich aus, kann sie trotzdem ein gutes *Karma*-Resultat hervorbringen, wenn die dahinterstehende Absicht Hilfsbereitschaft ist.

Haben wir das Gesetz von Ursache und Wirkung als Tatsache akzeptiert, besteht der nächste Schritt darin, sich zu vergegenwärtigen, daß das Ausschlaggebende daran die Absicht ist. Das bedeutet, daß wir ständig unsere Absichten untersuchen und uns fragen: „Warum mache, denke oder sage ich das?" Das ist ein sehr hilfreiches Mittel, um sich selbst wahrheitsgemäß zu erkennen und die eigenen Absichten immer wieder in die richtigen Bahnen zu lenken. Wir werden dabei sicherlich auch merken, wie oft wir selbstsüchtig und ichbezogen sind, wie oft unsere Ideen auf nichts anderes hinauslaufen, als vor uns selbst als jemand dazustehen, der „weiß", „kann" oder „besser" ist. Wir müssen unsere Absichten also recht genau untersuchen, denn sie bestimmen unser *Karma*. Auf sie kommt es an.

Der Buddha hat gesagt: *„Karma*, ihr Mönche, erkläre ich, sind die Absichten." Das Wort *„Karma"* heißt wörtlich übersetzt nichts weiter als „Taten", und so wurde es auch im Indien des Buddha gebraucht, bis der Buddha Einhalt gebot und erklärte: „Nein, es sind nicht die Handlungen, es sind die Absichten hinter den Handlungen, die das *Karma* machen." In dieser Hinsicht müssen wir uns mit aller Weisheit, die uns zur Verfügung steht, prüfen. Wenn die Absichten rein sind, sind auch die Handlungen rein.

Oft beobachten wir lieber andere Leute als uns selbst und kommen dann schnell zu irgendwelchen Schlüssen über diese Menschen und deren Absichten. Wir glauben ihre Fehler zu erkennen und beurteilen und verurteilen ihr Denken und Tun. In dem Zusammenhang müssen wir lernen, daß alles, was wir sehen, nur unser eigenes Spiegelbild ist. Nehmen wir dies einmal als feststehende Tatsache, wird uns klar, daß die Reinheit eines Gedankens nichts als Reinheit spiegelt, und daß umgekehrt die Unreinheit eines Gedankens Unreinheit um sich verbreitet. Wir können uns nur selbst spiegeln, es gibt nichts, was wir erkennen könnten, wenn wir es nicht schon in uns trügen. Der Spiegel zeigt nur das, was vor ihm steht. Wir können keine Erleuchteten erkennen, denn wir haben keinen persönlichen Zugang zu dem Gefühl, erleuchtet zu sein. Alle Qualitäten und Schwierigkeiten, die wir in anderen erkennen, tragen wir auch selbst mit uns herum, ob wir dies wissen oder nicht. Daher kann es sehr hilfreich sein, andere Leute zu beobachten, aber nur wenn wir sie als einen Spiegel für uns selbst betrachten, nicht wenn wir sie danach ablehnen. Dann ist das Beobachten sinnlos und bringt nur zusätzliche Negativität in unseren Geist.

Die Unreinheiten, die wir alle in uns tragen, sind menschlich und zeigen sich überall in unserer Welt. So wie wir alle sind, ist auch die Welt, in der wir leben. Die Menschen streiten sich, sie kämpfen miteinander, betrügen sich, erschießen sich und rauben sich gegenseitig die Häuser aus. Auch wenn wir das nicht alles selbst gemacht haben, ist es doch ein Spiegelbild der menschlichen Eigenschaften. Je mehr wir uns selbst läutern – jeder einzelne von uns –, desto mehr tragen wir dazu bei, dieses Spiegelbild zu verändern. Die eigene Läuterung ist das einzige, was wir dafür tun können. Unseren Nachbarn können wir nicht ändern, es ist schwer genug, sich selbst zu ändern.

Die eigene Läuterung bringt nicht nur ein persönliches Resultat, hat nicht nur eine Einzelwirkung, sondern wirkt sich auch auf die Umwelt aus und trägt dazu bei, die Welt, in der wir leben, etwas reiner zu machen. Unsere ganze Welt ist ein Spiegelbild der ganzen Menschheit. Bei anderen erkennen wir oft viel besser, was uns nicht gefällt, als bei uns selbst. Sobald wir so etwas gefunden haben, heißt es zu prüfen, ob wir es auch in uns finden können. Haben wir es gefunden, ist uns sicherlich klar, daß es uns auch an uns selbst mißfällt. Dann können wir etwas dagegen unternehmen. Dafür brauchen wir Weisheit, Entschlußkraft und Willenskraft sowie die ursprüngliche Absicht, uns ändern zu wollen. Wir können lernen, die alten Verhaltensmuster abzulegen, und Neues in uns aufnehmen. Dies ist ein schwieriger Entschluß, denn er bedeutet ja, zugeben zu müssen, daß wir bis dahin nicht hundertprozentig in Ordnung waren. Da müssen wir das Ego schon etwas beschwichtigen, denn es hört so etwas gar nicht gern. Wenn wir ihm jedoch erklärt haben, daß unser Entschluß, unsere alten Verhaltensmuster abzulegen, unwiderruflich ist, dann ist die uns allen innewohnende Weisheit unsere Verbündete. Wir haben alle Antworten bereits in uns. Sie sind nur durch unsere Wünsche und Ablehnungen verdeckt. Wenn wir diese für einen Moment ablegen, können wir klar sehen.

Die Zusammenarbeit der drei Vollkommenheiten Weisheit, Entschlußkraft und Willenskraft ermöglicht uns eine Haltung, die von innerer Ruhe geprägt ist. Jeder möchte gern Frieden durch Meditation erreichen, aber wir müssen bereits etwas Ruhe mitbringen, sonst ist es zu schwierig, sie in der Meditation zu erlangen. Daher sind alle erwähnten Mittel wichtig, um etwas Frieden ins Herz zu bringen. Wenn wir unsere Tugenden entfalten, entsteht Reuelosigkeit. Wir haben keine Schuldgefühle und mehr Sicherheit und dadurch auch mehr innere Ruhe.

Die nächste Vollkommenheit ist Wahrhaftigkeit. Das bedeutet mehr als nicht zu lügen, obwohl Lügen natürlich eine Untugend ist. Wahrhaftigkeit bedeutet vor allen Dingen, ehrlich sich selbst gegenüber zu sein. Es ist gar nicht so einfach, sich selbst so zu betrachten, als wäre man ein objektiver Beobachter. Man kann das mit einem Spiegel vergleichen, der nicht den Körper und die Kleidung, sondern Herz und Geist widerspiegelt. Ein beliebtes Gesellschaftsspiel besteht darin, die eigenen Wünsche in den Spiegel zu projizieren, um andere glauben zu machen, man sei wirklich so. Wenn wir uns selbst etwas vormachen und uns nicht erkennen, können wir uns nicht weiterentwickeln. Erkennen – nicht tadeln – ändern! Wir haben alle die gleichen Schwierigkeiten und brauchen niemandem vorzumachen, wir seien klüger, besser, schöner, reicher, intelligenter, liebender und gleichmütiger als andere. Wir sitzen alle im selben Boot, nur leider rudern wir meistens in die falsche Richtung. Wenn wir keine Wahrhaftigkeit uns selbst gegenüber aufbringen, können wir den spirituellen Pfad nicht wirklich beschreiten, denn auch dort machen wir uns dann etwas vor. „Wir sitzen schön gerade auf dem Kissen, haben es effektiv 45 Minuten lang ausgehalten und dabei sogar den Atem betrachtet." Alles das ist sekundär. Tugend ist die erste „Kutsche", in die wir einsteigen müssen, um auf dieser Reise ans Ziel zu kommen.

Wahrhaftigkeit uns selbst gegenüber muß ohne Beschönigung vor sich gehen. Das heißt nicht, daß wir uns selbst schlechtmachen sollen; auch das ist nicht wahrheitsgetreu. Vielmehr müssen wir objektiv erkennen, was in uns vorgeht. Es ist gar nicht so schwierig, in sich hineinzuschauen und dabei Haß, Ärger, Ablehnung, Liebe, Mitgefühl oder Gleichmut zu erkennen und dann festzustellen, wo die größten Schwierigkeiten liegen und was vor allem entwickelt werden muß.

Wahrhaftigkeit sich selbst gegenüber bringt auch innere Sicherheit. Wenn wir uns nicht auf uns selbst verlassen können, auf wen sollten wir uns dann verlassen? Wir müssen wissen, daß wir uns selbst gegenüber vollkommen wahrhaftig und zuverlässig sind, um innere Stärke zu verspüren. Innere Sicherheit und Stärke, die sich durch die Verwirklichung der Tugenden entwickeln, sind notwendige Vorbedingungen für die Meditation. Ohne sie ist es viel schwieriger, sich zu konzentrieren. Je mehr diese Eigenschaften entwickelt sind, desto leichter schreitet die Meditation voran. Reuelosigkeit und Zuverlässigkeit ermöglichen es, daß wir uns unantastbar fühlen.

Wir haben wenig Einfluß darauf, was andere Menschen denken und tun. Wenn wir uns davon aus dem Gleichgewicht bringen lassen, haben wir ein schwieriges Leben. Die innere Stärke hilft uns, „geerdet" und zentriert zu sein, so daß wir nicht so leicht aus der Balance kommen. Wenn wir von den Emotionen anderer abhängig sind, davon, was andere von uns denken und wie sie uns gegenübertreten, wird das sehr wenig zu unserem inneren Frieden beitragen. Schalten wir jedoch ab und interessiert es uns nicht, was andere empfinden, verlieren wir Liebe und Mitgefühl. Die Balance ist die innere Sicherheit, die immer mit liebender Güte gepaart ist.

Wahrhaftigkeit zeigt sich auch darin, daß wir Rechtschaffenheit üben, also „das Rechte" tun, ohne uns etwas vorzumachen oder uns zu entschuldigen. Es ist der Versuch, die Unwissenheit zu durchbrechen, klar zu sehen und die Fallen der Begehrlichkeit zu meiden. Wir brauchen die Wahrhaftigkeit auch, um auf allen Ebenen miteinander auszukommen, weil sie mit Zuverlässigkeit gepaart ist. Wir halten unsere Versprechen, stehen für unsere eigenen Taten gerade und ziehen andere nicht in Mitleidenschaft. Weil es leicht ist, mit uns auszukommen, finden wir und andere den Frieden, den wir mit auf das Meditationskissen bringen können. Und je mehr Frieden wir uns andererseits auf dem Kissen erarbeiten, desto leichter wird es uns fallen, die Tugenden in uns zu entwickeln. Beides geht Hand in Hand; das tägliche Leben und die Meditation müssen sich gegenseitig ergänzen.

Fragen und Antworten

F: Kannst du mir den Zusammenhang zwischen Reuelosigkeit und Schuldgefühlen erklären?
A: Das sind Gegensätze.
F: Du sagtest, man verliert dann die Schuldgefühle.
A: Wenn man weiß, daß man richtig gehandelt und die rechten Absichten gehabt hat, das Gute tun wollte und sich der inneren Weisheit bedient hat, soweit sie vorhanden ist, dann empfindet man keine Reue und hat keine Schuldgefühle. Wenn die Dinge nicht so ausgefallen sind, wie man sie sich vorgestellt hat, hat man vielleicht nicht die richtigen Mittel verwendet. Das ist leicht möglich, denn die Weisheit eines gewöhnlichen Menschen ist recht unvollkommen. Vollkommene Weisheit hat nur ein Erleuchteter. Aber auf jeden Fall sind die Absichten gut gewesen, daher braucht man keine Schuldgefühle zu haben.
F: Es gibt so alte Sachen, wo wenig Weisheit und vielleicht auch keine liebende Güte vorhanden war, die in sogenannter bester Absicht für den anderen getan wurden, aber im Grunde doch egoistisch waren. Damit umzugehen ist auch nicht einfach.
A: Das können wir nur fallenlassen. Der Mensch, der in der Vergangenheit etwas getan hat, war noch nicht weiter entwickelt. Der Mensch, der dies heute betrachtet, sieht die Dinge mit anderen Augen. Wenn man die Universität besucht, ist der Kindergarten langweilig und unzulänglich. Man ist herausgewachsen. Schuldgefühle sind immer negativ. Wenn man etwas Unrichtiges getan hat und dann auch noch Schuldgefühle hat, ist man mit zwei Negativitäten belastet. Die einzige Möglichkeit, die Vergangenheit nutzbringend zu verwenden, ist Rückblick und dann der Entschluß, in Zukunft anders zu handeln.

F: Aufgrund unserer Erziehung fühlen wir uns oft schuldbewußt, weil wir sündig sind.
A: Das Wort „Sünde" gibt es in Pali, der Sprache des Buddha, nicht. Es gibt nur die Worte „heilsam" und „unheilsam". Schuldgefühle bezeichnen wir als „Doppel-*Dukkha*". Haben wir schon etwas falsch gemacht und damit *Dukkha* erzeugt und belasten uns dann noch mit Schuldgefühlen, dann tut es doppelt weh.
F: Aber wie soll man denn etwas besser machen, wenn man keine Schuldgefühle entwickelt? Wenn einem gar nicht leid tut, was man falsch gemacht hat? Das ist ja auch eine positive Sache.
A: Leidtun und Schuldgefühle sind nicht dasselbe.
F: Manche Dinge kann man vielleicht nicht mehr gutmachen, dann kommen ganz automatisch Schuldgefühle.
A: Die automatischen Gefühle, die in uns hochkommen, sind unsere Impulse und Instinkte, die wir zu transzendieren versuchen, so daß wir uns nicht mehr automatisch und impulsiv auf denselben Knopf drücken lassen und das vorher schon eingegebene Programm immer wieder gleichbleibend abläuft. Wenn uns etwas leid tut, und wir können es bei dem Menschen, dem wir etwas Schlechtes angetan haben, nicht mehr gutmachen, müssen wir uns jemand anderen suchen, dem wir statt dessen Gutes tun können. Leidtun ist ein Gefühl der Trauer über die eigenen Fehler. Die Trauer allein nützt aber nichts; wir müssen den Fehler auch ändern, was bedeutet, es das nächste Mal besser zu machen. Es gibt fünf Milliarden Menschen auf unserem kleinen Erdball. Unter denen können wir uns einen aussuchen, um Gutes zu tun.
F: Das Helfer-Syndrom, also Helfen aus der Minderwertigkeit heraus, wie ist das anzusehen?
A: Wenn man dann auch wirklich hilft, kann es nütz-

lich sein, andernfalls ist es natürlich unnütz. Man muß wissen, ob man wirklich helfen kann, und sollte sich nicht einreden, man könne etwas tun, womit man recht wenig Erfahrung hat.

F: Wie geht das mit dem Entwickeln der Entschlußkraft?

A: Abends vor dem Schlafengehen können wir uns klarmachen: „Ich habe genug Weisheit, um zu erkennen, was gut für mich ist. Ich will von jetzt an nur noch das Gute tun." Wir können uns selbst gut zureden, ein anderer macht das nicht für uns, wir müssen es schon selber tun. Wir müssen uns immer wieder vor Augen halten, was wirklich gut für uns ist, wie wir wachsen können, wie wir unserer Weisheit Ausdruck verleihen können, wie Willenskraft mit Entschlußkraft zu paaren ist.

Geduld, Liebe und Gleichmut

Die letzten drei Vollkommenheiten, die der Buddha zur Charakterentwicklung erwähnt hat, sind Geduld, bedingungslose Liebe und Gleichmut. Sie helfen sich gegenseitig, und besonders Geduld und bedingungslose Liebe sind Ausdruck derselben Herzenseinstellung.

Liebe ist etwas Gebendes, desgleichen die Geduld. Wer Geduld mit sich selber aufbringt, hat auch Geduld mit anderen. Wir geben uns und anderen Zeit und Raum zur Entwicklung. Wir lernen die Dinge zu akzeptieren, wie sie sind, ohne Eile und Hast. Dann können wir beobachten und reagieren, ohne negativ zu werden. Man merkt schnell, wie erregend es wirkt, wenn man ungeduldig wird. Ungeduld bedeutet Ablehnung der Dinge, wie sie sind, so daß wir nicht mit dem jeweiligen Geschehen mitfließen können. Wir wollen es schneller, anders, besser oder sonstwie geändert haben.

Wenn wir geduldig sind und abwarten können, so ist das auch ein Teil der Einsicht in die Vergänglichkeit. Je mehr wir die Dinge, die um uns herum geschehen, und auch uns selbst unter dem Aspekt der Veränderlichkeit betrachten, desto einfacher ist es, Geduld zu haben. Je mehr wir das, was in uns und in der Welt geschieht, objektiv beobachten, desto klarer wird, daß nichts so bleibt, wie es ist.

Ungeduld ist auch ein Aspekt von Haß. Unter dem Begriff Haß kann alles zusammengefaßt werden, was negativ ist und unheilsame Reaktionen hervorruft. Ungeduld kann sehr leicht in Haß umschlagen. Wenn wir mit jemandem ungeduldig sind, weil er sich nicht so benimmt, wie wir es uns vorstellen, kann das sehr leicht in Ärger und Abneigung ausarten. Das gleiche gilt für uns selber. Alles, was wir als Reaktion anderen gegenüber entwickeln wollen, weil wir erkennen, daß wir uns damit das Leben erleichtern, müssen wir erst einmal uns selbst gegenüber praktizieren. Wenn wir keine Geduld mit uns selbst aufbringen können, können wir sie unmöglich mit anderen haben.

Geduld bedeutet auch, Nachsicht zu üben, weil wir an uns selbst erkennen können, wie schwierig es ist, immer das Gute und Heilsame zu praktizieren. Dies ist vor allen Dingen unerläßlich, wenn wir die Tendenz haben sollten, von uns und anderen perfekte Handlungen zu erwarten. Leider ist dies ziemlich weit verbreitet. Es ist eine Art Stolz, der uns nicht zugeben läßt, daß wir Fehler machen, was aber durchaus menschlich ist. Indem wir Fehler machen, laden wir weder Schuld auf uns, noch begehen wir eine Sünde oder machen uns strafbar, außer, wenn es sich um Fehler handelt, die allgemein als Verfehlung anerkannt werden. Wenn es sich jedoch um die täglichen kleinen Fehler handelt, die jedem passieren, müssen wir Nachsicht üben. Das heißt nicht, daß wir sie nicht verbessern wollen. Aber wir können uns daran erinnern, daß wir Kinder auf dem spirituellen Pfad sind, und mit kleinen Kindern ist man immer nachsichtig. Man kann von ihnen nicht erwarten, daß sie schon perfekt und fehlerfrei sind. Im Gegenteil, sie versuchen vieles zu tun, für das sie noch nicht die nötigen Fähigkeiten haben. Wenn beispielsweise ein Dreijähriger versucht, Geschirr abzuwaschen, wird es Scherben geben. Da ist Geduld und Nachsicht angebracht. Dieselbe Einstellung müssen wir dem Kind in uns entgegenbringen. Wenn wir uns bemühen zu wachsen, werden sich die Resultate einstellen.

Nachsicht und Geduld mit sich selbst und anderen zu haben, führt zu einem harmonischen Zusammenleben. Wenn wir nicht zuviel erwarten, werden wir nicht so oft enttäuscht. Manchmal bekommen wir auch mehr, als wir erwartet haben, weil wir unsere Erwartungshaltung etwas verringert haben. Es gibt nichts Weltliches, was perfekt sein kann, so ist die Welt nun einmal eingerichtet. Es gibt das Überweltliche, das Heilige, das perfekt ist, aber wenn wir dort angelangt sind, brauchen wir die Vollkommenheiten nicht mehr zu üben. Die Welt ist von Vergänglichkeit, Leidhaftigkeit und Substanzlosigkeit durchdrungen. In diesen drei Eigenschaften ist nichts Perfektes zu finden, weil sich alles immer wieder ändert. Sollten wir dennoch danach suchen, machen wir uns und anderen das Leben schwer. Dies ist ein allgemeines Übel, dem viele Menschen ausgesetzt sind.

Nachsicht mit uns und anderen zu üben, bedeutet auch, daß wir uns selbst und anderen liebevoll gegenüberstehen. Wenn Fehler geschehen, können wir sie wieder berichtigen; die Welt geht bestimmt nicht davon unter. Daß wir alle versuchen, unser Bestes zu tun, ist ziemlich sicher, aber das Beste ist oft in den Augen anderer oder sogar in unseren eigenen Augen nicht das Allerbeste. Da ist es dann nötig, die eigenen Absichten zu prüfen. Wenn unsere Absichten rein sind, die Resultate aber mittelmäßig und nicht unseren Erwartungen entsprechend, brauchen wir uns keine Vorwürfe zu machen. Das Wertvolle daran ist die Lernsituation, die auf dem Weg zur liebevollen Herzensentwicklung entstanden ist.

In unserer Denkart ist Liebe etwas Zielgerichtetes. Wir müssen jemanden haben, den wir für liebenswert halten. Sollten wir das Glück haben, einen Menschen zu finden, den wir wirklich lieben können, dann wollen wir natürlich an dieser Person festhalten. Wir sind ja der Meinung, daß unsere Liebe von der Existenz dieses Menschen abhängig ist, was natürlich eine Katastrophe heraufbeschwört. Wenn das Gefühl der Liebe im Herzen von der Existenz eines oder vielleicht mehrerer Menschen abhängig ist, dann ist unsere Liebe natürlich mit Angst verbunden, und Angst gehört unter die Rubrik Haß. Wir können keine Angst vor dem haben, was wir lieben, nur vor dem, was wir hassen. Wir hassen nicht diese liebenswerten Menschen, sondern die Idee, daß sie uns abhanden kommen könnten. Wir wissen unterschwellig genau, daß alles vergänglich ist, auch wenn wir uns noch so sehr dagegen sträuben, diesen Gedanken in unser Bewußtsein dringen zu lassen.

Merken wir dann vielleicht, daß dieser Mensch anders denkt und fühlt, als das vor Wochen oder Jahren der Fall war, dann wird die Angst eventuell zur Panik. Geschehen dann Dinge, die nicht erwartet oder gewünscht sind, verwandelt sich die Panik vielleicht sogar in Haß. Das ist in Kürze die Tragödie der menschlichen Beziehungen, die sich abspielt, wenn die bedingungslose Liebe *(Mettā)* noch nicht entwickelt ist. Romane, Opern und Balladen handeln größtenteils davon.

Warum funktioniert Liebe nicht so, wie wir uns das vorstellen? Weil sie nicht auf Selbstlosigkeit aufgebaut ist, die sie einfach aus unserem Herzen fließen läßt. Die Liebe, die der Buddha lehrt und erklärt, ist eine Herzensqualität, die wir in uns entwickeln können und müssen, wenn wir wirklich glücklich sein wollen. Sie hat nichts mit dem Empfänger zu tun, denn das würde uns ja wieder in ein Abhängigkeitsverhältnis bringen und zum Sklaven unserer Reaktionen machen. Abhängige Liebe verursacht ein Gefühl der Gebundenheit. Wir möchten frei sein; sind wir aber auch bereit, das loszulassen, was uns bindet? Solange wir jemanden suchen, der uns zurückliebt, sind wir gefesselt. Dennoch glauben wir, dadurch unser Glück und unseren Lebenszweck zu finden, und nehmen die Schwierigkeiten in Kauf, die sich durch das Gebundensein und die Angst entwickeln.

Wieso ist es uns denn so wichtig, geliebt zu werden? Das bestätigt uns, daß wir liebenswert sind, weil wir uns das selbst einfach nicht glauben wollen. Solange wir aber einen anderen Menschen zur Bestätigung brauchen, machen wir unser Glück von äußeren Umständen abhängig. Wenn wir niemanden haben, der uns liebenswert findet, gehen wir auf die Suche. Das allein bringt schon *Dukkha*, denn die Suche beinhaltet die Begierde des Habenwollens. Haben wir gefunden, was wir wollten, ist wieder *Dukkha* da, und zwar aufgrund der Angst, das Erreichte könnte verlorengehen. Diesem Kreislauf von Unannehmlichkeiten können wir nur entkommen, wenn wir verstehen, worum es sich hier handelt.

Geliebt zu werden ist ja sehr angenehm, aber das Gefühl ist im Herzen des anderen; es ist die Herzenswärme desjenigen, der liebt. Für uns ist es nichts weiter als eine Ego-Bestätigung. Da wir ja immer Ego-Bestätigungen suchen, können wir dies sicherlich erkennen und eines Tages auch davon Abstand nehmen. Das einzige, worauf es auf dem spirituellen Pfad ankommt, ist, die Liebe als Herzensqualität zu entwickeln, so daß wir unabhängig werden von den Emotionen anderer Menschen. Wenn wir dies in uns entwickeln, frei von jedem Anhaften, dann ist unsere Liebesfähigkeit unser Schutz, der uns Sicherheit und Selbstvertrauen bringt.

Unser Innenleben läßt sich mit einem Haus vergleichen. Die meisten Menschen halten ihr Haus in bester Ordnung. Da werden die Fußböden gewischt, das Geschirr wird gespült, die Wäsche wird gewaschen und sorgfältig weggelegt, und alles ist schön sauber, so daß man sich wohlfühlt. Genauso sollten wir auch unser Inneres putzen und säubern, so daß ein jeder sich dort wohlfühlen kann. Je mehr wir in uns aufräumen und nichts Unnützes herumliegen lassen, über das wir stolpern könnten, desto wohler fühlen wir uns. Unser inneres Wohlbefinden ist davon abhängig, wieviel Liebe wir in uns entwickeln können; und mit der Liebe uns selbst gegenüber müssen wir anfangen.

Wir westlichen Menschen haben oft Schwierigkeiten, uns selbst zu lieben, weil unsere Erziehung in diesem Punkt wohl zu einem weitverbreiteten Mißverständnis geführt hat. Man hat uns gesagt, wir sollten nicht selbstsüchtig sein und unsere Schokolade mit anderen teilen. Das bedeutet nicht, daß wir uns selbst nicht lieben sollen. Jedes Kleinkind liebt sich instinktiv selbst und sagt das manchmal sogar, aber irgendwann geht uns die

Fähigkeit, uns selbst zu lieben, verloren. Wir reden uns ein, Selbstsucht sei gleichbedeutend mit Selbstliebe. Dies ist ein grundlegend falsches Verständnis eines sehr wichtigen Punktes.

Wer sich nicht selbst liebt, kann unmöglich andere lieben. Wir glauben oft, es sei sehr einfach, andere zu lieben, nur bei uns selbst hätten wir Schwierigkeiten. Dies sind Gedanken, keine Gefühle. Das Gefühl der Liebe im Herzen läßt sich nicht mit Worten beschreiben, aber es ist deutlich erkennbar, wenn es da ist; ansonsten ist es nebelhaft und verschwommen. Es ist, als hätten wir noch nie eine Mango gegessen und jemand wollte uns beschreiben, wie sie schmeckt. Vielleicht so: „Sie hat gelbes Fruchtfleisch und schmeckt herrlich, ganz saftig, süß und weich." Das könnte auch ein Pfirsich sein. Wir müssen selbst hineinbeißen, um zu erleben, wie eine Mango schmeckt. Genauso ist es mit der Liebe. Wir müssen sie selbst im Innersten fühlen, um zu wissen, was in uns vorgeht. Dabei kann uns der nahe Feind der bedingungslosen Liebe sehr nützlich sein. Der sogenannte „ferne" Feind der Liebe ist Haß, aber der „nahe" Feind ist Anhänglichkeit, das, was wir zum Beispiel in der Familie erleben. Da ist Liebe mit Festhalten verbunden. Dennoch lernen wir, wie sich Liebe anfühlt, erfahren, was es bedeutet, jemanden ins Herz zu schließen, und obwohl wir auch die Ängste und die Trauer kennenlernen, die aus dem Anhaften entstehen, erfahren wir in der Familie innere Wärme, Offenheit und die Bereitschaft, anderen Menschen etwas zu geben. Die Liebe im Familienleben ist das Samenkorn, aus dem sich die Liebe in unserem Herzen entwickelt. Wenn wir die Liebe in unserem Herzen ein Leben lang nur mit einigen wenigen Menschen teilen, ist unsere Liebesfähigkeit sehr begrenzt. Wir alle haben die Fähigkeit, unser Herz zu öffnen und es mit bedingungsloser Liebe zu füllen.

Wenn wir die Entwicklung unserer Liebesfähigkeit zum Mittelpunkt unserer Gefühlswelt machen, werden wir erleben, welche Ruhe, welche Sicherheit das für uns bedeutet. Kein Mensch kann uns dann mehr zu unliebsamen Reaktionen herausfordern. Dabei werden wir an die Lehren und das Leben Jesu erinnert, und auch der Buddha wurde angefeindet und verleumdet. Wenn den größten spirituellen Meistern der Menschheit diese Erfahrungen nicht erspart blieben, ist wohl anzunehmen, daß auch wir Menschen begegnen werden, die nicht mit uns konform gehen, die uns nicht leiden mögen, die glauben, daß wir unliebsame Mitbürger sind.

Wenn wir die Liebe entfaltet haben, die unabhängig von allem äußeren Geschehen ist, fühlen wir uns in jeder Situation vollkommen sicher. Diese Liebe zerbricht nicht an der Mißgunst anderer, sondern bleibt fest in unserem Herzen verankert. Natürlich erleben wir alle unangenehme Situationen, aber sie müssen uns nicht zu innerer Unruhe veranlassen. Nichts ist wichtiger als die Entfaltung und Bewahrung von Herzenswärme.

Die Liebende-Güte-Meditation zeigt uns einen Weg, wie wir unsere Gedanken auf die Liebe lenken können; und den Gedanken folgen unweigerlich die Gefühle. Das Kontemplieren über die bedingungslose Liebe hilft uns, den Schmerz zu erkennen, den Gefühle wie Neid, Eifersucht, Feindseligkeit oder Rachegelüste uns bereiten. Eines Tages kommen wir sicherlich dahinter, daß wir unser eigener bester Freund sein müssen. Jeder, der sich mit spirituellem Wachstum beschäftigt, merkt früher oder später, daß es Dummheit ist, sich mit Gefühlen und Gedanken abzugeben, die einen selbst unglücklich machen. Nichts könnte absurder sein. Natürlich können wir das nicht über Nacht ändern, aber der Weg dahin ist klar und deutlich gezeigt.

Die Liebende-Güte-Meditation allein genügt natürlich noch nicht. Wir müssen außerdem versuchen, im täglichen Leben soviel Liebe wie möglich zu verwirklichen. Alles, worauf wir unseren Geist lenken, worauf wir unsere Achtsamkeit richten, wird uns allmählich zur zweiten

Natur. So wird es eines Tages zur Selbstverständlichkeit, daß wir anderen Gutes tun, uns um sie kümmern, ihnen Liebe in Worten und Taten schenken oder zumindest in Gedanken. Ob wir die anderen Menschen liebenswert finden oder nicht, macht dabei überhaupt keinen Unterschied. Das ist ja nur unsere Beurteilung. Wir sind damit beschäftigt, Liebe und Reinheit in uns zu entwickeln, und nicht damit, andere zu be- oder zu verurteilen.

Unsere ganze Welt spiegelt unser Bedürfnis nach Abgrenzung wider. Wir müssen uns überall ausweisen, um beispielsweise Geschäfte tätigen oder andere Länder bereisen zu können. Wir brauchen einen Paß, ein Visum und einen Ausweis, um hereingelassen zu werden. Wenn wir solche Papiere nicht haben, gibt es große Schwierigkeiten. In ähnlicher Weise verbauen wir auch unsere Herzen mit einem Grenzübergang, an dem ein jeder sich ausweisen muß, bevor wir ihm Zutritt gewähren. Wenn er nicht die richtigen Eigenschaften und die passende äußere Erscheinung präsentiert und unsere Sprache nicht spricht, lassen wir ihn einfach nicht herein. Auch die richtige Hautfarbe, Religion, Erziehung und Kultur sollte er mitbringen. Wir verwenden viel Zeit und Energie auf diese „Grenzkontrolle" und lassen sehr wenige Menschen herein. Und als exaktes Abbild unserer Herzen hat sich unsere Welt entwickelt.

Es gibt keine besseren Worte, um dieses Prinzip zu erklären, als die uns allen bekannten: „Liebe deinen Nächsten wie dich selbst." Dabei wird allerdings gern vergessen, daß wir uns erst einmal selbst lieben müssen. Selbstliebe bedeutet nicht, selbstsüchtig zu sein, sondern daß wir uns so erkennen und anerkennen, wie wir eben sind, mit allen Fehlern und Schwierigkeiten. Erst wenn wir unsere eigenen Fehler akzeptiert haben, können wir die Fehler anderer mit Liebe und Geduld ertragen. Dann wird unser Leben um vieles einfacher. Die Menschen, denen wir unser Herz öffnen, brauchen dann nicht mehr so viele Ausweise, müssen unseren Vorstellungen nicht mehr genau entsprechen, sondern sie spazieren einfach herein. In einem weiten und unbegrenzten Herzen, das nicht auf bestimmte Menschen oder Ideen fixiert ist, findet ein jeder Platz.

In keiner unserer Schulen wird die Ausbildung des Herzens praktiziert, immer wird nur der Geist angesprochen. Wie lernen Fakten und sammeln Wissen an, damit wir Prüfungen bestehen, aber von unseren Herzen hoffen wir, daß sie schon irgendwie funktionieren werden. Doch auch die Fähigkeiten unserer Herzen müssen trainiert werden, genau wie die des Geistes. Wir können das ganze Leben als Übungsfeld für die Entwicklung unserer Liebesfähigkeit nutzen und für jeden Menschen dankbar sein, der besonders schwierig ist, denn er ist eine Herausforderung für unsere Fähigkeit, bedingungslos zu lieben. Es ist einfach, liebevoll mit Menschen umzugehen, die ebenfalls liebevoll sind. Dabei lernen wir recht wenig. Viel wichtiger ist, daß wir Liebe und Verzeihung an Menschen üben, die es uns schwermachen. In Zeiten, in denen wir keinen Unannehmlichkeiten ausgesetzt sind, können wir uns über unser gutes Karma freuen und uns mehr und mehr den Menschen zuwenden, die in unserer näheren Umgebung leben. Häufig haben wir auch Hemmungen, anderen unsere Liebe zu zeigen, weil wir vielleicht denken, der andere will gar keine Liebe von uns. Jeder Mensch möchte geliebt werden, wir brauchen nur unser eigenes Herz zu untersuchen. Die Scheu, anderen Menschen Liebe zu zeigen, ist ganz unnötig. Es steckt nichts anderes dahinter als Ego-Stolz, der nicht zurückgewiesen werden will. Wenn wir jedoch von dem anderen nichts haben wollen, sondern nur geben, können wir auch nichts verlieren. Es gibt nichts, was sich durch Weggeben schneller vermehrt als die Liebe, und je mehr wir davon geben, desto mehr haben wir im Herzen.

Dasselbe gilt auch für alles andere, was wir geben. Je mehr wir weggeben, desto mehr bekommen wir. Die Natur sorgt dafür, daß ein ständiger Ausgleich stattfindet. Wo aus vollem Herzen gegeben wird, ohne die Erwartung, etwas zu bekommen, dort herrscht Fülle. Das ist ein Naturgesetz.

Natürlich muß Liebe mit Weisheit gepaart sein, denn sie unterstützen sich gegenseitig. Weisheit läßt uns erkennen, daß es nichts Wichtigeres geben kann, als Liebe zu entwickeln. Mit Weisheit sehen wir ein, daß darin unsere Sicherheit liegt, und Weisheit zeigt uns auch die Schwierigkeiten, die vom Anhaften kommen. Eines Tages müssen wir sowieso alles loslassen: Körper und Geist, Besitztum und liebe Menschen. Wenn wir das nicht schon vorher geübt haben, sehen wir schwierigen Zeiten entgegen. Wir müssen beizeiten mit dem Loslassen anfangen, nicht erst dann, wenn wir dazu gezwungen sind. Je mehr wir von der Ichbezogenheit loslassen können, desto leichter fällt es uns, lieben zu lernen. Solange wir nur daran interessiert sind, etwas für uns selbst zu erreichen, wird es uns schwerlich gelingen, bedingungslose Liebe zu entfalten. Wenn wir aber bedingungslose Liebe zur Entfaltung gebracht haben, brauchen wir keine anhaftende Liebe mehr. Wir sind ihr entwachsen, ähnlich wie ein Erwachsener dem Spielzeug seiner Kindheit entwachsen ist. Schon der Weg zur Entwicklung von Liebe ist zufriedenstellend, weil mit jedem Schritt mehr Frieden aufsteigt. Diese inneren Qualitäten in uns zu entwickeln, ist der Sinn jeden Lebens. Oft nimmt uns der tägliche Ablauf so in Anspruch, daß wir keine Zeit mehr haben, über den Sinn des Lebens nachzudenken, aber jeder sollte sich darüber klar werden, was ihm am wichtigsten ist.

Die letzte der Vollkommenheiten ist der Gleichmut. Bedingungslose Liebe, Mitgefühl, Mitfreude und Gleichmut sind die vier göttlichen Verweilungsstätten *(Brahmavihāra)*, die vier Emotionen, die der Buddha als die einzig wertvollen bezeichnet hat. Alle anderen Emotionen können wir zu unserem eigenen Vorteil fallenlassen. Wenn die göttlichen Verweilungsstätten voll entfaltet sind, leben wir im Paradies auf Erden – schon jetzt und genau da, wo wir gerade sind. Der Erleuchtete, der keine Hindernisse und Unreinheiten mehr in sich hat, kann dieses Paradies jederzeit erleben.

Die fernen Feinde des Gleichmuts sind Unruhe und Aufregung, sein naher Feind ist die Gleichgültigkeit. Das müssen wir deutlich erkennen, wenn wir das eine nicht mit dem anderen verwechseln wollen. Wer gleichgültig ist, hat sich entweder gegen Emotionen gepanzert oder sich von vornherein vorgenommen, sich nicht emotionell berühren zu lassen. Ein solcher Mensch kann natürlich auch keine Liebe empfinden. Er fühlt sich wie ein Zuschauer vor der Leinwand, auf der sich das Leben abspielt, und nicht wie jemand, der selbst in dem Film mitspielt. Dieses Zuschauerdasein ist nicht nur trocken und unfruchtbar, sondern bringt auch ein Gefühl der Langeweile mit sich, das leicht in Haß umschlagen kann. Die Gleichgültigkeit macht einen solchen Menschen gefühlsfremd und führt dazu, daß er auch die Gefühle anderer nicht verstehen kann. Wir können nämlich nur das in anderen erkennen, was wir in uns selbst bereits durchschaut haben. Unter diesen Bedingungen ist es unmöglich, gefühlvoll und liebend mit anderen Menschen umzugehen. Man darf also nicht glauben, daß jeder Mensch, der keine Emotionen zeigt, gleichmütig ist. Es ist sehr leicht möglich, daß er einfach nur gleichgültig ist, und das wäre dann nicht nachahmenswert. Ein Mensch, der wirklichen Gleichmut erlernt hat, empfindet gleichzeitig Liebe und Mitgefühl und hat durch Einsicht in Vergänglichkeit, Leidhaftigkeit und Substanzlosigkeit bereits erkannt, daß, was ihm auch immer persönlich passieren möge, für das Universum keinen Unterschied macht. Alles ändert sich sowieso, und daher hat er einen Gleichmut entwickelt, der den Dingen nicht gleichgültig gegenübersteht, sondern mit einem balancierten Gefühl, das zwar Liebe und Mitgefühl in sich trägt, aber weder anhaftet noch ablehnt.

Gleichmut ist die höchste aller Emotionen. Sie gehört zu den sieben Erleuchtungsfaktoren und ist natürlich eine Notwendigkeit auf dem spirituellen Pfad. Eines Tages müssen wir den Verlockungen der Welt gegenüber gleichmütig werden, die uns immer wieder vorgaukeln wollen, daß in der Welt alles zu finden sei, was wir suchen. Ohne Gleichmut lassen wir uns natürlich immer wieder in die Irre führen.

Gleichmut kann nur entstehen, wenn wir in der Lage sind, uns selbst objektiv zu betrachten. Er beruht also hauptsächlich auf Einsicht. Je mehr Einsicht wir haben, desto objektiver können wir uns selbst betrachten, ohne daß unsere Emotionen ständig wieder zum Aufwallen gebracht werden. Unsere Leidenschaften der Ablehnung oder des Habenwollens sind wie Wogen im Ozean. Wenn wir mitten in einer großen Welle im Meer schwimmen, können wir nichts weiter wahrnehmen als diese Welle, die uns vollkommen überschüttet. Wenn wir von Leidenschaften überschwemmt werden, sehen wir nichts anderes als diese momentanen Leidenschaften. Vernunft, Überlegung, Einsicht, Gleichmut, alles geht uns dann verloren, und wir können keine klare Gedankenkraft walten lassen. Erst wenn die Wogen sich wieder geglättet haben, können wir auf den Grund des Ozeans schauen. Dasselbe gilt für unseren Geist. Wenn Haß oder Gier irgendwelche Leidenschaften in uns hervorrufen, können wir nichts erkennen, bis sich diese Wogen wieder geglättet haben. Erst dann können wir in die Tiefe schauen.

Die Läuterung der Emotionen bringt die Klarheit des Denkens. Gleichmut ist die Krönung des Gefühlslebens. Das bedeutet freilich nicht, daß wir uns an nichts mehr vergnügen können. Im Gegenteil, die angenehmen Sinneseindrücke werden verstärkt, weil wir ihnen keine Erwartungshaltung mehr entgegenbringen. Indem wir unsere Erwartungen aufgeben, bewahren wir uns vor Enttäuschungen, wenn sich das Angenehme als vergänglich entpuppt. Die Freude an den Annehmlichkeiten wird viel reiner dadurch, daß wir nicht an ihnen anhaften und sie nicht um jeden Preis haben wollen. Wir nehmen vielmehr alles dankbar an, was uns geboten wird, und lehnen uns nicht gegen Dinge auf, die uns unangenehm sind. Auch sind wir nicht ständig auf der Suche nach dem, was uns angenehm ist. Auch ohne daß wir danach suchen, gibt es genügend Sinneskontakte, die uns erfreuen, so daß wir weder Zeit noch Energie für die Suche verschwenden müssen. Auf diese Weise gewinnen wir viel Freiraum für unser spirituelles Wachstum.

Je mehr wir uns also durch Einsicht in die Vergänglichkeit, Leidhaftigkeit und Substanzlosigkeit dem Gleichmut zuwenden, desto mehr wenden wir uns auch den Dingen zu, die unserem Leben Sinn geben.

Daß wir diese Vollkommenheiten läutern sollen, bedeutet, daß sie bereits in uns vorhanden sind. Es ist daher wichtig, nach ihnen Ausschau zu halten, sie hervorzuholen und zu erkennen, daß sie unsere Freunde, Helfer und Unterstützer sind. Wir sollten sie auch behandeln wie Freunde und Helfer, indem wir sie jederzeit willkommen heißen, ihnen unser Herz öffnen und uns mit ihnen abgeben. Je mehr wir uns mit diesen Freunden beschäftigen, desto einfacher wird unser Leben. Wenn uns klar ist, daß wir ohne diese Helfer immer wieder in Schwierigkeiten kommen, haben wir eine wichtige Einsicht gewonnen.

Wie oft leiden wir daran, daß Emotionen in uns hochkommen, die Unruhe und Unglück verursachen, und vergessen vollkommen, daß wir unseres eigenen Glückes Schmied sind.

Liebende-Güte-Meditation
(Liebevolles Zusammenleben)

Laßt uns bitte die Achtsamkeit für ein paar Momente auf den Atem lenken.

Jetzt lassen wir Dankbarkeit in uns aufsteigen, Dankbarkeit dafür, daß wir die Möglichkeit haben, diesen spirituellen Pfad zu beschreiten. Wir versuchen, tiefe Dankbarkeit im Herzen zu empfinden. Dankbarkeit durchbricht die Barrieren, verleiht Weichheit und Hingabe. Nun lassen wir Freude darüber in uns aufsteigen, daß wir schon Schritte auf diesem Pfad unternommen haben. Wir wollen der Freude Platz machen, damit sie sich in uns ausbreiten kann. Jetzt lassen wir ein Gefühl des liebevollen Zusammenseins mit uns selbst aufsteigen, füllen uns damit an und hüllen uns darin ein.

Wir sind jetzt mit Dankbarkeit und Freude darüber angefüllt, daß andere auch meditieren, und wir empfinden das Glück eines liebevollen Zusammenlebens mit ihnen. Wir füllen und umhüllen alle, die mit uns meditieren, mit Dankbarkeit und Freude und erleben unsere Zusammengehörigkeit.

Nun wollen wir an unsere Eltern denken und Dankbarkeit zu ihnen ausstrahlen. Wir freuen uns, daß sie unsere Eltern sind, und empfinden unsere liebevolle Zusammengehörigkeit mit ihnen. Wir wollen sie mit diesen Gefühlen anfüllen und umhüllen.

Jetzt denken wir an unsere liebsten und nächsten Menschen. Wir wollen Dankbarkeit und Freude darüber aufsteigen lassen, daß sie mit uns zusammen sind, und liebevolle Zusammengehörigkeit mit ihnen empfinden. Wir wollen sie mit diesen Gefühlen anfüllen und umhüllen.

Nun denken wir an unsere guten Freunde und sind dankbar und freuen uns, daß sie unsere Freunde sind. Wir können nun das Gefühl des liebevollen Zusammenseins auf sie ausbreiten und sie damit umarmen.

Wir denken jetzt an alle Menschen, die wir kennen oder auch nur gesehen haben. Wir sind dankbar und freuen uns, daß diese Menschen unser Leben bereichern. Wir wollen eine liebevolle Zusammengehörigkeit mit ihnen empfinden und sie mit diesem Gefühl anfüllen und umhüllen.

Jetzt denken wir an irgendeinen Menschen, mit dem wir Schwierigkeiten haben. Wir sind dankbar und freuen uns, daß diese Herausforderung existiert, und wir dadurch bedingungslose Liebe üben können. Wir wollen eine liebevolle Zusammengehörigkeit mit diesem Menschen empfinden, ihn damit anfüllen und darin einhüllen.

Wir können jetzt an die Menschen in unserer eigenen Heimatstadt denken. Wir lassen Dankbarkeit und Freude hochkommen, daß diese Menschen ein Teil unseres Lebens sind, und wollen sie mit dem Gefühl des liebevollen Zusammenseins anfüllen und umhüllen.

Jetzt lenken wir die Achtsamkeit wieder auf uns selbst, sind dankbar dafür, daß wir Liebe in uns entwickeln können, und freuen uns, daß wir anderen Liebe schenken können. Wir fühlen ein harmonisches Zusammenleben mit uns selbst und umhüllen uns mit diesem liebevollen Gefühl.

Mögen alle Lebewesen glücklich sein.

Gefühlsbetrachtung (Fächermethode)

Lenkt eure Achtsamkeit bitte zunächst auf den Atem und werdet der Empfindung gewahr, die an den Nasenlöchern entsteht, wenn die Atemluft die Haut berührt. Beobachtet diese Empfindung.

Lenkt jetzt die Achtsamkeit auf die Spitze eures Kopfes. Laßt den Atem als Beobachtungsobjekt ganz fallen und konzentriert euch nur auf diese kleine Stelle, die etwa so groß ist wie eine größere Münze. Welche Empfindungen treten dort auf? Sie können auf der Haut oder unter der Haut sein, angenehm, unangenehm oder neutral. Es kann sich um ein Pochen oder Drücken, um Schwere oder Leichtigkeit, Wärme oder Kälte, Berührung, Bewegung oder Stille handeln. Es ist nicht nötig, der Empfindung einen Namen zu geben; es kommt nur auf die Wahrnehmung an.

Verbreitet jetzt die Achtsamkeit wie einen langsam sich öffnenden Fächer über die Schädeldecke. Nehmt jede einzelne Stelle wahr und dann die Schädeldecke im ganzen von der Kopfspitze bis zum Haarwirbel.

Jetzt lenkt die Achtsamkeit auf den Haarwirbel, der etwa den Umfang einer größeren Münze hat. Lenkt die Achtsamkeit so einspitzig darauf, daß ganz klar wird, welche Empfindung dort wahrzunehmen ist: Stechen, Kribbeln, Vibrieren, was immer es sei. Es kommt lediglich auf die Wahrnehmung an, nicht auf die Art der Empfindung.

Breitet jetzt die Achtsamkeit wie einen sich langsam öffnenden Fächer über den Hinterkopf aus, vom Haarwirbel bis zum Nacken. Lernt Stelle nach Stelle kennen und behaltet die Wahrnehmung des Ganzen bei. Stellt fest, was dort für Gefühle oder Empfindungen auftreten.

Lenkt jetzt die Achtsamkeit auf die linke Kopfhälfte von der Schädeldecke bis hinunter zum Kiefer, vom Haaransatz vorn bis hinter das linke Ohr. Verbreitet die Achtsamkeit wie einen sich langsam öffnenden Fächer über jede einzelne

Stelle der linken Kopfhälfte und behaltet dann die Wahrnehmung des Ganzen bei. Empfindungen können auf der Haut oder unter der Haut sein, schwach oder intensiv, angenehm oder unangenehm.

Jetzt wollen wir die Achtsamkeit auf die rechte Kopfhälfte lenken, langsam von der Schädeldecke bis hinunter zum Kiefer, vom Haaransatz bis hinter das rechte Ohr. Verbreitet die Achtsamkeit wie einen sich langsam öffnenden Fächer über die rechte Kopfhälfte. Lernt Stelle für Stelle kennen und behaltet dann das Ganze in der Wahrnehmung, sei es an der Oberfläche oder tiefer innen.

Jetzt nehmen wir den Kopf als Ganzes wahr oder zumindest soviel davon wie möglich. Wir lenken die Achtsamkeit auf Schädeldecke, Hinterkopf, rechte und linke Kopfseite gleichzeitig und erkennen klar, welche Gefühle da sind.

Lenkt jetzt die Achtsamkeit auf den Haaransatz über der Stirn und breitet sie langsam wie einen sich öffnenden Fächer über das ganze Gesicht aus bis hinunter zum Kinn. Wieder lernen wir Stelle für Stelle kennen und behalten dann die Wahrnehmung des ganzen Gesichts bei.

Jetzt bringen wir den ganzen Kopf einschließlich des Gesichts zur Wahrnehmung oder soviel davon wie möglich: Gesicht, Hinterkopf, beide Seiten und Schädeldecke. Wie fühlt es sich an? Schwer, leicht, vibrierend, warm, kühl, pochend, stechend, angenehm oder unangenehm?

Setzt mit der Achtsamkeit am Kiefer an und öffnet sie wie einen Fächer über den Hals bis zu der Stelle, wo der Hals am Oberkörper ansetzt. Lernt jede Stelle kennen und behaltet die Wahrnehmung des Ganzen bei, außen oder innen, wo immer die Empfindung zu spüren ist.

Jetzt wollen wir die Achtsamkeit auf den Nacken lenken. Geht langsam vom unteren Ende des Hinterkopfes wie mit einem sich öffnenden Fächer über den Nacken bis zu der Stelle, wo er am Rumpf ansetzt. Nehmt wahr, wie sich jede Stelle anfühlt, und erkennt dann die Empfindungen des ganzen Nackens. Es kann Wärme, Berührung, Verspannung, Entspannung, Druck, Kompaktheit, Durchlässigkeit, Bewegung oder Stille sein, oder was auch immer zur Wahrnehmung kommt. Dann bringen wir Nacken und Hals gleichzeitig zur Wahrnehmung oder soviel davon wie möglich.

Nun lenken wir die Achtsamkeit auf die linke Schulter, indem wir am Hals ansetzen und die Achtsamkeit wie einen sich öffnenden Fächer über die linke Schulter verbreiten bis zu der Stelle, wo der Arm ansetzt. Wir lernen Stelle für Stelle genau kennen, Druck, Schwere, Leichtigkeit, Berührung, Härte, Weichheit, Vibration, Kribbeln, was immer es sein mag, nehmen wir wahr und behalten dann die Wahrnehmung der ganzen Schulter bei.

Jetzt setzen wir mit der Achtsamkeit am oberen Ende des linken Oberarms an, breiten sie wie einen sich langsam öffnenden Fächer über den linken Oberarm bis zum Ellbogen aus, nehmen Gefühle und Empfindungen an jeder einzelnen Stelle wahr und behalten dann die Wahrnehmung des Ganzen bei, von der Schulter bis zum Ellbogen.

Nun richten wir die Achtsamkeit auf den linken Ellbogen, öffnen den Fächer langsam über den linken Unterarm hinunter bis zum Handgelenk. Wir bringen Stelle für Stelle zur Wahrnehmung und behalten dann den ganzen linken Unterarm in der Wahrnehmung.

Jetzt bringen wir vom Hals bis zum Handgelenk die linke Schulter und den ganzen linken Arm gleichzeitig zur Wahrnehmung oder soviel davon wie möglich. Wir erkennen die Empfindungen und Gefühle.

Lenkt nun die Achtsamkeit auf den linken Handrücken und stellt die Empfindungen dort fest.

Wir richten jetzt die Achtsamkeit auf die linke Handfläche und stellen die Empfindungen dort fest. Bringt dann den Handrücken und die Handfläche gleichzeitig zur Wahrnehmung.

Nun lenken wir die Achtsamkeit auf die Fingerspitzen der linken Hand, indem wir sie langsam an den Fingern entlang bis zu den Spitzen führen. Mit der Achtsamkeit an den Fingerspitzen angekommen, machen wir im Geist eine Bewegung von den Fingerspitzen aus in den Raum.

Jetzt lenken wir die Achtsamkeit auf die rechte Schulter, indem wir am Hals ansetzen und die Achtsamkeit wie einen langsam sich öffnenden Fächer über die rechte Schulter verbreiten bis zu der Stelle, wo der rechte Arm ansetzt. Wir lernen Stelle für Stelle kennen, nehmen die Empfindungen wahr und behalten dann die Wahrnehmung der ganzen rechten Schulter bei.

Nun setzt die Achtsamkeit am oberen Ende des rechten Oberarms an und öffnet sich langsam wie ein Fächer über den ganzen rechten Oberarm bis zum Ellbogen. Wir berühren Stelle für Stelle mit unserer Achtsamkeit und empfinden dann das Ganze. Wie fühlt es sich an? Schwach oder intensiv? Was nehmen wir wahr? Schwere oder Leichtigkeit, Wärme, Berührung, Druck, Kribbeln, Vibration, Rieseln? Es können diese Empfindungen sein oder alle anderen, die zur Wahrnehmung kommen.

Dann setzen wir am rechten Ellbogen an, breiten die Achtsamkeit wie einen Fächer über den rechten Unterarm aus, erkennen Stelle für Stelle und empfinden dann alles vom rechten Ellbogen bis zum rechten Handgelenk.

Jetzt bringen wir die rechte Schulter und den ganzen rechten Arm vom Hals bis Handgelenk gleichzeitig zur Wahrnehmung oder soviel davon wie möglich.

Lenken wir die Achtsamkeit nun auf den rechten Handrücken und dann auf die rechte Handfläche, nehmen die Empfindungen dort wahr und bringen dann den rechten Handrücken und die rechte Handfläche gleichzeitig zur Wahrnehmung.

Die Achtsamkeit setzt dann am unteren Ende der fünf Finger der rechten Hand an und geht die Finger entlang bis zu den Fingerspitzen. Mit der Achtsamkeit dort angekommen, machen wir im Geist eine Bewegung von den Fingerspitzen aus in den Raum.

Jetzt nehmen wir die rechte und linke Schulter und den rechten und linken Arm vom Hals bis zu den Handgelenken gleichzeitig wahr und stellen unsere Empfindungen und Gefühle fest.

Dann lenken wir die Achtsamkeit auf die rechte und linke Hand, Handrücken und Handflächen gleichzeitig, und nehmen die Empfindungen wahr. Anschließend lenken wir die Achtsamkeit an das untere Ende der zehn Finger und gehen die Finger entlang bis zu den Fingerspitzen. Von dort aus machen wir im Geist eine Bewegung in den Raum.

Wir lenken die Achtsamkeit auf die Vorderseite des Oberkörpers und breiten sie von den Schultern aus wie einen sich langsam öffnenden Fächer über den Oberkörper bis zur Taille. Dabei lernen wir jede Stelle kennen und behalten dann die Wahrnehmung des Ganzen bei. Wir empfinden Wärme, Druck, Vibration, Schwere, Leichtigkeit, Liebe, Haß, Ärger, Ablehnung, Berührung, was immer wir wahrnehmen können; das Genannte oder auch jede andere Empfindung oder jedes andere Gefühl.

Jetzt richten wir die Achtsamkeit auf die Vorderseite der Taille und breiten sie langsam wie einen Fächer über den Unterkörper aus bis zum Schritt. Wir nehmen die Empfindungen an jeder Stelle einzeln wahr und behalten dann die Wahrnehmung des Ganzen bei.

Nun bringen wir die Vorderseite des ganzen Körpers von den Schultern bis zum Schritt zu Wahrnehmung, oder soviel davon wie möglich, und stellen die Empfindungen dort fest. Dann nehmen wir noch den rechten und den linken Arm von den Schultern bis zum Handgelenk dazu und nehmen alle Empfindungen gleichzeitig wahr.

Wir richten jetzt die Achtsamkeit auf unseren Rücken, indem wir an den Schultern ansetzen und die Achtsamkeit langsam über den Rücken bis zur Taille verbreiten. Wir lernen jede Stelle kennen, wissen, wie sie sich anfühlt. Dann behalten wir die Wahrnehmung des Rückens von den Schultern bis zur Taille bei.

Jetzt nehmen wir den ganzen Oberkörper, vorn und hinten, von den Schultern bis zur Taille wahr oder soviel davon, wie möglich ist.

Die Achtsamkeit setzt nun hinten an der Taille an und wird wie ein Fächer über den Unterkörper bis zum Gesäß ausgebreitet, bis zu der Stelle, wo die Beine ansetzen. Wir können Stelle nach Stelle kennenlernen, empfinden, und dann die Wahrnehmung des Ganzen beibehalten.

Als nächstes wird der Unterkörper vorn und hinten gleichzeitig zur Wahrnehmung gebracht, von der Taille bis zum Schritt und von der Taille bis zu der Stelle, wo die Beine ansetzen.

Bringt jetzt den ganzen Körper, vorn von den Schultern bis zum Schritt und hinten von den Schultern bis zu der Stelle, wo die Beine am Gesäß ansetzen, gleichzeitig zur Wahrnehmung.

Lenkt die Achtsamkeit dann auf den linken Oberschenkel. Am Schritt ansetzen, wie einen Fächer öffnen, über den linken Oberschenkel bis zum Knie verbreiten und wissen, wie es sich anfühlt. Dann am linken Knie ansetzen, die Achtsamkeit wie einen Fächer über den linken Unterschenkel bis zum Fußgelenk verbreiten. Jede Stelle kennenlernen, empfinden und dann den Unterschenkel als Ganzes wahrnehmen. Jetzt das ganze linke Bein vom Schritt bis zum Fußgelenk zur Wahrnehmung bringen und die Empfindung feststellen.

Als nächstes wird die Achtsamkeit auf die linke Fußsohle gelenkt; an der Ferse ansetzen und die Achtsamkeit wie einen sich öffnenden Fächer über die ganze linke Fußsohle verbreiten.

Lenkt nun die Achtsamkeit auf den linken Fußrücken und stellt fest, wie es sich dort anfühlt. Bringt dann den linken Fußrücken und die linke Fußsohle gleichzeitig zur Wahrnehmung.

Nun wird die Achtsamkeit an das untere Ende der fünf Zehen des linken Fußes gelenkt und die Zehen entlang bis zu deren Spitzen geführt. Mit der Achtsamkeit auf den Zehenspitzen wird von dort aus im Geist eine Bewegung in den Raum gemacht.

Richtet die Achtsamkeit nun auf den rechten Oberschenkel, setzt am Schritt an, öffnet sie wie einen Fächer und verbreitet sie über den ganzen rechten Oberschenkel bis zum Knie. Jetzt am rechten Knie ansetzen und die Achtsamkeit wie einen langsam sich öffnenden Fächer über den rechten Unterschenkel bis zum Fußgelenk verbreiten. Jede Stelle kennenlernen, wahrnehmen, wie sie sich anfühlt, dann die Wahrnehmung des Ganzen beibehalten. Als nächstes das ganze rechte Bein gleichzeitig wahrnehmen, vom Schritt bis zum Fußgelenk.

Dann die Achtsamkeit auf die rechte Fußsohle lenken, von der Ferse aus über die ganze rechte Fußsohle verbreiten und die Empfindungen feststellen. Die Achtsamkeit anschließend auf den rechten Fußrücken lenken und dort die Empfindung zur Wahrnehmung bringen. Daraufhin die rechte Fußsohle und den rechten Fußrücken gleichzeitig wahrnehmen.

Vom Ansatz der Zehen wird die Achtsamkeit langsam die Zehen entlang zu deren Spitzen geführt. Mit der Achtsamkeit auf den Zehenspitzen machen wir eine Geistesbewegung von den Zehenspitzen heraus in den Raum.

Nun wird das rechte und das linke Bein vom Schritt bis zu den Fußgelenken gleichzeitig zur Wahrnehmung gebracht oder soviel davon wie möglich. Welche Empfindungen werden deutlich? Jetzt beide Füße, Fußsohlen und Fußrücken gleichzeitig zur Wahrnehmung bringen und die Empfindungen feststellen.

Lenkt die Achtsamkeit nun auf alle zehn Zehen und geht die Zehen entlang zu deren Spitzen. Macht mit der Achtsamkeit auf den Zehenspitzen von dort aus im Geist eine Bewegung in den Raum.

Richtet jetzt die Achtsamkeit auf den ganzen Körper, von der Kopfspitze bis zu den Zehenspitzen. Es kann hilfreich sein, sich als Beobachter zwischen Vorder- und Rückseite des Oberkörpers zu fühlen. Nun wird die Empfindung des ganzen Körpers, vom Kopf bis zu den Zehenspitzen, gleichzeitig zur Wahrnehmung gebracht oder soviel davon wie möglich.

Wenn ein angenehmes Gefühl nur an einer kleinen Stelle des Körpers wahrnehmbar ist, kann man versuchen, diese Stelle zu vergrößern.

Jetzt lenken wir die Achtsamkeit noch einmal auf Hände, Handrücken und Handflächen. Wir richten die Aufmerksamkeit von den Ansätzen der Finger bis zu deren Spitzen und machen von dort im Geist eine Bewegung in den Raum.

Zum Schluß wird die Achtsamkeit auf beide Füße gelenkt, wobei Fußrücken und Fußsohlen gleichzeitig zur Wahrnehmung kommen. Vom unteren Ende der Zehen bewegt sich die Achtsamkeit die Zehen entlang zu deren Spitzen, und von dort erfolgt im Geist eine Bewegung in den Raum.

(Ein Glockenzeichen zeigt das Ende der Meditation an.)

Diese Methode der Gefühlsbetrachtung ist auf Ruhe *(Samādhi)* ausgerichtet und kann daher als Einstieg in die erste Vertiefung hilfreich sein. Da die erste Vertiefung entzückende Körpergefühle beinhaltet, bietet diese „Gefühlsbetrachtung" manchmal einen einfacheren Zugang als die Atembetrachtung. Mit dieser Methode können wir die innere Tür eventuell schneller öffnen. Wenn wir, während wir mit dieser Methode arbeiten, das entzückende Gefühl erleben, das sich über den ganzen Körper ausbreitet, müssen wir die Gefühlsbetrachtung nicht bis zum Ende durchführen, sondern können dieses Gefühl sofort als Konzentrationsobjekt benutzen. Wenn die Konzentration einspitzig genug ist, meldet sich ein Gefühl, das wir sonst nicht kennen. Eines Tages ist es möglich, dieses Gefühl auf Abruf hervorzubringen, jederzeit, wann immer man möchte, sogar ohne daß man sich zur Meditation hinsetzt. Das ist natürlich unter gewissen weltlichen Umständen äußerst hilfreich, zum Beispiel auf Flughäfen oder auf Messen, wo viele Menschen sind und es hektisch zugeht.

Die Liebende-Güte-Meditation ist auch eine Methode, die uns zur ersten Vertiefung führen kann. Wenn wir gelernt haben, eine geraume Zeit konzentriert bei dem Gefühl der Herzenswärme zu bleiben, können wir dieses Gefühl als Zugang zur ersten Vertiefung benutzen.

Es ist wichtig zu wissen, daß wir nicht auf etwas Bestimmtes warten müssen, um weiterzukommen. Meditation ist keine Glückssache, sondern eine Wissenschaft. Wenn wir die nötigen Anweisungen haben, ist klar, was wir machen können. Ob wir dazu in der Lage sind, liegt an unserer Konzentrationsfähigkeit. Es besteht jedoch überhaupt keine Unklarheit darüber, wie wir vorzugehen haben.

Als zweiten Schritt lassen wir die entzückenden Gefühle absichtlich in den Hintergrund gleiten, denn wir wissen, daß die Konzentration auf diese Gefühle noch ein grobstofflicher Vorgang ist. Angenehme Gefühle sind ja niemals das Ziel der Meditation, sondern nur ein vorläufiges Mittel. Als nächstes wenden wir uns unseren Emotionen zu, die zu der Zeit äußerst freudig sind. Dieses Gefühl der Freude ist unser nächstes Meditationsobjekt, und auch das wird wieder eine Zeitlang beibehalten. Jeder Mensch kann dies vollbringen; man braucht dazu nichts weiter als Übung.

Das Gefühl des Entzückens ist nicht angenehm im Vergleich zu unangenehmen Gefühlen, sondern im Vergleich zu unseren gewöhnlichen Empfindungen. Wir erleben es, weil sich unser Innenleben verändert. Es ist ein automatischer Läuterungsprozeß, den wir immer wieder zulassen sollten. Natürlich muß dieser Prozeß durch heilsame Gedankengänge im Alltag verstärkt werden, aber es ist fast unmöglich, nur durch Willenskraft zu Resultaten zu kommen, wenn wir die Meditation nicht zu Hilfe nehmen.

Angst ist eine menschliche Eigenschaft, jeder hat sie, wenn auch nicht jeder sie erkennt. Solange das „Ich" bei uns zu Hause ist, haben wir Angst, es zu verlieren. Wir wissen, daß dies unausbleiblich ist, haben aber dennoch Angst davor. Wir nennen es Angst vor der Dunkelheit, vor Menschen, vor Krankheit, vor dem Tod, vor ökonomischen Mißständen. Wie immer wir es bezeichnen, es ist die Angst davor, daß das „Ich" auseinanderfällt. Es ist gut, diese Angst zu spüren. Wenn sie richtig durchgeführt wird, kann und soll die Gefühlsbetrachtung solche Emotionen hochbringen, damit diese dann losgelassen werden können.

Es ist wichtig, daß wir unseren eigenen Empfindungen und Gefühlen begegnen und damit eine neue Perspektive von uns bekommen. Das führt dazu, daß wir schließlich nicht mehr umhinkönnen, etwas gegen unsere Negativitäten zu unternehmen.

Wenn während der Meditation ein unangenehmes Gefühl, ein Schmerz auftaucht, können wir folgendes tun: die Größe und Form dieses Schmerzes genau feststellen und erkennen, ob er einem Stein, einer Faust, einem kleinem Ring, einem Bleistift oder etwas anderem, was wir kennen, in der Form ähnelt. Außerdem können wir noch herausfinden, wie weit er von der Hautoberfläche aus nach innen geht. Dann wollen wir diese Stelle mit dem Geist so eng umkreisen, daß keine Lücke bleibt, und die Stelle im Geist zusammenpressen, so daß sie kleiner und kleiner wird, so winzig wie möglich. Schließlich können wir sie durch die Haut nach außen stoßen. Wenn es beim ersten Mal nicht gelingt, können wir es erneut versuchen. Diese Methode ermöglicht uns auch, die eigenen Reaktionen leichter zu erkennen und zu verändern.

Müdigkeit die während der Meditation auftaucht, kann auf Ablehnung beruhen. Es ist wichtig, dies festzustellen und die Ablehnung durch Zuwendung zu ersetzen. Die Möglich keiten, durch diese Methode zu Einsicht zu gelangen, sind mannigfaltig, und vor allem kann sie uns in die Tiefe und Weite unseres Bewußtseins führen.

KAPITEL 6

Die Läuterung von Herz und Geist

Auf die Läuterung der Tugend (der zehn Vollkommenheiten) folgt die Läuterung der Konzentration, auch Läuterung von Herz und Geist genannt, womit wir in der Meditation besonders beschäftigt sind. Es ist wohl deutlich geworden, daß die Konzentration niemals für sich allein stehen kann. Sie ist so fragil, daß sie von allen Seiten Unterstützung braucht, um wirklich gefestigt zu werden. In diesem Zusammenhang werden mehrere Denkweisen erwähnt, die der Sammlung des Geistes im Wege stehen, zum Beispiel Gedanken über die Vergangenheit oder die Zukunft, Haß oder Gier und Besorgnis, wozu auch Sorgen um die Konzentration gehören, und ferner die Lässigkeit des Geistes, der sich treiben läßt und nicht gezügelt wird. Dies sind die am häufigsten auftretenden Hindernisse. Außerdem werden noch Dinge des täglichen Lebens erwähnt, die von der Meditation ablenken können: Familie, Einkommen, Hausbesitz, Bauarbeiten, Reisen, Verwandte, Krankheiten und magische Kräfte. All diese Hindernisse erschweren die Meditation und können nur durch große Willens- und Entschlußkraft überwunden werden.

Unterstützt wird die Meditation durch die fünf spirituellen Fähigkeiten, die der Buddha mit einem Fünfergespann verglichen hat, in dem das Leitpferd so schnell oder so langsam traben kann, wie es will. Die beiden Paare, die aneinandergekoppelt sind, müssen jedoch vollkommene Balance halten, sonst kippt die Kutsche um. Das Pferd, das das Tempo angibt, ist die Achtsamkeit. Dazu sagt der Buddha: „Wer achtsam ist, dem geht es immer gut. Wer Achtsamkeit übt, wächst im Glück." Achtsamkeit ist eine unserer wichtigsten Eigenschaften, ohne die selbst das tägliche Leben nicht richtig ablaufen kann. Wenn sie fehlt, macht man sich selbst und anderen Schwierigkeiten. Auf dem spirituellen Pfad ist Achtsamkeit die Triebfeder, die uns zumindest die Richtung erkennen läßt und uns daran erinnert, was wir eigentlich im Sinn haben. Das Fünfergespann der spirituellen Fähigkeiten wird von der Achtsamkeit geleitet, und der Buddha sagt darüber: „Es gibt nur einen Weg zur Läuterung der Wesen, zur Überwindung von *Dukkha*, einen Weg, um alles Leid endgültig auszumerzen, den noblen Pfad zu betreten und *Nibbāna* zu erreichen, und das ist Achtsamkeit."

Eigentlich ist es nicht so schwierig, Achtsamkeit zu üben. Wer achtsam ist, ist einfach wach und präsent für das, was geschieht. Dabei gibt es nichts zu erdenken, zu erhoffen oder zu erwarten, es gilt lediglich zu beachten, was von Moment zu Moment vor sich geht. Unsere Gedanken haben immer die Tendenz abzuschweifen und sich Neues auszudenken. Achtsamkeit, hat der Buddha gesagt, ist so nötig wie das Salz für die Speisen. Für die Läuterung der Konzentration spielt Achtsamkeit eine Rolle, weil sie den Geist vor Unheilsamem bewahrt und die Konzentration erleichtert. Manchmal wird gefragt, ob es genügt, den ganzen Tag achtsam zu sein und nicht zu meditieren. Achtsamkeit und Meditation sind nicht das gleiche, Achtsamkeit ermöglicht uns vielmehr die Konzentration, so daß wir wahre Meditation erleben können.

Energie und Konzentration bilden das erste Paar unseres Fünfergespanns und müssen sich die Balance halten. Zuviel Energie ohne Sammlung bringt Unruhe und Rastlosigkeit, was uns das Sitzen schwermacht. Der unruhige Geist möchte den Körper zum Tanzen, Springen oder Laufen anspornen. Dagegen führt Konzentration ohne jegliche Energie dazu, daß wir einschlafen. Dies sind die beiden Extreme. Konzentration ohne Energie kann auch zu Träumerei führen, einem Zustand, in dem wir nicht erkennen, was in uns vorgeht. Auch können wir in einen Trancezustand geraten, wenn es uns an geistiger Energie fehlt. Der Unterschied zwischen Konzentriertsein ohne Denken und einem Trancezustand ist ganz leicht erkennbar. Wenn man sich nach der Meditation so schläfrig fühlt, daß man ins Bett gehen möchte, dann war man in Trance. Wenn man sich jedoch voll Energie, sozusagen wie neugeboren fühlt, dann war man konzentriert. Auch dies sind wieder Extreme, die aber durchaus als Richtlinie dienen können.

Konzentration bringt uns Energie, aber diese wird auch benötigt, damit wir uns überhaupt konzentrieren können. Wir müssen also immer auf ein balanciertes Gleichmaß achten. Energie wird gebraucht, um wachsam für das sein zu können, was in der Meditation vorgeht. Dann bringt die Konzentration uns auch neue Energie. Wenn das eine oder das andere überhand nimmt, befinden wir uns in einem unerfreulichen Zustand, der keine Resultate bringt.

Das gleiche gilt für unsere Anstrengungen, die ja auch von unserer Energie abhängig sind. Wenn wir uns nicht anstrengen, sitzen wir vielleicht auf dem Kissen und denken uns Geschichten aus oder träumen vor uns hin. Wenn wir uns zu sehr anstrengen, können wir Kopf- oder Nackenschmerzen bekommen, oder unser Geist verspannt sich derart, daß wir uns gar nicht mehr konzentrieren können. Zu starkes Wollen verhindert die Meditation. Wenn wir uns verspannen, können wir einmal tief Luft holen, ganz ausatmen und alle Kümmernisse im Geist loslassen, bevor wir wieder mit der Meditation anfangen. Wenn wir merken, daß wir am Träumen sind und nicht aufpassen, setzen wir uns gerade hin, machen die Augen auf, reden uns selbst gut zu und beginnen erneut mit der Meditation.

Die Erwartung von Resultaten erweist sich als Hindernis für die Meditation. Wir können nur darauf achten, daß uns jeder einzelne Moment klar und deutlich vor

Augen steht. Indem wir uns während der Meditation mit Gedanken an die Vergangenheit oder die Zukunft herumplagen, setzen wir lediglich das fort, was wir auch im täglichen Leben ständig tun.

Die Vergangenheit kommt oft wieder hoch, weil wir Reue oder Anhaftung verspüren, und die Zukunft versuchen wir zu planen in der Hoffnung, daß sie unseren Vorstellungen entsprechen wird. Je mehr wir so denken, desto mehr vergessen wir zu leben, denn das Leben kann nicht erdacht, sondern muß erlebt werden, was nur in jedem einzelnen Moment geschehen kann. Es gibt überhaupt keinen anderen Moment, denn die Vergangenheit ist unwiederbringlich vorbei und nicht mehr als eine Erinnerung, die aufgrund unseres mangelnden Erinnerungsvermögens zum größten Teil falsch ist. Die Zukunft ist nur eine Hoffnung. Wenn sie wirklich da ist, heißt sie Gegenwart. Solange sie noch Zukunft ist, existiert sie nur in Gedanken, wir geben uns also mit einem Phantom ab.

Wenn wir akzeptieren, daß es nur diesen Moment gibt, haben wir mehr Zugang zur absoluten Wahrheit. Jeder Moment geht blitzartig vorbei und ist dennoch der einzige, der Bedeutung hat. Alles andere ist unser Wunschdenken. Im tiefsten Innern paßt uns diese Wahrheit nicht, denn wir wollen kontinuierlich, solide und kompakt sein. Nur dann kann sich unser „Ich" behaupten. Wenn jeder Moment verlorengeht, hat unser „Ich" einen schwierigen Stand. Wenn die Meditation uns noch keinen Ersatz für unsere Ich-Illusion bietet, wollen wir natürlich an dem festhalten, was wir kennen, auch wenn es noch so wenig zufriedenstellend ist. Wenn wir jedoch meditieren wollen, müssen wir es in diesem Moment tun. Es gibt nur den momentanen Atemzug, der vorherige ist veschwunden und der zukünftige noch nicht gekommen. Wir können nur das Gefühl erleben, das in diesem Moment in uns ist. Alle anderen Gefühle sind entweder längst verschwunden oder noch nicht gekommen. Das bereitet dem untrainierten Geist natürlich große Schwierigkeiten, da wir uns von Natur aus gern die Zukunft ausmalen und die Vergangenheit wiederaufleben lassen. Dadurch entsteht ein Gefühl der Kontinuität als Bestätigung für unser „Ich", das ständig vorhanden sein muß, um uns in Sicherheit zu wiegen.

Weisheit und Vertrauen (Herz und Geist) bilden das zweite Paar in unserem Gespann. Wenn diese beiden sich nicht die Waage halten, führt das entweder zu kopflastigem Verstehen oder zu blindem Glauben. Beides hat der Buddha für unvollständig erklärt, weder in dem einen noch dem anderen Fall können wir uns voll entwickeln. Wir müssen Herz und Geist gleichmäßig entfalten und dürfen nicht einen Teil von uns verkümmern lassen. Menschen, deren Kopf die Oberhand hat, kennen ihre Gefühlsregungen nicht. Obwohl sie genauso viele Gefühle haben wie jeder andere, beachten sie diese einfach nicht und sind nach einiger Zeit der Meinung, sie hätten gar keine Emotionen. Diejenigen, die alles emotional anpacken, lassen Logik und intellektuelles Verstehen verkümmern. Nur zu glauben und nicht zu verstehen, genügt also genausowenig wie das Umgekehrte. Wir im Westen haben häufig eine deutliche Tendenz zur Kopflastigkeit. Wissen kann sich aber nur dann zu tiefer Weisheit entwickeln, wenn auch das Herz beteiligt ist, sonst bleibt es immer nur intellektuelles Verständnis.

Über etwas sprechen oder schreiben zu können, heißt noch nicht, daß man es wirklich verinnerlicht hat. Es ist sogar möglich, das gleiche Thema von zwei entgegengesetzten Standpunkten aus überzeugend zu verteidigen. In dem Moment aber, in dem auch unsere Gefühle berührt sind, wird es erkanntes Erleben. Eigene Erfahrungen benötigen keiner Debatte, unser Innenleben spricht für sich selbst.

Wir müssen untersuchen, welche dieser beiden Eigenschaften bei uns stärker entwickelt ist. Haben wir genügend Liebe und Vertrauen, um diesen Pfad ungehindert zu beschreiten? Im allgemeinen stellt sich das volle Vertrauen erst ein, wenn wir am eigenen Leib erfahren haben, wie hilfreich die Praxis ist. Damit die Praxis erfolgreich werden kann, müssen wir allerdings schon Vertrauen gefaßt haben, denn sonst folgen wir ja den Anweisungen nicht und machen uns unsere eigene Meditation zurecht. Vertrauen in eine jahrtausendealte Lehre öffnet unser Herz und ermöglicht uns einen persönlichen Zugang zur tiefsten Wahrheit. Der Buddha hat niemals blinden Glauben gefordert, sondern nur verlangt, daß wir alles selbst untersuchen. Bis zum Ausprobieren der Anweisungen muß das Vertrauen aber schon reichen. Wird diese Herzensregung dann mit Weisheit gepaart, haben wir ein festes, inneres Fundament, das uns beschützt und uns Sicherheit auf der spirituellen Ebene gibt. Wir können uns nicht darauf verlassen, daß uns ein anderer weiterhilft, und selbst um die Hilfe anderer anzunehmen, benötigen wir die innere Festigkeit von liebevollem Vertrauen und weisem Erleben.

Die fünf spirituellen Fähigkeiten sind unsere Wegbegleiter, und wenn unsere Meditation zur Blüte kommt, bieten sie uns den Vorteil der automatischen Läuterung, weil sie den fünf Hindernissen entgegenwirken, die uns das Leben erschweren, wenn wir ihnen Zutritt zu unserem Herzen und unserem Geist gewähren. Der erste Schritt in der Meditation ist die anfängliche Sammlung: Wir konzentrieren uns auf unser Meditationsobjekt und sammeln unseren Geist. Das arbeitet der Lässigkeit und Trägheit des Geistes entgegen, die uns so oft gefangenhalten. Wenn wir an Trägheit leiden, merken wir das auch im täglichen Leben. Wir kommen nämlich zu nichts und haben immer zuviel zu tun. Menschen, die wirkliche Geistesenergie haben, finden immer noch extra Zeit für wichtige Dinge. Menschen, die zu nichts kommen oder nie fertig werden, sind im Gefängnis der Lässigkeit und Trägheit des Geistes gefangen. Der Körper ist ja nur der Bedienstete des Geistes. Wenn wir in Lässigkeit und Trägheit verfallen, können wir nicht klar erkennen, wie weit unsere Fähigkeiten eigentlich reichen. Wir glauben, zu müde, zu überarbeitet, zu überfordert zu sein.

Wenn Lässigkeit und Trägheit während der Meditation auftreten, können wir die Augen öffnen, ins Licht schauen und uns bewegen, um die Blutzirkulation anzuregen. Wir können uns auch gut zureden, daß es nur diesen Moment zum Meditieren gibt und die Zukunft höchst ungewiß ist. Der Buddha hat die als Narren bezeichnet, die nicht meditieren, weil sie glauben, es sei zu früh, zu spät, zu kalt, zu heiß oder sie seien zu voll, zu leer, zu alt oder zu jung. Alle diese Entschuldigungen sind durch unsere Geistesträgheit verursacht, die eben eine menschliche Eigenschaft ist und uns immer wieder in die Tiefe zieht. Wir müssen daher vorsätzlich dagegen arbeiten, um dem Geist ständig neue Energie zuzuführen. Die automatische Läuterung durch die anfängliche Sammlung in der Meditation ist natürlich sehr hilfreich. Der Augenblick, in dem wir uns zur Meditation hinsetzen, ist der ausschlaggebende Moment, denn da beginnt die Wachheit des Geistes.

Wenn wir länger bei dem Meditationsobjekt bleiben können, fangen wir an, unsere Zweifel abzulegen. Die Wüste des skeptischen Zweifels macht es uns unmöglich, hingebungsvoll zu praktizieren, weil in einer Wüste nichts Erhebendes zu finden ist, dem wir uns gern zuwenden würden. Erst wenn wir uns genügend sammeln können, erkennen wir eine neue Dimension, um den ersten Schritt in die Vertiefung zu tun. Das Vertrauen, das wir dadurch gewinnen, macht dem skeptischen Zweifel ein Ende, und wir überlegen nicht mehr, ob wir nicht doch etwas Einfacheres finden könnten, das den Zweck genausogut erfüllt. Hier haben wir nämlich das gefunden, was wir bewußt oder unterschwellig gesucht haben. Der erste Moment bringt oft großes Erstaunen, wir gewöhnen uns aber schnell an die Fähigkeit des Geistes, sich zu konzentrieren und zu vertiefen.

Menschen, denen es leichtfällt, zu lieben und sich hinzugeben, haben auch mit der Hingabe an ein Ideal, an einen spirituellen Pfad wenig Schwierigkeiten. Je mehr Liebe wir in unserem Herzen entwickelt haben, desto leichter können wir auch Vertrauen fassen. Alles ist erlernbar, sogar das Leben. Zweifelsucht ist eine sehr problematische Charaktereigenschaft, weil sie uns für Neues verschließt. Obwohl solche Menschen genau wissen, daß sie bis jetzt nicht glücklich geworden sind, sind sie nicht in der Lage, sich etwas Neuem vollkommen zu öffnen. Diese Situation ist gerade bei uns im Westen oft zu finden, weil wir von Kindheit an dazu erzogen wurden, eher unseren Geist als unser Herz zu benutzen. Das erst mitten im Leben zu lernen, ist nicht einfach, aber ganz bestimmt möglich.

Wenn sich die bleibende Sammlung eingestellt hat, folgt automatisch die erste Vertiefung. Sie äußert sich in einem überaus angenehmen Körpergefühl, das nun unser Meditationsobjekt wird. Unangenehme Körpergefühle sind zu der Zeit nicht wahrnehmbar, weil sie von den angenehmen überschattet werden. Das hat eine sehr wichtige Funktion mit erkennbaren Resultaten. Wenn wir beispielsweise ein Gefühl des Wohlbefindens erleben, sind Haß, Groll, Ärger oder Ablehnung nicht möglich. Obwohl sie nicht ausgemerzt sind, werden sie durch regelmäßige Meditation immer wieder abgeschnitten, so daß es viel einfacher ist, bedingungslose Liebe zu entfalten. Wenn in der Meditation ein extremes Wohlbefinden entstanden ist, schwingt dies auch nach der Meditation noch mit, und vor allem war der Geist zeitweilig von Haß- und Ablehnungsgefühlen befreit und behält auch nach der Meditation ein Gefühl der Lauterkeit bei.

Dieses Erleben verstärkt unser Vertrauen nicht nur in die Meditation, sondern in die gesamte Lehre des Buddha. Natürlich müssen wir die automatische Läuterung, die wir in der Meditation erfahren, durch unsere alltäglichen Handlungen und Gedanken unterstützen, aber das wird viel einfacher dadurch, daß wir die Möglichkeit der Läuterung durch Meditation haben.

Der Buddha hat ein gemeinsames Mittel gegen all unsere Hindernisse genannt, und zwar noble Freunde und noble Unterhaltungen. Ein nobler Freund sollte jemand sein, der ebenfalls auf dem spirituellen Pfad ist und uns begleiten kann, jemand, der uns zum Meditieren anspornt und uns hilft, das Gute in uns zu entwickeln. Die Unterhaltungen, die wir pflegen, sind Nahrung für den Geist und sollten unter gewissen Kriterien geführt werden. Vielleicht werden Neuigkeiten aus dem spirituellen Leben besprochen oder noch nicht verstandene Zusammenhänge erklärt. Vielleicht werden Fragen gestellt, deren Antworten uns weiterhelfen. Die Unterhaltungen sollen den Geist erheben oder erfreuen und sich um Themen von universeller Wichtigkeit drehen. Handelt es sich um persönliche Probleme, sollten sie auch auf der Basis von universeller Wahrheit besprochen werden. Unsere Unterhaltungen sollen also zu unserem Wachstum beitragen und nicht nur der Geselligkeit dienen.

Zusammen mit den entzückenden Körpergefühlen kommt Freude hoch. Auch im täglichen Leben haben wir schon Freude erfahren und äußerst angenehme Gefühle kennengelernt, die eine gewisse Ähnlichkeit mit denen der ersten Vertiefung haben, nur daß sie qualitativ schwächer und quantitativ seltener waren. Dennoch ist uns zweifellos klar, daß die meditativen Erlebnisse nicht durch die Sinne entstanden sind, also nicht von außen, sondern von innen kommen, weshalb sie eine ganz andere Befriedigung bringen.

Obwohl ein jeder diese innere Freude sucht, weiß fast niemand, daß wir sie tatsächlich ständig mit uns tragen. Wir brauchen nur einmal unsere Gedanken und Reaktionen fallenzulassen, von denen sie sonst immer verdeckt wird. Wenn Freude kein Teil von uns wäre, könnten wir sie nicht ohne äußeren Anlaß erleben.

Sobald wir das angenehme Körpergefühl in den Hintergrund unserer Achtsamkeit treten lassen, können wir die Freude als Meditationsobjekt benutzen. Es wird uns auch klar, daß sie als Emotion subtiler ist als ein Körpergefühl. Obwohl weder angenehme Körpergefühle noch Freude Zweck der Meditation sind, sind sie dennoch notwendige Schritte auf dem Weg zum Ziel. Der Buddha hat die Vertiefungen als Annehmlichkeiten bezeichnet, die er sich gestatte. Sinnesvergnügungen hingegen beschrieb er als grob, unzulänglich und unpassend für Menschen, die sich läutern wollen.

Die Freude, die wir in der Meditation erfahren, wirkt einem anderen Hindernis entgegen, der Rastlosigkeit und den Sorgen. Die Unruhe, die wir in uns verspüren, kommt daher, daß wir nicht das gefunden haben, was uns wirklich erfüllt, weshalb wir uns immer wieder körperlich oder geistig auf die Suche nach Neuem machen. Unsere Sorgen sind fast immer auf die Zukunft gerichtet. Mit Hilfe der Freude gelingt es uns, Unruhe, Rastlosigkeit und Sorgen zu beschwichtigen, denn sie erfüllt uns, so daß wir keinerlei Unzulänglichkeiten verspüren. Solange wir unruhig sind und uns Sorgen machen, sind wir ein Sklave unserer eigenen Emotionen, von denen wir uns hin- und hertreiben lassen. Hier aber erkennen wir deutlich, daß Freude unabhängig von äußeren Dingen ist.

Wenn wir die Erfahrung gemacht haben, daß Freude, die wir immer durch Sinneskontakte gesucht haben, bereits in uns existiert, verliert die Welt viel von ihrer berauschenden Anziehungskraft. Alles sieht genauso aus wie vorher, aber wir müssen es uns nicht mehr zu eigen machen. Wenn der Reiz verblaßt ist, den Drogen, Alkohol, Tanzen, Singen, Reisen oder Sex auf uns ausgeübt haben, kehrt Frieden in unser Herz ein, denn wir können die wilde Jagd nach Befriedigung aufgeben. Wir erleben auch, daß innere Freude uns ein Gefühl der Sicherheit bringt, das mit Selbstvertrauen gepaart ist, weil wir von äußeren Einflüssen unabhängig geworden sind. Wenn

Angenehmes auf uns zukommt, sind wir dankbar, aber wir können jederzeit in uns selbst ruhen. Das ist das Fundament für inneren Frieden.

Um dies zu erreichen, benötigen wir nichts weiter als stetige Praxis. Der Buddha hat die Praxis mit zwei Feuerstöckchen verglichen, die man zu seiner Zeit, als es noch keine Streichhölzer gab, aneinander gerieben hat, um Feuer zu machen. Wenn man sie nur ab und zu einmal gerieben hat, gab es keine Funken. Man mußte sie so lange reiben, bis es Feuer gab. Das gilt auch für die Meditation.

Fragen und Antworten

F: Ist der Zustand der Verzückung unabhängig von der Methode Atem- oder Gefühlsbetrachtung?

A: Die Methode ist nicht ausschlaggebend, alles hängt von der Konzentration ab, und das bedeutet, die Gedanken fallenzulassen und nach innen zu gehen. Auch Atem oder Gefühle gehören zu unserem Innenleben, wo wir alles finden können, was wir suchen.

F: Wie unterscheidet sich *samatha* von *vipassanā*?

A: Wenn wir auf dem Atem bleiben, versuchen wir zur Ruhe *(samatha)* zu kommen. Wenn wir Entstehen und Vergehen des Atems beobachten, bekommen wir Einsicht *(vipassanā)*.

F: Kann Entzücken auf beiden Wegen hochkommen?

A: Es kann sich auf beiden Wegen einstellen.

F: Wenn ich mit oberflächlichen Leuten zusammen bin, ist das auch ein Spiegel von mir oder sollte ich solche Leute lieber meiden?

A: Du hast sicherlich deine eigene, zeitweilige Oberflächlichkeit erkannt und lehnst sie daher in anderen ab. Wenn du sie in dir niemals gesehen hättest, könntest du sie nicht erkennen und benennen. Das bedeutet aber nicht, daß du die Oberflächlichkeit beibehalten hast. Du kannst ja schon etwas zu deiner Änderung beigetragen haben. Es ist auf jeden Fall hilfreich, viel mit noblen Freunden zusammenzukommen, die schon einige Hindernisse in sich selbst überwunden haben.

F: Ist ein Hindernis in mir besonders stark, wenn es mich an anderen sehr stört?

A: Das kann man so sagen. Wenn man das erkannte Hindernis in sich selbst schon überwunden hat, erkennt man es zwar in anderen, muß aber nicht abfällig darauf reagieren. Nur Mitgefühl kommt hoch, denn diese Schwierigkeit ist einem wohlbekannt.

F: Wenn ich die Unbeständigkeit der Gefühle betrachte, ist das eine Kontemplation?
A: Wenn du die Unbeständigkeit der Gefühle als erlebte Tatsache erkennst, so ist es eine Kontemplation. Am deutlichsten ist die Unbeständigkeit der Gefühle während der Meditation zu verspüren. Am Ende der Meditation die Vergänglichkeit zu betrachten und sie auf alles zu beziehen, was einen betrifft, ist Kontemplation.
F: Wir können auch aus Neid negativ auf positive Eigenschaften reagieren. So mag zum Beispiel die Freundlichkeit des Buddha auf unfreundliche Menschen lächerlich gewirkt haben.
A: Wenn wir selber unfreundlich sind, sehen wir Freundlichkeit vielleicht als Heuchelei an. Das ist dann unser Spiegel.
F: Wenn bei mir in der Meditation Gedanken hochkommen, die ich nicht recht erfassen kann, soll ich trotzdem versuchen, ihnen ein Etikett zu geben?
A: Laß sie vorbeiziehen und geh zum Atem zurück. Nur massive Gedankenvorgänge sollen ein Etikett bekommen, damit klar wird, was in einem vorgeht.
F: Obwohl ich den Willen habe, mich zu konzentrieren, fühle ich manchmal starke Verspannungen, und der Körper tut mir überall weh.
A: In dem Fall ist die Willenskraft in Wunschdenken übergegangen, wo man sich auf Resultate konzentriert, statt auf das Meditationsobjekt. Es hilft die Augen zu öffnen, sich körperlich und geistig zu entspannen, alle Wünsche fallenzulassen und noch einmal neu anzufangen.

KAPITEL 7

Die Läuterung der Ansichten

Meditationsmethoden sind nichts weiter als Werkzeuge, die ein jeder individuell nutzen kann. Ein Linkshänder nimmt einen Hammer in die linke Hand, wogegen ein Rechtshänder die rechte Hand gebraucht. Genauso müssen wir es mit den Meditationsmethoden halten und unser eigenes Verständnis hinzufügen, um die besten Resultate zu erzielen. Es ist nicht nötig, sich sklavisch an Methoden zu halten. Viel vernünftiger ist es, die jeweilige Methode so auszubauen, daß sie uns etwas bringt. Je mehr wir uns bereits geläutert haben, desto leichter fällt uns die Konzentration. Es liegt nicht an der Methode oder am Sitzkissen. Gartenarbeit ist beispielsweise eine erstklassige Läuterungsmöglichkeit, weil wir uns dabei vorstellen können, daß wir das Unkraut, das wir zupfen, gleichzeitig aus unserem Herzen entfernen. Ein Mönch zu Zeiten des Buddha erlangte die Erleuchtung auf ähnliche Art und Weise. Mit jedem Schmutz, den wir äußerlich entfernen, können wir uns symbolisch auch von innerem Schmutz befreien.

Ein Faktor, der uns in der Meditation immer hilfreich zur Seite steht, ist die Einspitzigkeit. Um überhaupt meditieren zu können, muß der Geist auf einem Punkt bleiben und sich so zuspitzen, daß er nicht abgelenkt werden kann. Das können wir auch im täglichen Leben praktizieren. Wir brauchen dann nur noch den Dingen Aufmerksamkeit zu schenken, die wir für wichtig halten, und können alles andere fallenlassen. Das bedeutet, daß wir viel weniger Unruhe, Sorgen und Aufregung im Leben haben. Einspitzigkeit wirkt unseren Sinnesbegierden entgegen und läßt uns erkennen, daß unser Innenleben viel mehr Erfreuliches in sich birgt, als je eine Sinnesbefriedigung uns gegeben hat. Wenn wir den größten Nutzen aus der Meditation ziehen wollen, müssen wir die eigenen Sinnesbegierden, Befriedigungen und Interessen genau untersuchen. Nur das eigene Erkennen hinterläßt einen bleibenden Eindruck.

Ein berühmter Meditationslehrer im Nordosten Thailands hatte viele westliche Schüler, die ihm oft Fragen stellten, weil sie seinen Anweisungen nicht vertrauensvoll folgen konnten. So fragte einer dieser Schüler: „Wieso gibst du deinen Schülern widersprüchliche Anweisungen? Ich weiß nicht mehr, wonach ich mich richten soll." Achaan Cha erklärte ihm folgendes: „Wenn ich einen Lastwagen sehe, der ständig nahe daran zu sein scheint, in den linken Graben zu fahren, werde ich sicherlich versuchen, den Fahrer von dieser Gefahr abzubringen, indem ich ihm sage, er soll mehr nach rechts lenken. Wenn ich aber einen Wagen sehe, der nahe daran ist, in den rechten Graben zu fahren, werde ich dem Fahrer wohl sagen, er möge mehr nach links lenken." Auch wir bekommen nicht immer dieselben Anweisungen wie unser Nachbar und müssen unsere Praxis eigenständig lenken. Je bessere Vorbedingungen wir uns geschaffen haben, desto leichter fällt es uns zu meditieren.

Wir alle sind Sinnesbegierden ausgesetzt und müssen versuchen, diese klar zu erkennen. Sie sind im Prinzip nichts als Geistesreaktionen auf das, was wir sehen, hören, riechen, schmecken, berühren und denken. Das Auge kann nur sehen, nicht begehren, desgleichen kann das Ohr nur hören, die Geschmacksnerven können nur schmecken, die Nase kann nur riechen, und der Körper kann nur berühren. Was immer wir begehren oder ablehnen und womit wir unsere Zeit vertreiben, geht von unseren Gedanken aus, mit denen wir beurteilen und reagieren. Einiges gefällt uns, und wir wollen es haben und behalten, anderes möchten wir loswerden. Wenn der Geist auf Einspitzigkeit trainiert worden ist, muß er nicht mehr auf diese Weise reagieren. Was könnte von größerem Nutzen sein? Wenn Wünsche und Begierden in uns lodern, können wir keine logischen Schlußfolgerungen ziehen. Daher lautet eine der Anweisungen zur Läuterung, die Sinne zu beschützen und nicht instinktiv dem Angenehmen hinterherzulaufen oder das Unangenehme abzulehnen. Unsere Wünsche üben ständigen Druck auf uns aus, denn sie treiben uns von einer Hoffnung auf Befriedigung zur nächsten. Wenn wir uns selbst gegenüber ehrlich sind, können wir dies ohne weiteres feststellen. Die Erkenntnis, daß dies ein allgemein menschliches Dilemma ist, hilft uns sehr, die Wahrheit über uns selbst zu akzeptieren und uns weniger isoliert mit unseren Schwierigkeiten zu fühlen.

Wir gehören zur menschlichen Familie und sind nichts Besonderes. Natürlich bestätigt dieses Erkennen nicht gerade unser Ego, aber es hilft uns, unsere Individualität in der Universalität verschmelzen zu lassen. Solange wir nur rein individuell denken, kommen wir uns immer getrennt und gefährdet vor. Diese Ansicht verursacht viele unserer schmerzhaften Reaktionen.

Je mehr Einblick wir in die Landkarte der Buddha-Lehre bekommen, desto leichter wird die Reise und desto weniger Gelegenheiten ergeben sich, auf Abwege zu geraten. Der Buddha hat als Hilfsmittel für unsere Läuterung auch empfohlen, daß wir uns mit reifen und weisen Menschen umgeben sollen. Die Menschen, mit denen wir Umgang pflegen, beeinflussen uns sehr.

„Gleich und Gleich gesellt sich gern."

„Sage mir, mit wem du umgehst, und ich sage dir, wer du bist."

Im täglichen Leben geht der spirituelle Inhalt oft ganz verloren. Da können uns die rechten Freunde wieder auf die richtige Fährte bringen.

Wenn wir etwas so sehr begehren, daß wir unsere Gemütsruhe verlieren, ist es an der Zeit, sich daran zu erinnern, daß auch diese Gegenstände oder Personen unbeständig sind und zerfallen, eventuell erneuert werden müssen und ständige Fürsorge brauchen, um überhaupt zu funktionieren. Vielleicht verblaßt dann die Begierde, oder wir können auf jeden Fall besser mit ihr umgehen. Sinnesbegierde ist ein scheinbar angenehmes Gefühl, weil sie uns etwas verspricht, nämlich Befriedigung und Vergnügen. Sie macht uns glauben, daß wir schließlich schon das finden werden, was uns das Leben endgültig versüßt. Aber wenn wir achtsam sind, merken wir bald, daß sie dieses Versprechen nie halten kann. Was ist, wenn die Begierde befriedigt ist? Dann geht es wieder von neuem los, Begierde und Befriedigung. Was immer wir durch die Sinne erleben, hält nur einen kurzen Moment vor und läßt dann die gleiche innere Leere zurück, durch die unsere Begierde verursacht wurde. Leider können wir unsere Begierden nicht einfach ablegen, selbst wenn wir eingesehen haben, daß das gut wäre. Die Einspitzigkeit, mit der wir in der Meditation arbeiten, ist das Hilfsmittel, das uns eines Tages aus diesem Kreislauf befreien kann.

Wir können die Begierden allmählich abbauen und verkleinern, indem wir gezielt untersuchen, was uns wirklich das Leben verschönt. Wenn die Begierden verblassen, empfangen wir dennoch Schönheit durch die Sinne, aber auf einer anderen Ebene. Wir sind weder „himmelhoch jauchzend" noch „zu Tode betrübt", sondern erleben unsere Sinneskontakte als reines Empfangen ohne die Begierde, sie behalten oder wiederholen zu wollen, und ohne sie abzulehnen oder loswerden zu wollen.

Die Ruhe-Meditation befähigt den Geist, Wahrheiten zu akzeptieren, vor denen er sich sonst scheut, die er mit skeptischem Zweifel betrachtet oder gar ablehnt, weil sie gegen die Ichbezogenheit gerichtet sind. Diese Erkenntnisse unterminieren oft all das, was wir uns als Stützen aufgebaut haben. Aber schließlich werden auch diese Stützen als vergänglich akzeptiert.

Durch die Ruhe-Meditation können wir also zur Läuterung der Ansichten kommen. Die Läuterung der Ansichten kommt zustande, wenn wir erkennen, daß Körper und Geist ihre eigenen Funktionen haben. Sie wirken zwar aufeinander ein, weil wir dem Geist noch erlauben, sich vom Körper beeinflussen zu lassen. Wenn uns etwas weh tut, fangen wir an zu leiden. In Wirklichkeit haben wir es hier aber mit zwei separaten Phänomenen zu tun, die zwar miteinander verbunden sind, aber an sich vollkommen eigene Funktionen haben. Der Körper atmet, und der Geist beobachtet das. Es ist unmöglich, daß der Geist atmet und der Körper es beobachtet. Das allein sollte schon genügen, um die Ansicht von einer totalen Einheit etwas zu lockern. Unsere Körper sind mit teilweise lebenserhaltenden und teilweise lebenszerstörenden Eigenschaften ausgestattet. Unser Geist ist der Teil von uns, der erkennt, abwägt und reagiert. Wenn wir einen Körper, der keinen Geist in sich beherbergt, in kleine Stücke zerschneiden würden, würden wir auf keinerlei Widerstand stoßen. Ist aber ein Geist in dem Körper, dann sieht die Sache gleich ganz anders aus. Daher können wir leicht feststellen, daß es nichts Wichtigeres gibt als unseren Geist, der bewußtes Leben ermöglicht. Auch unser ganzes Innenleben ist von unserem Geist abhängig.

Wir müssen uns auch einmal darüber klarwerden, daß die Welt, die wir durch unsere Sinne aufnehmen, für jeden eine ganz persönliche ist. Es gibt keine wahre Welt, die durch die Sinne wahrnehmbar ist. Es sollte daher auch keine Argumente über Ansichten geben, weil jeder nur eigene, ganz persönliche Ansichten haben kann, die niemals die absolute Wahrheit beinhalten. Auch unser Denken ist von unseren Erfahrungen und Wünschen beeinflußt und daher individuell verschieden. Ein Meditierender sollte schon am zweiten Tag der Meditation gemerkt haben, daß er seinen Gedanken nicht zu glauben braucht, weil sie ohne Grundlage in irgendeiner existentiellen Wahrheit sind. Sie bringen oft Unruhe, manchmal sogar Ärger und führen zu nichts. Wenn wir durch die meditative Selbsterfahrung lernen, daß wir nicht unbedingt auf alle Sinneseindrücke reagieren müssen, dann ändern wir unsere Ansichten über uns selbst. Wenn wir uns selbst objektiver und gleichmütiger betrachten, so ist dies auch die gleiche Warte, von der aus wir die Welt erkennen. In der Ruhe und Abgeschiedenheit der Selbstbetrachtung, wo Sinne und Sinnesbefriedigung keine Rolle spielen, ist dieser Umbruch möglich. Dazu brauchen wir auch die Kontemplation, durch die wir die falschen Ansichten über uns selbst aufdecken können. Wenn wir die fünf Daseinsgruppen (Körper, Sinnesbewußtsein, Gefühl, Wahrnehmung, Gedankenformation) als Kontemplationsobjekte benutzen, werden wir bald feststellen, daß unsere Ich-Illusion durch unser Anhaften an diese fünf Teile unseres vermeintlichen „Ich" entsteht und fortgeführt wird. Objektives, gleichmütiges Betrachten hilft uns, den Weg aus dem Dickicht der Ichbezogenheit zu finden. Ansichten locken uns immer wieder in die Falle, wo wir jederzeit unglücklich werden können, was unheilsame Reaktionen mit sich bringt. Die Läuterung unserer falschen Ansichten beginnt damit, daß wir Körper und Geist wahrheitsgetreu erkennen und dann untersuchen, ob wir wirklich nur aus den fünf Daseinsgruppen bestehen oder ob noch etwas anderes zu finden ist.

Eine kleine Veränderung unserer Ansichten kann mit dem Drehen eines Kaleidoskops verglichen werden, das nur ein wenig bewegt werden muß, um uns ein ganz anderes Bild zu zeigen. Kinder spielen sehr gern damit, denn es ist hochinteressant, so viel Neues zu sehen zu bekommen. Wir brauchen unsere Ansichten nur ein wenig in eine neue Richtung zu wenden, und schon bekommen wir ein verändertes Weltbild. Eines Tages haben wir soviel geändert, daß wir wirklich die Wahrheit sehen können. Es ist um so schwerer, sich zu drehen und zu wenden, je mehr man den eigenen Ansichten glaubt, weil sie dann zu einem Gefängnis werden. Je mehr Ideen und Identifikationen wir haben, desto schwieriger ist es, sich zu wandeln. Wenn wir willig sind, versuchsweise eine andere Richtung einzuschlagen, haben wir größere Chancen, Neues zu erleben.

Die Weisungen des Buddha sind klar und präzise: Selbsterfahrung durch Meditation und Kontemplation, Läuterung der Tugenden (Vollkommenheiten), der Konzentration und der Ansichten, was uns deutlich zeigt, daß wir unsere vorprogrammierten Reaktionen nicht fortzuführen brauchen. Jegliche Meditation bringt genügend Ruhe in den Geist, um die eigenen Ansichten über sich selbst einmal dahingehend zu prüfen, ob sie auf fundamentalen Wahrheiten beruhen oder auf Hoffnungen und Wünschen.

Fragen und Antworten

F: Ich habe eine Frage zu den Sorgen. Womit kann ich sie ersetzen?
A: Zukunftssorgen?
F: Zum Beispiel Sorgen, daß mich jemand verletzt.
A: Das könnte man sehr gut als eine Kontemplation benutzen. Körperliche Verletzung ist wahrscheinlich nicht damit gemeint, sondern eher das Emotionelle. Es wäre nützlich, sich selbst zu fragen: „Wieso habe ich Angst?" Jede Antwort ist eine neue Frage. Unter dem Schlußstrich steht immer „Ego". Aber das muß sich jeder selbst fragen und beantworten. Es wäre ein großer Schritt, dies in sich zu erkennen. Angst ist mit Haß verbunden, denn wir können nur vor dem Angst haben, was wir ablehnen.
F: Zu welchen Daseinsgruppen gehört die Seele? Wir sagen doch immer Geist und Seele?
A: Der Buddha hat fünf Daseinsgruppen erklärt. Es ist wiederum eine Kontemplationsaufgabe, herauszufinden, wo die Seele zu finden ist und woraus sie besteht.
F: Es gibt doch diese schöne Welt. Nehmen wir an, es war ein Zufall, daß sie entstanden ist, aber nun ist sie da. Ist es nicht egozentrisch, wenn ich meinen Geist vervollkommnen will? Vielleicht hatte der Buddha damals nicht die Möglichkeit, die ganze Welt zu zerstören, um uns alle zu befreien, so wie es jetzt mit der Atombombe ginge.
A: Du hast den Fehler gemacht, deinen Gedanken zu glauben. Glaub ihnen nicht. Es kommen fehlgeleitete Gedanken.
F: Was für einen Sinn hat die Welt?
A: Das ist allerdings eine wichtige Frage. Die Welt ist ein Aufenthaltsort für unerleuchtete Lebewesen. Manche sind winzig klein, manche fliegen, schwimmen oder gehen aufrecht, und manche glauben sogar, sie seien

die Krone der Schöpfung. Wenn ein Mensch das „Ich" abgelegt hat, ist er in der Lage, ein Weltlehrer zu sein, so wie es Buddha und Jesus waren. Nur leider sind die meisten Menschen nicht fähig, ihre Lehren zu verstehen und zu befolgen. Der Versuch der Vervollkommnung ist nicht egozentrisch, sondern vielmehr das größte Geschenk, das man der Menschheit machen kann.

F: Aber vielleicht würde der Buddha uns alle umbringen, um uns von dieser Welt zu befreien?

A: Das wäre keine Befreiung. Die Befreiung liegt nur in der Erlöschung des „Ich". Der Buddha hat 45 Jahre lang jeden Tag seines Lebens die Befreiung von *Dukkha* gelehrt und hat dabei genauso unverständige Leute wie uns vor sich gehabt. Er hat aber keine Unterschiede gemacht, sondern jeder, der kam, war willkommen und wurde belehrt. Er ging überall zu Fuß hin, weil es zu der Zeit nur Fahrzeuge gab, die von Tieren gezogen wurden, und er erlaubte es nicht, daß Tiere sein Gewicht trugen. Er hat sogar auf dem Totenbett gelehrt und immer wieder aufgezeigt, wie wir diese problematische Menschlichkeit transzendieren können. Aber Menschen umbringen hat wohl überhaupt keinen Sinn, es müßte klar sein, daß das ein Verbrechen ist.

F: Aber das Leben hat doch unter diesen Aspekten keinen Sinn.

A: Der Sinn ist, zur Erleuchtung zu kommen. Das Leben ist als eine Schule anzusehen, und in jeder Klasse dieser Schule wird etwas anderes gelernt. Es ist unmöglich, daß wir die Universität besuchen, bevor wir die Volksschule absolviert haben. Wir müssen erst einmal die unteren Schulklassen durchmachen, dann werden wir vielleicht eines Tages die Universitätsreife bekommen. Die Freude und das Vergnügen in der Welt entstehen durch unsere Sinnesgenüsse, die wir ruhig anerkennen können. Wir müssen jedoch verstehen, daß sie uns nie befriedigen werden. Die menschliche Ebene hat die besten Voraussetzungen, zur Erleuchtung zu kommen. Wenn wir Glück haben, finden wir jemanden, der uns die Richtung zeigt, sonst müssen wir unser eigener Lehrer sein.

F: Ich war gestern ohne jeden Grund sehr traurig. Bei der Gefühlsbetrachtung habe ich plötzlich Traurigkeit empfunden. Ich habe mir dann überlegt, was die Ursache der Traurigkeit sein könnte. Da ist mir diese große Sinnlosigkeit bewußt geworden, und es war mir einfach klar, daß es sinnlos ist, irgend etwas zu tun, da ja alles fließt und ich außerdem nichts an der Welt ändern kann. War das jetzt der richtige Weg?

A: Du bist auf halbem Weg stehengeblieben. Es war schon eine Frage, um Einsicht zu erlangen. Die absolute Wahrheit aber ist *Nibbāna*, wir werden davon noch sprechen. Traurigkeit während der Meditation kann aufgrund alter, festgefahrener Emotionen hochkommen. Es ist nicht richtig, daran anzuhaften, vielmehr sollten wir sie erkennen und dann fallenlassen. Wenn sie wiederkommt, wieder erkennen und fallenlassen, bis die Emotion losgelassen werden kann. Auch logisches Denken kann weiterhelfen, aber dann müssen wir immer weitere Schlußfolgerungen ziehen. Etwa wenn alles sinnlos scheint: „Was bedeutet das für mich? Das kann doch nur eines bedeuten, nämlich die Welt zu transzendieren." In dem Moment wäre die Traurigkeit fort, denn nun haben wir etwas Sinnvolles gefunden. Das ist eine Möglichkeit des Befragens, oder wir haben die Möglichkeit des Loslassens.

F: Hat der Buddha Anweisungen für Angst gegeben?

A: Angst ist ein Ausdruck von Haß. Jeglichen Haß loszuwerden ist nur einem Menschen möglich, der eine Stufe vor der vollen Erleuchtung steht, aber wir alle können daran arbeiten, den Haß und die Angst zu vermindern.

F: Ich fühle, wenn ich arbeite, bin ich mehr konzentriert. Was ich vorher als Problem sah, auf einmal ist die Antwort da. Kann ich zu der Zeit die Befragung vornehmen?

A: Achtsamkeit ist die Hauptsache im täglichen Leben. Genau aufpassen, was vorgeht, beseitigt unsere Probleme, die nur hochkommen können, wenn man nicht achtsam ist. Dieser Weg der Praxis darf nicht mit Emotionen beladen sein, denn die können uns nicht helfen. Die einzige hilfreiche Emotion ist Liebe. Ansonsten sind Emotionen Wogen, die die klare Geisteskraft verschleiern.

F: Aber wenn ich die Traurigkeit beobachte?

A: Dann bist du der Beobachter geworden.

F: Aber sie ist doch da.

A: Du beobachtest die Traurigkeit, aber du brauchst nicht unter ihr zu leiden.

KAPITEL 8

Die Läuterung der Zweifel

Bis zu diesem Punkt haben wir die nötigen Vorbereitungen durch Meditation und Kontemplation getroffen. Der nächste Schritt bringt tiefe Einsicht in die Essenz der Lehre, ihr Ziel und die Arbeit auf dem Weg dorthin. Vor allem kommt jetzt hingebendes Vertrauen in den Buddha als den Wahrheitsverkünder dazu. Ein Mensch, der diese Stufe hinter sich gelassen hat, hegt keinerlei Zweifel mehr, was in diesem Leben der wichtigste Schritt ist. Er sucht nicht mehr nach einem spirituellen Weg, denn er hat ihn gefunden. Er sucht auch nicht mehr nach einem Lehrer, denn er ist dem Buddha zutiefst ergeben. Er strebt nur noch danach, die Lehre in sich zu verwirklichen.

Die Einsichten auf dieser Stufe sind tief und beeindruckend genug, um zu erkennen, daß es nichts anderes mehr gibt, als den Richtlinien zu folgen. Es gibt keine spekulativen Ideen mehr, sondern nur noch persönliche Erfahrungen. Genügend Anleitungen und Erklärungen sind bereits gegeben worden, um die Einsichtsstufen zu verstehen, jetzt kommt es nur noch auf die eigene Arbeit an. Am Anfang war es sinnvoll, über die einzelnen Aspekte der Lehre und der Transzendenz nachzudenken, aber eines Tages muß auch das aufhören, und wir müssen sie effektiv in die Tat umsetzen. Wenn man ein Haus bauen will und jahrein jahraus nur darüber nachdenkt, wird man wohl weiter unter einem Baum schlafen müssen. Eines Tages muß man das Haus wirklich bauen. Man muß die schweren Balken herbeischleppen und die Fundamente ausheben, so schwierig das auch sein mag, oder aber es bleibt bei dem *Dukkha*, obdachlos zu sein. Genauso ist es mit der Lehre des Buddha. Wenn wir wirklich jegliches *Dukkha* überwinden wollen, müssen wir die

Schwierigkeiten der Entsagung und Loslösung auf uns nehmen.

Die Bereitschaft, die Kontemplation nicht nur bei speziellen Gelegenheiten durchzuführen, wird so stark, daß es einfach nichts Wichtigeres mehr gibt, als die Wahrheit zu erkennen. Kontemplation kann zunächst verschiedene Formen annehmen und wird sich später auf eine Form zuspitzen. Da gibt es beispielsweise die vier Elemente als Mittel zur veränderten Selbsterkenntnis. Sie als die Grundlage aller Körperlichkeit zu erkennen, eröffnet neue Perspektiven. Wenn wir uns selbst als aus den Grundelementen Erde, Feuer, Wasser und Luft bestehend erkennen, nehmen wir uns sicherlich nicht mehr ganz so wichtig, was ein bedeutender Schritt in Richtung Selbsterfahrung ist. Überall sehen wir dann dieselben Elemente, in uns und um uns herum, und dieses Erkennen berührt unsere „Ich"-Substanz, die sich kompakt, solide, verlangend, greifend, anhaftend und sich behaupten wollend manifestiert.

Wenn die „Ich"-Behauptung sich etwas aufzulösen beginnt, bringt das eine gewisse Erleichterung für den Geist mit sich. Ramana Maharshi, ein erleuchteter Weiser aus Südindien, der vor etwa vierzig Jahren starb, gab folgendes Gleichnis: „Wir benehmen uns so, als würden wir mit unserem ganzen Gepäck in einem Zug fahren, und statt das Gepäck ins Gepäcknetz zu legen, stehen wir im Gang und seufzen unter dem Gewicht unserer Koffer, obwohl der Zug das Gepäck ganz leicht für uns befördern würde." Wir haben nicht genügend Einsicht, alles loszulassen und uns dem Fluß des Lebens anzuvertrauen, sondern tragen die ganze Bürde mit uns herum und äußern das durch unsere Unzufriedenheit und Unerfülltheit.

Ein zweites Kontemplationsobjekt sind die fünf Daseinsgruppen, die wir jederzeit ohne Schwierigkeit in uns erkennen können: Körper, Sinnesbewußtsein, Gefühl, Wahrnehmung und geistige Formationen. Daß wir daraus bestehen, ist wohl ganz deutlich, aber daß das

„Ich" aus ihnen hervorgeht, müssen wir uns erst kontemplativ erarbeiten. Auch daß es nichts weiter in dieser vermeintlichen „Ich"-Person gibt als diese fünf Daseinsgruppen und daß sie sich in ständiger Wechselbewegung befinden, all das müssen wir verinnerlichen. Die Kontemplation oder Meditation über die fünf Daseinsgruppen ist an diesem Punkt äußerst wichtig und angebracht, aber auch im täglichen Leben müssen wir die objektive Beobachtung dieser Teile von uns fortführen, so daß sich Gleichmut dem „Ich" gegenüber einstellen kann. Wer die tiefste Wahrheit erforschen will, wird sich damit befassen. Solange wir glauben, daß wir selbst davon unberührt bleiben können, bleiben wir an der Peripherie der Praxis hängen. Auch hat nicht jeder, der den Buddha hörte, seine Richtlinien befolgt, obwohl er sicherlich die größte Überzeugungsfähigkeit hatte. Es gibt immer nur einige „mit wenig Staub auf den Augen".

Diese fünf Daseinsgruppen des Anhaftens sind wir selbst, nichts anderes. Wir können mit etwas Achtsamkeit leicht feststellen, wie wir funktionieren. Wenn wir uns viele Male beobachten und sehen, daß nichts anderes auftaucht als Sinneskontakte, Gefühle, Wahrnehmungen und Gedanken, kommt die Solidität des „Ich" sicherlich etwas ins Wanken. Je weniger fest unsere Ich-Illusion verankert ist, desto leichter können wir die Problematik des Menschseins transzendieren. Die Kompaktheit und das Anhaften am „Ich" sind die Fesseln, die uns erdgebunden halten, die dafür sorgen, daß wir „über Stock und Stein" klettern müssen, anstoßen, hinfallen und Schmerzen erleiden.

Das Erkennen unserer Funktionen hilft uns, unsere vorprogrammierten Reaktionen aufzugeben. Wir brauchen nicht immer von den gleichen Dingen irritiert zu werden, dasselbe zu vergessen oder auf alles wie gewöhnlich zu reagieren, nämlich entweder mit Habenwollen oder mit Ablehnung. Wir werden erst frei von diesen Zwängen, wenn wir erkannt haben, daß sich nichts weiter in uns abspielt als ein Sinneskontakt (Sehen, Hören, Riechen, Schmecken, Berührung), ein Gefühl, eine Wahrnehmung, ein Gedanke. Dann kommt auch der Moment, in dem wir uns ernsthaft mit der Frage beschäftigen: „Wo sitze ‚ich' in dem allen? Bin ‚ich' der Sinneskontakt, das Gefühl, die Wahrnehmung oder der Gedanke? Was bin ‚ich', wenn sich diese verändern oder verschwinden?"

Auch die christlichen Mystiker des Mittelalters beschäftigten sich mit diesen zentralen Fragen, um Selbsterkenntnis zu erlangen: „Wer bin ich? Woher komme ich? Wohin gehe ich?" Unsere Identifikationen geben Scheinantworten auf diese Fragen: „Ich bin Frau oder Mann, jung oder alt, hübsch oder häßlich, klug oder dumm, oberflächlich oder tiefgründig." Sind wir das wirklich? Bleibt das alles bestehen? Ist dies unsere Persönlichkeit oder bedeutet es nur, daß da momentane Körperlichkeit und geistige Phänomene entstanden sind? Können wir diesen Antworten glauben oder lassen sie Zweifel zu, die uns die Möglichkeit der Änderung eröffnen? Unser bisheriges Denken hat uns bis heute nicht voll befriedigt und erfüllt. In dieser Richtung weiterzumachen nützt nichts. Unser (geistiges) Gepäck ist zum Überquellen voll. Wir können unsere gewohnte Denkweise einmal loslassen und statt dessen versuchen, intuitiv etwas ganz Neues wahrzunehmen.

Als Meditations- und Kontemplationsobjekte sind die fünf Daseinsgruppen jetzt besonders wichtig und kommen häufig spontan hoch. Wir erkennen, daß wir genauso funktionieren wie jeder andere, und haben es nicht mehr nötig, uns über andere Menschen zu ärgern. Vielmehr können wir Mitgefühl mit deren Schwierigkeiten empfinden. Jetzt entscheiden wir uns auch, geschickter und vorsichtiger mit Gedanken, Worten und Taten umzugehen.

An diesem Punkt angelangt, erleben wir spontane Einsichten in die drei Daseinsmerkmale aller Existenz: Vergänglichkeit, Leidhaftigkeit (Unbefriedigt-, Unerfülltsein) und Substanzlosigkeit. Alle drei sind miteinander verbunden und führen uns zur Einsicht in die allumfassende Essenzlosigkeit, so daß wir das „Ich" als eine Illusion erkennen können. Unsere Wissenschaftler wissen schon seit Jahrzehnten, daß es keinen einzigen soliden Baustein im ganzen Universum gibt. Es gibt nichts weiter als ständig zusammenkommende und auseinanderfallende Energieteilchen. Das können wir in jedem Physikbuch nachlesen. Obwohl das die absolute Wahrheit freilegt, ist keiner dieser Physiker erleuchtet worden. Sie haben alle vergessen, sich selbst miteinzubeziehen. Sie haben alle genau das geglaubt, was wir auch annehmen, nämlich, daß all dies außerhalb von uns selbst stattfindet. Daß auch in uns kein solider Baustein zu finden ist, daß auch wir nur aus ständig zusammenkommenden und auseinanderfallenden Energieteilchen bestehen, muß meditativ erlebt werden, bevor wir es glauben und empfinden können.

Diese Wahrheit anzuzweifeln ist jedem freigestellt, aber sie ist an sich etwas, das wir in uns selbst erfahren können, wenn wir die ständigen Vibrationen in uns richtig erkennen. Sobald wir die subtilen Bewegungen in unserem Körper zutiefst erleben, fühlen wir uns durchlässiger, nicht mehr ganz so kompakt. Wenn unsere Solidität etwas zu zerbröckeln beginnt, gerät gleichzeitig auch das Ego ins Wanken. Mit einem kleineren Ego läßt sich viel einfacher leben, denn es stößt viel weniger an.

Genau wie der Körper ist auch der Geist ständigen Vibrationen ausgesetzt. In einer konzentrierten Meditation, die auf die fünf Daseinsgruppen ausgerichtet ist, können wir dies ohne weiteres erleben. Auch der Atem ist nichts Ständiges, Solides, sondern nur ein zusammengeballtes Häufchen aus einzelnen Bewegungen. Dies gilt genauso für jeden Gedanken. Wenn wir das verinnerlichen, muß das Ego sich verkleinern. Wir können nicht mehr ohne Zweifel glauben, „Das bin ich", denn welches von den Häufchen soll „Ich" denn sein? Oder gar welcher Teil davon?

Solange wir unseren Geist noch für unnötige und nebensächliche Dinge benutzen und uns für Bereiche interessieren, die mit den tiefsten Wahrheiten nichts zu tun haben, und solange wir unsere kostbare Zeit nicht dazu verwenden der Befreiung näherzukommen, haben wir noch nicht die nötige Liebe und Hingabe für den Buddha und seine Lehre entwickelt. Konzentration bedeutet nicht nur, neue Bewußtseinsebenen zu erleben, denn auch diese sind vergänglich, sondern sie bahnt uns den Weg zur endgültigen Einsicht in uns selbst. Können wir akzeptieren, daß wir nur zusammengeballte Energieteilchen sind, die ständig entstehen und vergehen, also nichts Besonderes, und daß das ganze Universum auch so ist? Solange wir noch etwas Besonderes sein wollen, kann uns diese Wahrheit nicht helfen. Solange wir glauben, wie seien mehr oder weniger oder zumindest gleichwertig mit anderen, sträubt sich das Ego noch. Erst wenn wir gewillt sind, unsere Ansichten aufzugeben, die wir bis jetzt als Eigentum mit uns herumgetragen haben, kommen wir der Wirklichkeit so nahe, daß wir sie nicht mehr ablehnen können. Wenn wir die Vibrationen von Körper und Geist verspüren und verstehen, schauen wir der absoluten Wahrheit ins Auge.

Die Ruhe-Meditation ermöglicht uns, diesem neuen Verstehen mit Gleichmut zu begegnen, obwohl uns klar wird, daß wir bis jetzt Dingen nachgejagt sind, die als Energievibrationen keinen wirklichen Inhalt haben. Die Ruhe-Meditation mit ihren glückseligen Zuständen bietet uns Ersatz für das, was wir bisher in der Welt gesucht haben, beispielsweise Sicherheit durch Menschen, Besitz, Glauben oder Hoffen. Wir erkennen nun, daß es all das gar nicht gibt, und kommen damit dem vollkommenen Gleichmut immer näher, der es uns ermöglicht, die Welt und uns selbst ohne Ablehnung und Habgier als Schaumblasen zu akzeptieren. Nur durch Gleichmut,

Ruhe und Klarblick können wir wahre Sicherheit finden. Dies bedarf der „rechten Anstrengung", doch wenn wir bedenken, daß sich jeder von uns permanent anstrengt, sei es, um Geld zu verdienen, Vergnügungen hinterherzulaufen oder um irgendwie bedeutender zu werden, können wir all diese Bemühungen ebensogut in spirituelle Bahnen lenken.

Wir müssen die drei Daseinsmerkmale des Universums, die alle auf Substanzlosigkeit hinweisen, zuerst in uns selbst erkennen, bevor wir dieses Erkennen auf alles, was existiert, übertragen können. Was wir in uns selbst erkennen, ist unsere Wahrheit. Je flexibler, weicher und dehnbarer unser Geist durch die Ruhe-Meditation wird, desto besser kann er die Weite des Klarblicks erfassen. Indem wir untersuchen, ob die fünf Daseinsmerkmale effektiv ein „Ich" bergen, werden wir dem Verständnis immer näherkommen, daß wir die „Ich-heit" erfunden haben. Wir befinden uns allerdings in guter Gesellschaft. Alle anderen Menschen haben sich das gleiche ausgedacht, haben dieselben Schwierigkeiten mit diesem Persönlichkeitsbegriff und glauben meist fest daran, daß ihre Probleme von außen auf sie zukommen. Wir glauben das vielleicht nicht mehr und haben dadurch einen wichtigen Zweifel überwunden. Dennoch müssen wir weitere Schritte tun, um echte Prioritäten in unserem Leben zu erkennen und zu verfolgen. Worauf kommt es an? Was brauchen Herz und Geist, um inneren Frieden zu finden, womit wir nicht nur uns selbst, sondern auch anderen Menschen helfen können?

Unter den fünf Daseinsgruppen oder drei Existenzmerkmalen suchen wir uns ein Kontemplationsobjekt oder mehrere aus. Dann untersuchen wir das Objekt wiederholt einspitzig und objektiv, frei von verhärteten Ansichten. Gibt es wirklich jemanden, dem diese Daseinsgruppen gehören? Wer sitzt in dem Auge, in dem Ohr? Die Vergänglichkeit, das Entstehen und Vergehen von allem, was wir kennen, macht es uns unmöglich, irgendwo eine Beständigkeit zu entdecken. Kann sich irgend jemand an Gedanken oder Gefühle erinnern, die er vor Minuten, Stunden, Tagen, Wochen oder Jahren hatte? Wo versteckt sich dieses „Ich"? Besteht es aus unendlich vielen Gedanken und Gefühlen und unterschiedlichen Körpern? Wenn ja, aus welchen? Dürfen wir uns bestimmte aussuchen, oder gibt es „mich" nur in diesem einen Moment, jetzt gerade? Und schon ist der Moment vorbei. Ist jetzt auch das „Ich" verschwunden und ein neues „Ich" entstanden? Wir erkennen dieses Entstehen und Vergehen nicht, weil die ständige Wiederholung des Vorganges uns blendet. Was immer wir je gedacht, gefühlt, getan und gesprochen haben, ist wie vom Winde verweht, nirgends mehr aufzufinden.

Wenn wir auf diese Ausführungen ablehnend reagieren und doch lieber ein „Ich", „mein" und „mir" hätten, sollten wir einmal überlegen, ob dieses „Ich" uns schon irgend etwas Gutes gebracht hat. Wäre es nicht viel besser, diese Bürde, die einem mit Steinen beladenen Rucksack gleicht, abzuwerfen und leicht und geschwind durchs Leben zu gehen, ohne anzustoßen, ohne irgend etwas unbedingt zu wollen oder vehement abzulehnen, und einfach nur mitzufließen mit dem Strom der Vergänglichkeit? Wozu tragen wir dieses „Ich" mit uns herum, das uns nie ganz zufrieden werden läßt, weil es immer noch irgend etwas gibt, was es doch noch gern hätte?

Wenn uns diese Wahrheit verschlossen bleibt, sind wir weiterhin mit Zweifeln behaftet. Wenn wir das Erscheinen und Verschwinden aller Phänomene jedoch als Ursache und Wirkung erkennen, ermöglichen wir weitere Einsichtsstufen. Verursacht werden unsere Geistesformationen durch die Sinneskontakte, die ständig vom Geist erklärt werden müssen. Was wir durch die Sinne erfahren, auch unsere Ideen, muß der Geist verarbeiten. Wenn wir leicht und unbeschwert sein wollen, müssen wir dies prüfen und erkennen, denn es wird uns vor vielen Reaktionen bewahren. Die Ursache des Körpers ist unsere Begierde zu „sein", was unsere Geburt herbeigeführt hat. Da wir hier sein wollen, wollen wir auch hier bleiben, was aber unmöglich ist, denn ein jedes Leben endet irgendwann. Es ist sehr interessant, alte Friedhöfe anzuschauen. Dort stehen verwitterte Grabsteine mit Namen, an die sich wahrscheinlich keiner mehr erinnern kann. So wird es uns auch gehen, und wir können dies ohne weiteres freudig zur Kenntnis nehmen, wenn wir die Bürde des „Ich" nicht mehr an uns haften haben. Ansonsten ist es allerdings eine bedrohliche Aussicht, der wir uns lieber nicht stellen möchten. Ohne die Blockade des „Ich" können wir ungehindert fließen, wohin die Strömung uns unweigerlich treibt.

Ursache und Wirkung und besonders das Vergehen, das Auseinanderfallen und Auflösen aller Erscheinungen, beispielsweise des Atems und der Gedanken, treten jetzt deutlich zutage. Freude und Einspitzigkeit in der Meditation ermöglichen es uns, diese Wahrheiten ohne weiteres zu akzeptieren, ja, sie mit einem Gefühl der Erleichterung anzunehmen, da sie den Druck des „Ich-muß-es-richtig-machen, -schaffen, -können, -anerkannt-und-geliebt-werden" von uns nimmt. Wenn sich ohnehin alles auflöst, wer muß dann geliebt und anerkannt werden, schaffen und können, bekommen und sein?

Alles, was auseinanderfällt, fügt sich natürlich auch wieder zusammen, aber nie mehr in genau derselben Form, sonst würde es keinen Verfall geben, der dadurch bedingt ist, daß nichts genau wieder so entsteht, wie es einmal gewesen ist. An unseren Gedanken und Gefühlen ist dies deutlich erkennbar, und daher fällt es uns auch schwer, uns genauestens an etwas zu erinnern. Diese tiefen Wahrheiten zu erkennen, zu verinnerlichen und die Konsequenzen daraus zu ziehen, ist nur möglich, wenn ein starker Wille zur Wahrheitserforschung vorhanden ist und ein unbeugsamer Entschluß, dem ganzen Trug und Scheinleben ein Ende zu machen.

Alles Erwähnte sind vom Buddha erklärte Einsichtsstufen, die im allgemeinen spontan in der Meditation hochkommen, wenn der Geist konzentriert genug ist. Aber dieses Erwägen wird auch kontemplativ weitergeführt, weil der Geist sich nicht mehr davon abwenden will. Er hat den festen Entschluß gefaßt, die Wahrheit zu ergründen und die Substanzlosigkeit gezielt zu untersuchen. Die Arbeit des Geistes bringt große Befriedigung, weil sie uns ständig neue Perspektiven eröffnet, die unser Leben um vieles erleichtern können. Oft berühren unsere Erkenntnisse auch unsere direkte Umwelt, in der sich dann merkbare Veränderungen zeigen. Diese neuen Perspektiven gehen in die Tiefe, und unser Innenleben spiegelt das wider. Die Sinnesvergnügen können nie Ersatz für tiefes Verständnis bieten. Sie sind erregend, aber niemals friedlich oder auf längere Sicht befriedigend. Ohne tiefe Bewußtseinserfahrungen bleibt unsere Innenwelt flach und farblos.

Einsicht in absolute Offenbarungen lenkt unser Leben in andere Bahnen, was nicht unbedingt äußeren Umbruch bedeutet. Unser Erleben spielt sich ja in uns ab, und das Äußere ist nur eine Manifestation unseres Innenlebens. Wir können alles um uns herum nur so gestalten, wie wir es zuvor gedacht und erlebt haben. Eine Vertiefung und Erweiterung unseres Gedankenguts und unserer Gefühlswelt führt zu einer Vertiefung und Erweiterung unseres ganzen Lebens.

Fragen und Antworten

F: Wie du gesagt hast, lehrt der Buddha, daß wir mit sechs Wurzeln auf die Welt kommen: Gier, Verblendung und Illusion.

A: Verblendung und Illusion sind dasselbe. Haß, Gier und Verblendung.

F: Und dann gibt es noch die drei positiven. So wie ich es verstehe, sind das im Grunde Gegensätze, die sich gegenseitig bedingen, Polaritäten. Wenn ich jetzt eine davon fallenlasse, müßte ja die Entsprechende auch verschwinden.

A: Wieso denn?

F: Also, ich habe mir das immer so vorgestellt: Hell – Dunkel, Sonne – Mond, daß das eine die Schattenseite des anderen ist, aber daß beide zusammen eine Einheit bilden und daß, wenn man eine (Polarität) wegnimmt, auch die andere verschwindet.

A: Wenn die Gegensätze eine Einheit bilden, würde das bedeuten, daß du die Gier nicht loswerden kannst.

F: Ja, das verstehe ich eben nicht.

A: Dann mußt du mal praktizieren und sehen, ob es geht.

F: Ich kann eine neue Reaktion auf die Gier einüben, aber im Grunde genommen kann ich Gier, Ablehnung und so weiter gar nicht verlieren; ich kann mich nur darin schulen, nicht darauf zu reagieren.

A: Es wäre vielleicht der erste Schritt, auf Gier nicht zu reagieren. Der zweite Schritt wäre, mehr zu praktizieren und Einsicht zu gewinnen. So lernst du die Negativität abzulegen. Es ist eine Frage der Praxis. Intellektuell kannst du nicht damit fertig werden. Der Buddha hat das Auslöschen jeglicher Anhaftung gelehrt, was das Auslöschen der Ich-Illusion bedeutet. Auf dem Weg zur Erlösung muß man zuerst einmal versuchen, das Gute zu praktizieren und das Negative loszulassen.

F: Es war die Rede davon, daß logische Einsicht etwas bewirken müßte. Gelingt das vielleicht deshalb so wenig, weil unsere Antriebe im emotionalen Bereich verankert sind, im Guten wie im Schlechten, und nicht in unserer Einsicht?

A: Ja, das ist richtig. Unsere Emotionen überfluten uns, und wir können nicht mehr klar sehen. Daher ziehen wir keine logischen Schlußfolgerungen. Es wäre doch im Grunde nichts vernünftiger, als nur das zu tun und zu denken, was uns beglückt, aber häufig tun wir genau das Gegenteil. Wenn die Wogen der Emotionen sich gelegt haben, können wir wieder klar denken. Die Läuterung der Emotionen führt zur Klarheit des Denkens.

F: Ich hätte gern etwas beigetragen zur Wirksamkeit der *Mettā*-Meditation. Ich habe erlebt, daß sich trotz einer negativen Situation die ganze Atmosphäre im Raum ändert.

A: Unsere Gedanken und Gefühle senden Schwingungen aus, die Einfluß auf unsere Umwelt haben.

F: Heute früh, als ich aufwachte, war der Körper müde, aber ich war unheimlich fröhlich. Ich wußte nicht, ob ich der Fröhlichkeit nachgeben oder mich zurücknehmen sollte.

A: Freude ist ein notwendiger Bestandteil der Meditation. Wenn Freude in Erregung ausartet, muß sie gedämpft werden, bis sie eine ruhige, innere Freude ist. Erregung hilft der Meditation nicht. Du mußt daher die Fröhlichkeit daraufhin untersuchen, ob sie innere Freude ist, die dich bei der Meditation unterstützt, oder ob sie Erregung ist, die dich bei der Meditation stört.

Liebende-Güte-Meditation
(Bester Freund)

Laßt uns die Achtsamkeit einen Moment lang auf den Atem lenken. – Jetzt wollen wir uns vorstellen, daß wir unser eigener bester Freund sind. In dieser Freundschaft für uns selbst wollen wir uns als unseren eigenen besten Freund umarmen und uns selbst versichern, daß diese Freundschaft zuverlässig, unantastbar und mit Weisheit verbunden ist, und daß wir uns selbst jederzeit zur Seite stehen und helfen werden, die Wahrheit zu leben und zu erkennen. Wir lassen das Gefühl der innigen Freundschaft in uns hochkommen und füllen und umhüllen uns damit.

Jetzt wollen wir der beste Freund desjenigen sein, der uns am nächsten sitzt. Wir füllen und umhüllen ihn mit inniger Freundschaft und Hilfsbereitschaft. Wir bringen ihm das Gefühl entgegen, daß wir für ihn da sind und ihn so akzeptieren, wie er ist.

Nun stellen wir uns vor, der beste Freund all derer zu sein, die hier versammelt sind. Wir wollen sie alle in inniger Freundschaft umarmen und mit dieser Freundschaft anfüllen. Wir wollen ihnen das Gefühl vermitteln, daß wir ihnen zuverlässig und liebevoll zur Seite stehen.

Jetzt sind wir der beste Freund der eigenen Eltern. Wir stehen ihnen hilfreich zur Seite und akzeptieren sie so, wie sie sind. Wir wollen sie mit inniger Freundschaft und Liebe anfüllen und umhüllen.

Wir fühlen uns jetzt als der beste Freund der Menschen, die uns am liebsten sind und am nächsten stehen. Wir umarmen sie in inniger Freundschaft und versichern ihnen unsere Hilfsbereitschaft und Zuverlässigkeit und, daß wir ihnen als bester Freund zur Seite stehen.

Dann denken wir an all unsere guten Freunde und sind deren bester Freund. Wir machen uns ganz klar, wie ein bester Freund sich seinen Freunden gegenüber verhält: liebend, mitfühlend, akzeptierend, anerkennend, hilfsbereit, niemals ablehnend – und füllen all unsere Freunde mit diesem Gefühl an.

Nun denken wir an alle Menschen, die wir kennen, aber nicht oft sehen oder sprechen, und sind deren bester Freund. Wir umarmen sie in inniger Freundschaft und vermitteln ihnen unsere Bereitwilligkeit, ihnen zu helfen. Wir zeigen ihnen, daß wir sie anerkennen, akzeptieren und lieben.

Jetzt wollen wir an irgendeinen Menschen denken, mit dem wir Schwierigkeiten haben, und dessen bester Freund sein. Wir wollen ihm helfen, ihn lieben und ihn in Freundschaft umarmen.

Nun stellen wir uns alle Menschen vor, die wir schon einmal irgendwo gesehen, gesprochen oder getroffen haben: Bekannte und Fremde, hier in der Nähe und weiter entfernt. Wir wollen die Gefühle der innigen Freundschaft auf diese Menschen ausbreiten, sie mit diesen Gefühlen umarmen, einhüllen und anfüllen.

Jetzt können wir die Achtsamkeit wieder auf uns selbst lenken und das Gefühl der Zufriedenheit, das vom Geben und Lieben kommt, in uns hochkommen lassen. Wir verstehen, daß wir unser eigener bester Freund sein müssen, und fühlen uns in dieser Freundschaft geborgen und sicher, was uns ein Gefühl der Zuneigung und Liebe gibt. Wir ruhen in der Gewißheit, unser eigener bester Freund zu sein.

Mögen alle Lebewesen Freunde sein.

KAPITEL 9

Die Läuterung durch den Erkenntnisblick von Pfad und Nicht-Pfad

Bis jetzt haben wir die Läuterung der Tugend (Läuterung der Vollkommenheiten), der Konzentration (Läuterung von Herz und Geist) und die Läuterung der Zweifel kennengelernt und sukzessive Fortschritte gemacht. Jetzt kommen wir zu einer Blockade, die wir loslassen müssen, wenn wir auf dem spirituellen Weg weiterkommen wollen.

Im Zusammenhang mit der Läuterung des Erkennens von Pfad und Nicht-Pfad werden zehn Erlebnisse aufgeführt, die das Weiterkommen verhindern können, wenn wir sie falsch verstehen, wenn Dünkel aufsteigt oder wenn wir an ihnen anhaften. Wenn wir glauben, daß wir durch diese Erlebnisse wirklich etwas erreicht haben, ist der spirituelle Pfad blockiert. Mit diesen Schwierigkeiten sehen sich nicht nur Schüler konfrontiert, sondern auch Menschen, die sich für Lehrer halten. Es ist viel einfacher, etwas zu wissen, als es wirklich zu können. Der Buddha hat oft erwähnt, daß wir auf diesem Pfad vorsichtig und achtsam vorgehen müssen, um keine Ideen über uns selbst zu hegen, die vielleicht noch falscher sind als die, die wir ohnehin schon hatten.

Als erstes kann es sein, daß man sich während der Meditation von einem hellen Lichtschein umgeben erlebt, was nicht ungewöhnlich ist. Nun aber zu glauben, dies sei ein Heiligenschein, viel heller und leuchtender, als der Lehrer oder irgend jemand ihn je erlebt hat (höchstens vielleicht die Heiligen, zu denen man jetzt gehört), birgt Dünkel und Anhaftung in sich. Der Lichtglanz ist ein Zeichen der Konzentration, sozusagen eine Verkehrsampel, die so leuchtend wie Sonnenlicht sein kann, so daß man beim ersten Mal vielleicht die Augen aufmacht, um zu sehen, ob die Sonne wirklich auf einen scheint. Man kann den Lichtglanz vergrößern, bis man vollkommen darin eingehüllt ist, und dadurch in die erste meditative Vertiefung kommen. Bei manchen Meditierenden erscheint der Lichtglanz zwischen jeder Vertiefung, bei anderen niemals. Es ist nicht wichtig, ob er kommt oder nicht, es geht vielmehr darum, ihn nicht für einen Heiligenschein zu halten, sondern als einen leichten Zugang zur ersten Vertiefung zu benutzen.

Die nächste Gefahr besteht darin, daß wir uns durch Lesen und Hören Wissen aneignen und nun glauben, wir müßten anfangen zu predigen und Reden zu halten. Dabei vergessen wir vollkommen, daß Wissen keine Weisheit ist. Wissen ist wohl ein notwendiger erster Schritt, aber ein spirituell entwickelter Mensch kann auch ohne Wissen zur Weisheit gelangen. Wissen ohne Weisheit genügt jedoch niemals. Dies ist eine weit verbreitete Blockade, die oft zu Debatten und Argumenten darüber führt, wie gewisse Lehren aufzufassen sind. Daraus bilden sich dann neue Gruppen, die sich auf gemeinsame Ansichten stützen. An solchen Zersplitterungen fehlt es nie, denn Weisheit ist rar. Wissen jedoch ist recht gewöhnlich; unsere Universitäten sind voll davon. Interessanterweise wird in vielen Ländern, inklusive Deutschland, Buddhismus an Universitäten gelehrt. Das hätte sich der Buddha wohl nie träumen lassen. Jedenfalls gilt es zu verstehen, daß es sich bei Wissen nie um etwas anderes handelt als um Informationen, aus denen ein intelligenter, geschulter Geist seine Schlußfolgerungen gezogen hat. Wenn wir diese glauben und anfangen zu predigen, ohne zu praktizieren, erliegen wir der Gefahr der Überheblichkeit und des Dünkels. Die Gefahr liegt nicht so sehr auf der Seite der Zuhörer, denn die meisten Menschen erkennen die Wahrheit, wenn sie sie hören. Es sind nämlich nicht nur die Worte, auf die es ankommt, sondern es ist die Kraft des Gefühls, das hinter den Worten steht und das sich an Körpersprache,

Gesichtsausdruck und Tonfall ablesen läßt. Die Kraft des Gefühls ist die erlebte, erkannte Erfahrung des Sprechers. Darum sind zu des Buddha Zeiten Menschen erleuchtet worden, nachdem sie nur eine Lehrrede von ihm gehört hatten.

Sich Wissen über das anzueignen, was der Buddha gesagt hat, ist recht einfach, denn er sprach in einer Art, die jeder gewöhnliche Mensch verstehen konnte. Ob wir dieses Wissen nachvollziehen können oder nicht, liegt an uns selbst. Das Wissen, das wir durch Hören oder Lesen erlangen können, wird ja erst dann zu einem wirklichen Erlebnis, wenn dahinter die Kraft des Gefühls spürbar ist. Daher ist nicht so sehr der Zuhörer gefährdet, sondern der, der Wissen mit Weisheit verwechselt, denn dieser Trugschluß führt dazu, daß er Dünkel entwickelt und unbelehrbar wird. Ein solcher Mensch glaubt dann häufig, daß er keinen Lehrer braucht, weil er sowieso schon alles weiß, und daß er sein Wissen anderen Leuten vermitteln muß, weil es ein Jammer wäre, wenn das alles verlorenginge. Wenn wir unser Wissen als Liebesgabe mit anderen Menschen teilen wollen, sind wir auf dem rechten Weg; aber wenn die Wissensvermittlung in Selbstverherrlichung ausartet, stehen wir am Abgrund.

Unsere Ich-Illusion macht es uns schwer, uns selbst in dieser Weise zu erkennen; denn was ist eine Illusion? Sie ist ein nebelhaftes Gebilde, das uns einhüllt und uns die Dinge nicht mehr klar erkennen läßt. Ab und zu lüftet sich dieser Nebel vielleicht einmal für eine Sekunde, aber nicht lang genug, um klare Sicht zu gewinnen. Wir müssen Schritte unternehmen, um diesen Nebel wirksam aufzulösen. Wenn wir dann einen Blick auf die Wirklichkeit werfen, sehen wir sozusagen ein Licht am Ende des Tunnels, das den Weg erhellt.

Das Problem mit dem Wissen ist besonders im Westen weit verbreitet. Man lernt irgend etwas drei oder sechs Monate lang und gibt dann selbst Workshops oder Seminare, weil man glaubt, genug zu wissen. Wohl jeder von uns kennt Beispiele für diese Art der Selbstüberschätzung. Mit der Lehre des Buddha wird oft nicht viel anders umgegangen, und hier ist die Gefahr vielleicht noch größer. Wenn man auf einer Leiter erst eine Stufe hinaufgestiegen ist und dann herunterfällt, kann man sich nicht allzuviel antun; es ist kaum möglich, daß man sich das Bein bricht. Ist man aber schon acht oder zehn Stufen hinaufgeklettert und fällt dann herunter, wird man sich wahrscheinlich wirklich schwer verletzen. Je weiter wir auf dem spirituellen Weg bereits gegangen sind, desto schmerzhafter sind die Unfälle. Vor dieser Gefahr können wir uns durch etwas Demut schützen. Demut ist eine in der christlichen Lehre oft erwähnte Eigenschaft, die uns helfen kann, unsere Ich-Illusion zu verkleinern. Derjenige, der ehrlich von sich behauptet: „Ich weiß ja eigentlich noch gar nichts", hat einen großen Schritt in Richtung Weisheit getan. Demut ist eine Eigenschaft, die uns in jeder Lebenslage helfen kann. Wir stellen uns dabei selbst zurück und verzichten bewußt darauf, immer diejenigen zu sein, die es besser wissen, können und machen. Im allgemeinen sind wir in der Lage, so weit in den Hintergrund zu treten, wie es nötig ist, um Streit zu vermeiden und mit anderen Menschen einigermaßen auszukommen. Demut geht jedoch noch einen Schritt weiter. Nicht etwa, daß wir uns für weniger wert halten als andere Menschen; auch das ist eine Ego-Illusion. Mehr, genauso viel oder weniger wert sein, sind alles Ego-Illusionen. Demut bedeutet, daß wir gewillt sind, uns selbst einmal zur Seite zu stellen und ohne eigenes Eingreifen abzuwarten, was geschieht.

Um Wissen nicht mit Weisheit zu verwechseln, benötigen wir Demut, aber auch Klarblick. Dieser Klarblick wird immer wieder von unseren Emotionen getrübt. Obwohl wir Liebe, Mitgefühl, Mitfreude und Gleichmut unbedingt entfalten müssen, muß es auch Momente geben, die wir ohne Emotionen sehen und erleben können. Die Ich-Illusion bringt immer wieder

Emotionen mit sich. Es ist das „Ich", das so gern alles wissen, können und mitteilen will. Um Klarblick zu erlangen, müssen wir immer wieder an unseren eigenen Gedanken und Meinungen zweifeln. In der Meditation gibt es ja keinen wertvollen Gedanken. Wieso sollten also Gedanken plötzlich Gewicht haben, wenn wir nicht meditieren? Wenn wir also unseren eigenen Ansichten und Meinungen mit etwas mehr Humor, Ironie und Überlegung begegnen, vielleicht mit der Haltung: „Es könnte, aber es muß nicht stimmen", werden wir nicht Gefahr laufen, unser Wissen als Weisheit auszugeben. Wir müssen uns lediglich daran erinnern, daß Gedanken nur Gedanken sind. Wer es noch nie probiert hat, wird erstaunt sein, wie gut man ohne Gedanken auskommen kann, wenn sie nicht gerade für einen bestimmten Zweck gebraucht werden. Wenn der Geist geschult ist, kann er Gedanken hervorbringen, wenn sie nötig sind, und sie ablegen, wenn Ruhe herrschen soll. Es ist uns aber von Kindheit an eingeprägt worden, daß wir viel lernen, wissen und erreichen müssen. Haben wir etwas gelernt, dann brauchen wir dafür eine schriftliche Bescheinigung, ansonsten ist das Gelernte wertlos. Auf dem spirituellen Pfad gibt es keinerlei Bescheinigungen, auch keine Medaillen oder Heiligenscheine. Es gibt nichts weiter als inneren Frieden, und den kann uns sowieso keiner bescheinigen, außer wir selbst.

Die nächsten Schwierigkeiten, denen wir ausgesetzt sein können, liegen in den ersten drei Stufen der Vertiefung. Das bedeutet nicht, daß wir sie nicht lernen und praktizieren sollten – der Buddha hat sie ja selbst geübt und gelehrt. Aber wenn wir Verzückung, Freude und Zufriedenheit erlebt haben und dann meinen, wir hätten den spirituellen Pfad wirklich erkannt und seien jemand, der sich von allen anderen weit abhebt, sind wir blockiert. Die ersten drei Stufen der Vertiefung sind nur der Anfang (insgesamt gibt es acht Stufen), aber vor allem sind sie nur ein Mittel zum Zweck. Da sie uns aber auf eine ganz neue und unbekannte Bewußtseinsebene bringen, kommen wir leicht in Gefahr, uns einzureden, wir hätten etwas Besonderes erreicht und brauchten keinen Lehrer mehr. Wir können uns auch einbilden, daß diese Erlebnisse die Erleuchtung bedeuten, und dabei vollkommen vergessen, daß die Erleuchtung sich in jedem Gedanken, jedem Wort und jeder Tat manifestiert und nicht in den Stufen der Vertiefung. Es gehört zum spirituellen Wachstum, daß wir uns daraufhin prüfen, wie viele von den Hindernissen – den unheilsamen Charaktereigenschaften – wir noch mit uns herumtragen.

Nun haben wir uns vielleicht jahrelang bemüht, auf einem Kissen zu sitzen, haben Kurs nach Kurs absolviert und Schmerzen in den Knien bekommen, um endlich diese Vertiefungen zu erreichen, und dann soll das immer noch nicht die Erleuchtung sein, wo wir uns doch so angestrengt haben. Die Vertiefungen haben mit Erleuchtung nichts zu tun; es sind Stationen auf dem Weg, an denen aber nicht haltgemacht werden darf. Menschen im Westen haben im allgemeinen einen recht analytischen Geist, der schnell erkennt, daß es bei spirituellem Wachstum nicht nur um Ruhe geht. Daher geben sie sich meistens auch nicht mit den ersten drei Vertiefungsstufen zufrieden.

Im Indien des Buddha glaubte man, daß die achte Vertiefung das Ende des spirituellen Pfades sei. Auch heute ist diese Ansicht weit verbreitet. Das wurde auch dem Buddha beigebracht, bevor er erleuchtet war. Aber schon als *Bodhisatta* verstand er, daß dies nicht alles sein konnte, denn jedesmal, wenn er aus der letzten Vertiefung kam, hatte er wieder *Dukkha* und war mit Verfall, Krankheit und Tod konfrontiert. Daher lehrte der Buddha Einsicht in die Daseinsmerkmale der Vergänglichkeit, Leidhaftigkeit und Substanzlosigkeit. Zwar benutzte er die acht Vertiefungen zu seiner Erleuchtung, aber als er aus ihnen heraustrat, proklamierte er die vier edlen Wahrheiten als „das Ende allen *Dukkhas*". Nach den Worten des Buddha gehören die acht Vertiefungsstufen zum Pfad, was aber nicht heißt, daß nichts weiter zu tun wäre. Die Vertiefungen sind nötig, um den Geist geschmeidig und unbegrenzt zu machen; sie sind aber nicht das Ziel des Weges. Das Ziel heißt Einsicht und Aufgeben der Ich-Illusion.

Wenn wir uns selbst beobachten, können wir feststellen, ob wir etwas erreicht haben. Ärgern wir uns nicht mehr über Menschen und Erlebnisse, über die wir uns früher oft aufgeregt haben? Haben wir aufgehört, Dinge zu begehren, die uns früher reizvoll erschienen? Fallen wir nicht mehr so leicht aus der Rolle und lassen wir uns nicht mehr so schnell irritieren? Sind unser innerer Frieden und unser Gleichmut stärker fundiert? Betrachten wir die Schwierigkeiten im Leben nicht mehr als Probleme, sondern als Aufforderung, mit friedlicher und liebevoller Gesinnung etwas zu lernen? Wenn das der Fall ist, wissen wir, daß die Meditation uns etwas gebracht hat. Natürlich sind die Vertiefungen von außerordentlicher Bedeutung, denn sie verhelfen uns automatisch zur Läuterung. Für sich allein jedoch genügen sie nicht, es muß außerdem noch an der Einsicht gearbeitet werden.

Die nächste Schwierigkeit ist starkes Vertrauen. Vertrauen in die Lehre ist hilfreich und wohltuend, aber wenn sie dazu führt, daß man sich als Missionar fühlt und andere überzeugen will, hat man einen neuen Anhaftungspunkt gefunden. Im allgemeinen funktioniert diese Missionsarbeit sowieso nicht, denn die meisten Menschen erkennen ganz klar, ob jemand nur überzeugen will oder aus eigener Erfahrung spricht. Der Buddha hat Fragenden immer Antwort gegeben, aber niemals hat er seine Lehre kundgetan, wenn er nicht darum gebeten wurde. Wir kennen das Sprichwort: „Neue Besen kehren gut." Haben wir Vertrauen gefaßt, so hoffen wir, daß andere auch Vertrauen fassen werden, schon darum, weil das unser eigenes Urteil bestätigt und wir uns sicherer fühlen, wenn viele Menschen das gleiche glauben wie wir. In Wirklichkeit sind die meisten Menschen nicht in der Lage, klar zwischen schlecht und recht zu unterscheiden, und lassen sich statt dessen von ihren Emotionen leiten.

Wenn wir andere überzeugen wollen, sind wir eigentlich dabei, uns selbst zu überzeugen. Sollten wir davon abhängig sein, ob andere unsere Darlegungen glauben, sich daran erfreuen und auch praktizieren wollen, sind wir dem alten Resultatdenken verfallen. Indem wir unser Vertrauen weitergeben, wollen wir etwas erreichen, und das bringt wieder *Dukkha*, denn wir erwarten und erhoffen Resultate von unseren Handlungen. Nichts kann uns unruhiger und unglücklicher machen als dies. Daher sollten wir erst gar nicht versuchen, etwas zu erreichen, sondern einfach immer unser Bestes tun und die Resultate vergessen. Sie kommen auch ohne unser Zutun. Dann bleiben Herz und Geist ruhig und besonnen, und das Leben läuft harmonischer ab. Vertrauen als solches ist ein Helfer und Freund, aber es zur Belehrung anderer zu verwenden, ist ein Hindernis, nicht nur, weil es eine Ego-Bestätigung ist, sondern auch, weil wir Zeit und Energie verschwenden, die wir besser nutzen könnten.

Starke Energie, die durch die Meditation hervorgerufen wird und uns trägt und unterstützt, kann ein Hindernis werden, wenn wir glauben, daß sie eine bedeutsame Läuterung ist. Wenn wir sie jedoch zum weiteren spirituellen Wachstum verwenden, kann sie uns vielfach helfen. Geistesenergie ist sowohl einer der sieben Erleuchtungsfaktoren als auch eine der fünf spirituellen Fähigkeiten, woran zu erkennen ist, wie wichtig sie auf dem Weg in die Freiheit ist.

Der nächste Anhaftungspunkt ist die Unbeirrbarkeit. Haben wir Vertrauen gefaßt, Ruhe in der Meditation erreicht und meditieren wir vielleicht täglich, dann kann es passieren, daß wir uns für bessere Menschen halten. Es stimmt wahrscheinlich, daß wir klarer und reiner sind, als wir früher waren, aber sich für besser zu halten als andere, ist Hochmut, der mit Dünkel eng verwandt ist. Unbeirrbarkeit im täglichen Praktizieren ist eine erstklassige Qualität, die jeder eines Tages entfalten sollte. Feuerstäbchen müssen ohne Unterlaß aneinander gerieben werden, wenn Feuer entstehen soll. Wenn man immer wieder aufhört, zünden sie nicht. Wir können auch nicht eine Mahlzeit zu uns nehmen, dann eine Woche aussetzen und irgendwann wieder einmal essen. Genau wie wir uns ständig um unseren Körper kümmern müssen, müssen wir uns auch um den Geist kümmern. Wenn das aber dazu führt, daß wir uns selbst für besser halten, haben wir unsere Fähigkeiten dazu mißbraucht, unsere Ich-Illusion zu verstärken statt sie zu verringern. Der Pfad der Meditation soll uns eines Tages dazu führen, das Gaukelspiel zu erkennen, in das wir eingesponnen sind. Die Welt ist einfach nicht so, wie sie uns erscheint, wir selbst auch nicht. Wenn alles wirklich so wäre, wie wir glauben, dann gäbe es keine Hoffnung auf inneren Frieden, auf vollkommenes Glück. Wo sollten diese denn herkommen? Vielleicht von anderen Menschen? Die haben sie ja selbst nicht gefunden. Der Buddha hat aber versprochen, daß es möglich ist jegliches Leid zu überwinden, wenn wir den Pfad der Läuterung beschreiten.

Die Meditation läßt sich über die meditativen Vertiefungen leichter unbeirrbar praktizieren, weil diese unser Interesse wachhalten, so daß wir uns wirklich nicht mehr abbringen lassen, auch wenn Kinder im Haus sind oder wir morgens zur Arbeit gehen müssen. Der Tag hat vierundzwanzig Stunden, von denen wir vielleicht sieben schlafen und eventuell acht arbeiten, so daß mindestens neun Stunden übrigbleiben, in denen Zeit zum Meditieren ist. Wenn wir spüren, daß wir uns durch die Meditation viel besser fühlen, werden wir unbeirrbar in unserer Praxis. Alle hier erwähnten Punkte sind Fortschritte auf unserem Weg, sie dürfen uns aber nicht zu Hochmut und Überheblichkeit verleiten oder zum

Anhaften verführen. Durch Vertrauen und Unbeirrbarkeit kommt feste Überzeugung. Vertrauen ist eine Sache des Herzens, und Überzeugung soll unseren Geist festigen. Sie kann aber auch dazu führen, daß wir Menschen, die unsere Überzeugung nicht teilen, für dumm oder beschränkt halten. Vielleicht denken wir auch, daß es ihnen lediglich an ausreichender Information fehlt. Also schleppen wir Bücher herbei und bemühen uns, unsere Überzeugung zu unterstützen, indem wir nach außen agieren. Wir vergessen dabei karmische Niederschläge und Resultate, denen wir alle untertan sind, und auch, daß es viele Wege gibt, die auf den Gipfel der Spiritualität führen. Wenn wir gefragt werden, müssen wir Antwort geben, aber wenn wir sehen, daß jemand auf einem anderen Weg Schwierigkeiten hat, müssen wir davon Abstand nehmen, ihm unseren Weg zeigen zu wollen.

Überzeugung und Unbeirrbarkeit sind an sich sehr gute, kraftbringende Qualitäten. Die Überzeugungskraft des Buddha kam aus seiner inneren Reinheit, die eine solche Kraft ausstrahlte, daß sie anderen Menschen mitteilbar wurde. Aber er versuchte nie jemanden zu überzeugen, der nichts mit ihm zu tun haben wollte. Wissen gepaart mit Vertrauen bringt Überzeugung, die uns Sicherheit verleiht. Wenn wir die Vertiefungen gut praktizieren, wenn wir also in der Lage sind, jederzeit in sie einzutreten, sie zu erkennen und zu wiederholen, entwickelt sich ein gewisser Gleichmut, der sich auch im täglichen Leben niederschlägt. Wir wissen, daß wir in der Meditation jederzeit wieder zur Ruhe kommen können. Wir haben auch erkannt, daß alles, was um uns herum geschieht, vergänglich und längst nicht so wichtig ist, wie wir glaubten. Es hat keine absolute Bedeutung mehr. Die Bedeutsamkeit der weltlichen Ebene verschiebt sich, weil uns die Vertiefungen viel wichtiger sind. Dadurch entwickelt sich Gleichmut. Wenn uns jemand angreift, erschreckt uns das nicht mehr so wie früher. Vielleicht glauben wir dann, daß uns nichts mehr etwas anhaben kann und wir daher schon eine Stufe der Erleuchtung erreicht haben. Wenn ein solcher Fehlschluß im Geist auftaucht, müssen wir uns selbst genauer betrachten und prüfen, ob wir wirklich nicht mehr irritiert werden, ob wir wirklich alle Menschen gleichmäßig lieben, und ob wir das Angenehme dem Unangenehmen wirklich nicht mehr vorziehen. Wenige Menschen haben Gleichmut, obwohl es verhältnismäßig viele gibt, die Gleichgültigkeit praktizieren. Wenn wir durch Ruhe und Einsicht etwas Gleichmut entwickelt haben, so ist das ein großer Schatz, wir dürfen uns nur nicht einreden, das sei die Erleuchtung. Es bedeutet, daß wir in der Meditation an einen Punkt gelangt sind, wo sich der Geist glättet und wie ein Spiegel wird. Dieser beruhigte Geist kann sich in Vergänglichkeit, *Dukkha* und Substanzlosigkeit vertiefen, um sich eines Tages selbst aufzugeben und das Leid der Ich-Illusion loszulassen.

Der zehnte Punkt ist das Anhaften, vor allem an den eigenen Ansichten, die alle mit den Worten des Buddha übreinstimmen sollen. Es ist nicht leicht, die eigenen Ansichten einmal beiseite zu lassen und statt dessen die eigenen tiefsten Erfahrungen mitzuteilen. Nur so kann eine spirituelle Lehre überhaupt zum Leben erwachen. Ansichten können erst mit der Lehre des Buddha übereinstimmen, wenn sie aus dem Nicht-Ich-Erleben kommen, dann sind sie nämlich keine Ansichten mehr. Ein Erleuchteter hat keine Ansichten, sondern nur noch persönliche Erlebnisse, die sich beschreiben lassen. Indem wir an unseren Ansichten anhaften, unterstützen wir unser Ego, und je mehr wir das tun, desto wichtiger fühlen wir uns. Wenn wir diese Unterstützung nicht bekommen, schwanken wir zwischen Wichtigtuerei und Unsicherheit hin und her und finden keinen inneren Frieden. Wenn wir uns Ansichten über die Lehre des Buddha bilden, statt zu versuchen, dieser Lehre zu folgen, blockieren wir uns selbst. Anhaftung heißt die

Schwierigkeit, die all den Problemen zugrunde liegt, die wir hier erwähnt haben, und sie ist es auch, die dafür sorgt, daß wir unser „Ich" nicht aufgeben wollen.

Fragen und Antworten

F: Wie unterscheidet sich unser gewöhnliches Denken von der Kontemplation?
A: Das diskursive Denken, das beispielsweise in der Meditation hochkommt, ist meist sinnlos und unbrauchbar. Wenn man sich ein Thema wie den Verfall vornimmt und sich darauf konzentrieren will, kann auch diskursives Denken hochkommen. Es kann zum Beispiel sein, daß wir vom eigenen Verfall auf den Verfall des Teppichs im Wohnzimmer umschalten und uns überlegen, wo wir am besten einen neuen kaufen könnten und welche Farbe wir am liebsten hätten. Wenn wir aber über den Verfall in uns selbst kontemplieren und prüfen, wie wir darauf reagieren, so kann dies Einsicht bringen. Es kann uns die Dringlichkeit der spirituellen Praxis vor Augen führen. Die Kontemplation unterscheidet sich vom alltäglichen Denken insofern, als wir uns sonst nur dann konzentrieren, wenn wir uns etwas davon versprechen, nämlich Vergnügen oder Überleben. Wenn Einsicht hochkommt, so ist das nicht wie ein gewöhnlicher Gedanke, sondern der Geist sagt etwas wie: „Aha! Wieso habe ich das nicht immer schon gewußt? Es ist doch so klar." Dieses Aha-Erlebnis bedeutet eine Öffnung zu einem neuen Verständnis.
F: Was ist der geistige Faktor, auf den ich mich am meisten verlassen kann, um nicht in die Fehler zu verfallen, die mich vom Pfad abbringen können?
A: Die Achtsamkeit als ständiger, objektiver Beobachter ist der Hauptfaktor, der auch tiefe Einsicht hervorbringen kann.
F: Wenn ich bei der Kontemplation oder Meditation das Gefühl habe, nicht weiterzukommen, nützen mir dann noble Freunde und noble Bücher, oder muß ich immer weiter nur mich selbst befragen?

A: Noble Freunde können immer helfen und gute Bücher eventuell auch. Man muß sich aber dennoch selbst befragen und sich auch einen Lehrer suchen.
F: Wenn die Achtsamkeit ein so wichtiger Faktor auf dem spirituellen Weg ist, welcher Teil von mir ist sie?
A: Eine von unseren Geistesformationen, die wir immer wieder bewußt hochbringen sollten, denn sie ist unser bester Freund.

Kapitel 10

Die Läuterung durch Erkennen des Pfades

Wenn wir der Korruption der Einsicht erfolgreich ausgewichen sind, wird der Weg einfacher. Die zehn Fähigkeiten, die durch Anhaften zu Blockaden werden, sind andererseits spirituelle Kräfte, die uns unterstützen. Da wir jetzt erkannt haben, daß unsere Ich-Illusion uns immer wieder vom Pfad abbringt, werden wir uns stets neu um Einsicht in absolute Wahrheiten bemühen.

Irgendwann wird es uns möglich sein, den ständigen Zerfall in uns und um uns herum zu erleben, mit jedem Atemzug, jedem Gedanken, jedem Gefühl, in unserem Körper und in allen Dingen, in der Natur und in allen Lebewesen um uns herum. Intellektuelles Verstehen genügt nicht, das sind und bleiben Geistesprojektionen, die wir hervorbringen, um uns – anstatt uns mit dem Alltäglichen zu beschäftigen – Ausgefallenerem (zum Beispiel dem Zerfall) zuzuwenden und uns dabei für etwas Besonderes zu halten. Es ist das Erleben des Zerfalls, der Auflösung, das uns neue Klarheit bringt.

Die meditativen Vertiefungen ermöglichen uns, dies ohne Angst zu beobachten. Sie beschützen uns, denn wir erleben durch sie etwas unvergleichlich Besseres, als die Welt sonst bietet. Daher stellt der allgemeine Zerfall keine Bedrohung unseres Glücks dar. Wenn sich aber vor unserem inneren Auge alles auflöst und wir keine innere Burg haben, kann es sein, daß wir uns in diesem Moment von der Praxis abwenden, weil die Angst überhandnimmt. Das Ego fühlt sich zu stark bedroht, um weiterzumachen. Es befürchtet, ganz verlorenzugehen.

Diese Angst kann in Panik ausarten und jegliche weitere spirituelle Praxis blockieren, so daß man sich statt mit Meditation mit vielen anderen Möglichkeiten beschäftigt, die ein Ersatz dafür sein sollen. Dann sollten wir mit einem Lehrer sprechen, der uns beruhigen kann, indem er uns erklärt: „Das ist ein ganz selbstverständliches Ereignis. Du hast schon gelernt, die Gedanken fallenzulassen, dann kannst du auch die Angst fallenlassen." Wenn wir jemanden haben, den wir befragen können, kommen wir verhältnismäßig leicht an dieser Gefahr vorbei. Wenn kein Lehrer in der Nähe ist und man auch mit keinem anderen Praktizierenden darüber sprechen kann, wird man wahrscheinlich in dem Entschluß bestärkt, mit der Praxis aufzuhören.

Indem wir die Angst erdulden, erkennen und akzeptieren, werden uns auch die Gefahren des weltlichen Lebens bewußt. Nicht nur die Tatsache, daß unser Körper gefährdet und verletzlich ist, sondern auch unsere täglichen Schwierigkeiten treten viel klarer zutage. Ständig besteht die Möglichkeit, daß wir schlechtes *Karma* machen und dadurch unsere Lebenssituation verschlechtern. Unser Anhaften an Menschen, Dingen und Situationen bringt uns permanent in die Gefahr, unglücklich zu werden, weil wir das nicht behalten können, was uns wertvoll erscheint, oder nicht das bekommen, was wir erstreben. Ferner erkennen wir auch den Druck, der auf uns lastet und den wir nie fallenlassen können: die ständige Notwendigkeit, den Körper in Ordnung zu halten, ihm tagtäglich Nahrung, Kleidung, Ruhepausen und Bewegung zu verschaffen, ihn vor Schmerzen und Unbehagen zu schützen und genügend Geld zu verdienen, um das alles bereitstellen zu können. Unser Geist ist diesem Druck ausgesetzt, denn er ist es ja, der sich um den Körper kümmern muß und irritiert ist, wenn Schwierigkeiten eintreten. Er möchte viel lieber friedlich und glücklich sein, aber auf dieser Ebene kann ihm das nie gelingen. Daher hat er ständig das Gefühl, sich von allem befreien zu wollen.

Wenn wir das ganz klar sehen, bleibt uns nur noch ein Ausweg, nämlich der Wunsch, die vollkommene

Erlösung so bald wie möglich zu erleben. Dann ist es keine Frage, ob man aufhört zu meditieren und zu praktizieren. Mitten in den größten Schwierigkeiten finden wir Zeit zur Meditation und hören nicht auf, die Lehren zu suchen, die uns zur Einsicht verhelfen. Wir erkennen die Dringlichkeit der inneren Läuterung und wissen, daß sie in unserem Leben an erster Stelle steht. Die innere Läuterung muß mit unserer Meditationspraxis Schritt halten, sonst sitzen wir umsonst auf unserem Kissen. Dann fehlt uns nämlich die innere Balance, und wir betrachten unsere Meditation wahrscheinlich völlig unrealistisch.

Wenn wir die Dringlichkeit der Praxis erkannt haben, beginnt der Geist, sich auf die drei Daseinsmerkmale auszurichten. Wir sind dann ständig gewillt, die Vergänglichkeit, die Leidhaftigkeit oder die Substanzlosigkeit aller Phänomene zu betrachten, und der Zerfall stellt keine Bedrohung mehr dar, sondern ist das Sprungbrett zur Erlösung. Weil wir die ständigen Gefahren der Existenz gesehen haben, wendet unser Geist sich nun automatisch den Dingen zu, die ihn befreien können. Wir wissen auch schon, daß wir heute praktizieren müssen und nicht später. Es gibt nichts, worauf zu warten ist. Alle Entschuldigungen werden abgelegt. Der Geist ist klar genug, und die Emotionen sind geläutert genug, um das zu erkennen. So verbinden wir den Wunsch nach Erlösung mit der Dringlichkeit der Praxis und untersuchen die drei Charaktereigenschaften des Universums in allem, was geschieht. Vergänglichkeit ist klar und deutlich erkennbar. Leidhaftigkeit als ein universelles Phänomen ist erleichternd, weil sie nicht nur uns selbst betrifft, und Substanzlosigkeit ist erlösend. Wenn kein „Ich" mehr vorhanden ist, kann auf niemanden mehr Druck ausgeübt werden.

Jetzt können wir unsere Befreiungsarbeit dadurch unterstützen, daß wir die vier Machtfährten (Pali: *Iddhipada* – der Weg, der zu den vier Mächten [Eigenschaften] führt) kennenlernen und zu Hilfe nehmen. Sie geben uns die innere Kraft, um diesen Weg wirklich zu Ende zu gehen, und heißen: *Sammlung der Absicht, Sammlung der Willenskraft (Entschluß), Sammlung des Bewußtseins* und *Sammlung des Erwägens*.

Sammlung der Absicht bedeutet, daß wir unseren Weg einspitzig und voll konzentriert verfolgen, indem wir uns nicht mehr auf verschiedene Möglichkeiten oder andere interessante Angebote einlassen, sondern uns mit völliger Hingabe in eine Richtung begeben. Was gesammelt ist, hat Kraft. Was sich verbreitert, wird mehr und mehr weitschweifig, so daß sich seine Kraft verflüchtigt. Die gesammelte Kraft des Geistes ist unsere Willenskraft, die jetzt zur Blüte kommen kann. Wir wissen genau, was gut für uns ist, denn unsere Zweifel sind bereits abgelegt, und wir sind zielsicher. Wir wollen von der menschlichen Ebene, die auch die menschliche Problematik enthält, erlöst werden. Da wir auch bereits wissen, daß Erlösung nicht auf der weltlichen, sondern nur auf der transzendentalen Ebene zu finden ist, suchen wir keine neue Erfüllung durch unsere Sinneseindrücke mehr.

Sammlung der Willenskraft bedeutet, daß wir die Dringlichkeit der spirituellen Praxis ständig vor Augen haben. Alle Entschuldigungen, die wir selbst oder andere vorbringen, sind nicht mehr stichhaltig. Wir wissen jetzt genau, daß es nur eine einzige Richtung im Leben gibt, und dieser Richtung bleiben wir treu.

Sammlung des Bewußtseins bedeutet die vollkommene Konzentration der meditativen Vertiefungen, in denen unser Geist klar, ruhig und einspitzig wird. Erwägen ist eine andere Bezeichnung für Kontemplation. Sammlung des Erwägens weist darauf hin, daß wir die drei Daseinsmerkmale (Vergänglichkeit, *Dukkha*, Substanzlosigkeit) in allen Situationen beobachten und erkennen können. Bewußtseinssammlung bringt uns auf die höheren meditativen Ebenen, die durch Willenskraft und innere Läuterung zugänglich werden.

Die Bewußtseinsebene, auf der wir uns gewöhnlich bewegen, kennen wir alle. Sie ist ständig von Dualität geprägt, nie einheitlich, sondern immer separierend. Hier empfinden wir uns stets als Individuen, die sich anderen Individuen gegenübergestellt sehen. Diese Ebene ist nie zufriedenstellend und erfüllend, und daher sucht jeder Mensch ständig nach neuen Erlebnissen. Manchmal geschieht dies auf den seltsamsten Umwegen, die uns das Leben eventuell noch mehr erschweren. Manchmal aber führt uns unsere Suche in die richtige Richtung. Der Geist versteht von Natur aus, daß die menschliche, alltägliche Marktplatzebene, auf der wir uns befinden, nicht alles sein kann.

Wenn wir dann zur Meditation finden und durch Üben die drei Faktoren der Entzückung, Freude und Einspitzigkeit zum ersten Mal erleben, haben wir den Beweis, daß es noch etwas anderes gibt als unsere Sinneskontakte und unser Denken. Die weiteren Schritte der Vertiefung sind nicht allzu schwer, wenn der erste Schritt einmal gemacht ist. Unser Inneres ist sozusagen ein Gebäude mit acht Gemächern. Der Zugang zu dem ersten ermöglicht uns, bald alle Zimmer kennenzulernen. Wille, Entschlußkraft und das Erkennen dessen, was wichtig ist, gehören dazu.

Für die zweite Vertiefung sind die beiden ersten Faktoren, anfängliche und anhaltende Sammlung, nicht mehr nötig und fallen von selbst fort. Das entzückende Körpergefühl, Freude und Einspitzigkeit bleiben bestehen. Da wir erkennen, daß selbst das entzückendste Körpergefühl noch ein grober Zustand ist, wenden wir uns dem emotionellen Erleben der Freude zu, das bereits viel subtiler und feiner ist. Sowohl das Körpergefühl als auch die Freude haben etwas Erregendes an sich und sind noch nicht der Ruhe gewidmet. Um die dritte Vertiefung zu erleben, lassen wir das angenehme Körpergefühl und die Freude vollkommen fallen und erleben jetzt tiefe Zufriedenheit.

Jeder Schritt ist Ursache und Wirkung zugleich. Die Konzentration hat das entzückende Körpergefühl hervorgebracht; und dieses Gefühl hat wiederum die Freude ausgelöst, die zur Zufriedenheit führt. Wenn wir inneres Glück erleben, haben wir das, was wir immer gesucht haben, und Zufriedenheit stellt sich ein. Zufriedenheit bringt, wie das Wort schon andeutet, Frieden, den wir in der dritten Vertiefung erleben. Auch das lassen wir dann fallen, um tiefste Ruhe in der vierten Vertiefung zu verspüren. Die vierte Vertiefung ist von der Sammlung des Willens und den vorangegangenen Läuterungen abhängig. Mit den richtigen Anweisungen und genügend liebender Hingabe kann jeder Mensch die Vertiefungen praktizieren. In den ersten drei Vertiefungen existiert ein interessierter Beobachter. Damit haben wir dem Ego wenigstens einen kleinen Platz eingeräumt, auf dem es sich als Zuschauer und manchmal als Richter betätigen kann. In der vierten Vertiefung ist das Ego zwar immer noch existent, doch aufgrund der Tiefe der Konzentration ist der Beobachter zeitweilig kaum bemerkbar. Nur das Beobachtete, nämlich Ruhe und Stille, scheint zu existieren. Auch mit der Zufriedenheit kommt schon das Gefühl, als ob der Geist nach unten sinkt, und dieses Gefühl ist in der vierten Vertiefung noch stärker ausgeprägt. Diese Wahrnehmung beruht natürlich nicht auf Tatsachen, sondern auf Gefühlen. Die zweite Vertiefung bringt Selbstsicherheit, die die folgenden Schritte erleichtert. Das erkannte Erleben der Konzentration und ihrer Resultate bildet ein solides Fundament, auf dem wir furchtlos weiter üben können.

Die Sammlung der Willenskraft muß sorgfältig ausbalanciert werden. Es ist nicht zweckmäßig, die Anstrengung so weit zu treiben, daß Verspannungen auftreten und nur noch Anstrengung zu spüren ist. Es gibt Tage, an denen wir die Fähigkeit haben, uns mehr anzustrengen, an denen der Geist sich leicht sammelt und gesammelt bleiben kann. An anderen Tagen will der Geist nur Geschichten erzählen. Wenn wir immer auf uns selbst aufpassen, können wir die Anstrengung unseren Fähigkeiten anpassen.

Die vierte Vertiefung bringt den Geist wirklich zur Ruhe, was ihm neue Energie zuführt, so daß Geisteskraft entstehen kann, die das Fundament für die folgenden vier formlosen Vertiefungen bildet. Die ersten vier heißen die „feinkörperlichen" Vertiefungen, weil sie über die Sinne in ähnlicher Weise erfahrbar sind, wenn auch immer abhängig von äußeren Eindrücken, die nicht berechenbar sind. Wir kennen angenehme Körpergefühle, Freude, Zufriedenheit und haben auch vielleicht schon eine innere Stille empfunden, wenn auch nur kurzfristig. All diese Erlebnisse stehen qualitativ und quantitativ in keinem Vergleich zu den Erfahrungen während der Meditation, die nur von unserer eigenen Konzentration abhängig sind.

Die formlosen Vertiefungen beginnen mit der „Unendlichkeit des Raumes". Vom Körper ausgehend und die Begrenzungen des Körpers durchbrechend, erstreckt sie sich gefühlsmäßig in die Unendlichkeit. Das Meditationsobjekt ist hierbei die Unendlichkeit manifestierter Existenz, die keinerlei Einzelteile enthält. Ein Geist, der solche Erlebnisse in der Meditation hat, kann auch im Alltag nicht derselbe bleiben. Obwohl er immer noch mit Hindernissen kämpfen muß, hat er seine Perspektive erweitert. Das Verständnis steigt auf, daß die Separierung des eigenen Körpers von allen anderen eine Illusion ist, denn in der Meditation gibt es nur Einheit.

Die meditative Erfahrung der Raum-Unendlichkeit muß aber als solche erkannt werden, sonst hat man wenig Nutzen davon. Das ist vergleichbar mit einem Kind, das die Hand auf einen heißen Ofen legt, vor Schmerz aufschreit, aber nicht weiß, daß der heiße Ofen den Schmerz verursacht hat. Das Kind ist also jederzeit wieder bereit, denselben Fehler zu begehen, bis es eines

Tages die Ursache des Schmerzes erkennt. Dasselbe gilt für unsere meditativen Erlebnisse. Indem wir die Unendlichkeit des Raumes erfahren, können wir uns eins fühlen mit allem, was sich im Universum manifestiert. Das macht es uns bedeutend einfacher, anderen Menschen Liebe und Mitgefühl zu geben, denn es sind ja gar keine „anderen". Alle anderen sind „ich" selbst. Auch Mitfreude wird dann selbstverständlich, denn was anderen Gutes widerfährt, das geschieht ja auch mir. Genauso geht es uns dann auch mit der Natur um uns herum. Keinem, der die Unendlichkeit des Raumes erlebt hat, würde es in den Sinn kommen, der Natur auf irgendeine Weise zu schaden; denn alles, was ich jedem Tier, jeder Pflanze, ja jedem Stein antue, tue ich ja mir selbst an. Die meditativen Vertiefungen sind jedem zugänglich, der den spirituellen Pfad ernst nimmt und bereits gemerkt hat, daß das Ego sein schlimmster Feind ist. Sobald wir das erkannt haben, bemühen wir uns fraglos darum, einige Waffen des Egos zu entschärfen. Je mehr wir diesen Feind schalten und walten lassen, desto mehr treffsichere Waffen findet er.

Die Unendlichkeit des Raumes kann nur von der Unendlichkeit des Bewußtseins erfahren werden; beide steigen also gleichzeitig auf, aber wir erleben und erkennen die Unendlichkeit des Raumes zuerst, weil sie deutlicher ist. Nun können wir uns von dem Erleben des unendlichen Raumes ab- und der Unendlichkeit des Bewußtseins zuwenden. Dieses Erlebnis zeigt uns, daß nicht nur alle Körper eins sind, sondern daß auch jegliches individuelle Geistesbewußtsein im Ganzen enthalten ist. Keiner von uns hat einen eigenen oder besonderen Geist. Zwei Dinge werden uns nun klar. Die Vorstellung, daß jeder Mensch eine separate Individualität hat, kann nicht richtig sein, denn in dieser meditativen Erfahrung gibt es keinen individuellen Geist, der etwas erkennt. Es gibt nichts anderes als Bewußtsein. Da ganz deutlich ist, daß es nur *ein* Bewußtsein gibt, hat jeder Mensch die Pflicht, sein Bewußtsein so zu läutern, daß die gesamte Bewußtseinsebene etwas mehr Reinheit enthält.

Diese Vertiefungen bringen uns also nicht nur Ruhe, sondern auch tiefgehende Einsichten. Vergangenheit, Gegenwart und Zukunft verschmelzen miteinander, weil sie ja nur in unserem Bewußtsein existieren, das sie jetzt im Moment wahrnimmt. Auch der Drang zum tugendhaften Benehmen wird sehr stark, weil jeder unerleuchtete Mensch ständig in Gefahr ist, ins Unheilsame abzurutschen. Auf diesen Stufen der Meditation ist es kaum mehr möglich, das Ego zu vergrößern. Wenn wir aus der Meditation herauskommen, ist unsere Ichbezogenheit sofort wieder zu spüren, aber wir können ihr jetzt besser Einhalt gebieten, weil wir uns an die Unendlichkeit von Körper und Geist erinnern und daß dort keine Ich-Person zu finden war. Das wiederholte Erinnern hilft uns, dieses Erleben in uns zu verankern und zur Realität zu machen.

Die siebente Vertiefung wird „Nichtsheit" oder „Leerheit" genannt. Diese Bezeichnung führt oft zu falschen Vorstellungen, nämlich, daß es hier „nichts" zu erleben gäbe. Das ist offensichtlich unmöglich. Vielmehr erleben wir auf dieser Meditationsstufe die Schwingungen, aus denen das Weltall besteht, wir selbst eingeschlossen, denn auch wir bestehen nur aus Schwingungen. Vielleicht finden wir das weder amüsant noch besonders wichtig, aber auf der Ebene der absoluten Wahrheit ist es nun einmal so. Das Erleben von reinen Schwingungen, die im unendlichen Raum und im unendlichen Bewußtsein keinerlei Form annehmen, hilft uns zu erkennen, daß nichts existiert, das wahre Bedeutung hat, und daß es nichts gibt, an dem wir uns festhalten können, das uns Sicherheit verleiht und von dem wir sagen könnten: „Jetzt habe ich meinen Stern gefunden, und den behalte ich nun." Auch Sterne sind nur Schwingungen. Dieses Erkennen ist nicht angsterregend, weil es mit vollkommener Ruhe gepaart ist, die durch die meditativen Vertiefungen entstanden ist. Wir haben auch schon universelles Sein erlebt und vom individuellen Sein etwas Abstand genommen.

Die eigene Erfahrung, daß das ganze Universum aus Schwingungen besteht, macht absolutes Loslassen möglich. Unser Festhalten an Dingen von scheinbarer Bedeutung ist eine Ego-Bestätigung. Auch wenn wir uns mit dem Schönsten, Idealsten, Höchsten identifizieren, bleibt es immer noch eine Ichidentifikation, wenn auch auf transzendentaler Ebene. Solange wir uns noch mit irgend etwas identifizieren, wollen wir bestätigt sein. Die meditativen Erlebnisse der formlosen Vertiefungen machen es uns unmöglich, dies zu tun. Einem Meditierenden ist klar, daß er hier die absolute Wahrheit erlebt, nicht weil unsere Wissenschaftler das bestätigen, sondern weil der Geist genügend geläutert ist, um die reine Wahrheit zu erkennen.

Es gibt noch eine achte meditative Vertiefung, die mit der vierten vergleichbar ist, weil sie vollkommene Ruhe in sich birgt. Sie heißt „Weder-Wahrnehmung-noch-Nicht-Wahrnehmung". Durch diese Vertiefung gewinnen wir keine Einsicht wie durch die letzten drei, sondern Energie. „Weder-Wahrnehmung-noch-Nicht-Wahrnehmung" bedeutet, daß der Beobachter fast ganz verschwindet und nur Ruhe bleibt, die sich aber auch bereits in Auflösung befindet.

Nicht nur die meditativen Vertiefungen sind jedem Praktizierenden zugänglich, sondern auch die „vier Machtfährten". Die ersten beiden, Absicht und Willenskraft, erwecken die nächsten beiden, Konzentration und Erwägen, zum Leben. Wir können daraus schließen, daß wir immer wieder die Absicht haben müssen, zur Erkenntnis zu gelangen, und die Willenskraft, uns zur Meditation hinzusetzen. Dann werden wir auch die nötige Kraft haben, diesen Weg zu gehen.

Fragen und Antworten

F: Wie soll man mit der Angst umgehen?
A: Die Angst kommt nur hoch, wenn keine Vertiefungen praktiziert werden. Wenn man Angst erlebt, muß man einen Lehrer befragen.
F: Löst sich das Ego in der vierten Vertiefung auf?
A: Leider nicht. Es tritt sehr weit in den Hintergrund, daher ist es schwierig, diesen Schritt zu machen, denn das Ego ist beharrlich. Aber die Sammlung des Willens und der Entschlußkraft helfen uns. Die Zufriedenheit und der Frieden der dritten Vertiefung bewirken die vierte Vertiefung. Wenn der Wille da ist, absolute Ruhe zu erleben, kann der Geist sich weiter vertiefen und in Ruhe aufgehen. Zu der Zeit ist das Ego nicht erkennbar, und es wird uns im Nachhinein deutlich, daß unsere Ichbezogenheit die ganze Unruhe verursacht.

KAPITEL 11

Die Läuterung durch Wissen und Erkenntnis

Alles, was wir bis jetzt besprochen haben, waren weltliche Schritte, die wir auf diesem Weg üben, nämlich Läuterung der Tugend, des Herzens und des Geistes (Konzentration), der Ansichten, Ablegen des Zweifels, Erkennen, was der Pfad ist und was nicht. Mit dem Erkennen des Pfades kommt der Moment, wo wir uns vom Weltlichen ab- und der Transzendenz zuwenden. Diese Einsicht wird „Ernüchterung" genannt.

Die meditativen Vertiefungen sind jedem Menschen möglich, der sich die „vier Machtfährten" *(iddhi-pāda)* zu eigen macht. Sie sind auch von unserem Geist ersehnte Erfahrungen, bleiben aber auf der weltlichen Ebene. Obwohl sie von unserem Alltagsbewußtsein weit entfernt sind, haben sie nicht die Qualität der Transzendenz der menschlichen Ebene. Sie bereiten uns den Weg, und wir sollten uns die Gelegenheit nicht entgehen lassen, den nächsten Einsichtsschritt zu tun, obwohl er gegen alles verstößt, was auf der weltlichen Ebene wichtig ist.

Ernüchterung bedeutet, daß wir die Welt klar erkennen können und nicht mehr von ihrer Mannigfaltigkeit geblendet werden. Es genügt nicht, dies intellektuell zu wissen; es muß wirklich empfunden werden und uns zum geduldigen Abwenden veranlassen. Jeder Schritt auf dem spirituellen Weg, genauso wie auf dem Weg des weltlichen Lebens, setzt sich aus folgenden Teilschritten zusammen: Wissen, Erkennen der Richtigkeit des Wissens, Übung und Sicherheit, die aus dem eigenen Erleben resultiert. Was wir nicht erlebt haben, ist nicht geschehen. Wieso wissen wir, daß wir uns ärgern? Weil wir Ärger empfinden. Wieso wissen wir, daß die Welt uns nichts zu bieten hat? Weil wir es so empfinden. Wenn wir etwas nicht empfinden, haben wir es noch nicht bis ins Innerste erlebt. Dann müssen wir geduldig weiterüben.

Wenn uns klargeworden ist, daß die weltliche Ebene verglichen mit den meditativen Vertiefungen ein armseliges Bewußtsein enthält, und wir keinen Zweifel mehr daran haben, daß es ein viel erhabeneres Bewußtsein gibt, dann sieht die Welt zwar genauso aus wie immer, aber sie winkt uns nicht immerzu und lockt uns heran. Sie bleibt genau da, wo sie hingehört, als Kulisse für das Theaterspiel, in dem wir engagiert sind und das wir bis dahin für die Wahrheit gehalten haben. Der Druck, den wir auf uns selbst ausüben, unser ständiges Bemühen, mehr zu wissen, zu erleben, zu machen, verschwindet zu einem großen Teil, denn wir haben etwas in uns gefunden, das viel zufriedenstellender ist als unsere Sinneskontakte und uns auch einen kleinen Geschmack vermittelt von der anderen Erlebensebene, die sich nicht auf das Weltliche stützt.

Jetzt wiederholen wir das Analysieren und Kontemplieren mit viel Einspitzigkeit und wenig Ablenkung. Die „Machtfährten" Willenskraft *(viriya)* und Konzentration *(citta)* sind unsere Hilfsmittel, so daß der Geist ohne Schwierigkeiten zu dieser Arbeit bereit ist, weil es ja das einzige ist, was ihn noch interessiert. Wir wollen nun die Wahrheit durchdringen und zur Erlösung kommen. Angst, weltliche Gefahren und die Dringlichkeit der Praxis haben wir ja jetzt schon erlebt, und dadurch kommen die „Machtfährten" zur Entfaltung.

Analysieren bedeutet hier die Untersuchung der fünf Daseinsgruppen, aus denen wir bestehen, und der drei Eigenschaften der universellen Existenz. Es geht immer wieder darum, daß wir die so mächtig erscheinenden Dinge in ihre kleinsten Teile zerlegen, so daß die Illusion der Kompaktheit der Masse (die unsere Ichbezogenheit unterstützt) immer mehr verschwindet. Immer wieder haben wir die Idee „Ich" oder „Ich bin"; vielleicht ein nicht ganz zufriedenstellendes „Ich", aber wir können und wollen ja etwas unternehmen, um ein friedlicheres „Ich" zu bekommen. Wenn wir uns aber in der Kontemplation nicht als eine kompakte, solide Masse und nicht als eine individuelle Persönlichkeit betrachten, wo alles zusammenpaßt und funktioniert, sondern Vergänglichkeit, Leidhaftigkeit und Substanzlosigkeit noch einmal prüfen, dann kommt ein Moment der Innenschau, der uns tief betrifft und verändert. Wir spüren die Schwingungen der ständigen Bewegung und können daraus entnehmen und fraglos verstehen, daß sich alles ständig in Auflösung befindet und daher nie volle Erfüllung bieten kann. Auch ist es uns unmöglich, in der Schwingung eine Substanz zu finden. Das ist der Moment, in dem wir die drei Merkmale der Existenz in uns selbst erleben. Dies geschieht nicht mit Worten oder Vorstellungen, sondern aus tiefinnerster Sicht. Erst kommt das Wissen, dann das Erkennen. Das bedeutet, daß wir unser Wissen zum Erkennen tiefster Erfahrung anwenden.

Diese Erlebnisse müssen einen Wandel in unserer Einstellung zum Leben hervorbringen. Wenn jemand glaubt, die Vergänglichkeit erkannt zu haben, und dann noch wütend werden kann, ist dieses Erkennen nicht glaubwürdig. Oder wenn wir glauben, unsere Ich-Illusion durchschaut zu haben, und uns aufregen, wenn wir nicht das bekommen, was wir haben wollen, dann haben wir die Auflösung und die Ernüchterung wohl noch nicht erlebt. Es ist schon ein Vorteil, von den drei Daseinsmerkmalen gehört zu haben, aber das allein genügt nicht für unsere spirituelle Emanzipation.

Jegliche Information ist gedankenbedingt. Nur das erkannte Erleben bringt uns auf die Bewußtseinsebene der absoluten Wahrheit. Je öfter wir uns dieses Erkennen in Erinnerung bringen, desto leichter können wir uns selbst als durchlässig empfinden und die Kompaktheit als Illusion durchschauen. Auf diese Weise finden wir zu einer veränderten Wahrnehmung von uns selbst, bei der

Kompaktheit und Solidität nichts weiter sind als die Resultate von Erd- und Wasserelement. Nur durch wiederholtes Erinnern und Erleben kann sich die Ernüchterung dem eigenen Körper und Geist gegenüber einstellen, so daß eigene und anderer Menschen Klugheit und Schönheit keine Anhaftungspunkte mehr bieten. Es bleiben allein die vier Grundelemente übrig, durchsetzt von Vergänglichkeit, Leidhaftigkeit und Substanzlosigkeit. Selbst wenn unser äußerliches Leben sich noch kaum verändert hat, ist diese Erkenntnis unvergeßlich. Alle Reize und Verlockungen werden dadurch gemindert und können uns viel weniger berühren.

Durch die Wiederholung dieser Erkenntnis kommt Gleichmut hoch, der nicht, wie oft befürchtet wird, langweilig, ablehnend oder uninteressant ist. Wahrer Gleichmut basiert auf innerer Zufriedenheit, die ihm Halt und Stütze bietet. Gleichmut bewahrt uns davor, in die Falle der Verlockungen zu gehen, die uns die Welt bietet. Gleichmut resultiert aus dem Erkennen der drei Daseinsmerkmale, der vier Grundelemente und der fünf Daseinsgruppen, die keinen Eigentümer haben. Der Geist, der diese absolute Wahrheit in sich beherbergt, wird nicht traurig, ablehnend oder negativ, sondern erlebt die Ruhe des Gleichmuts, gepaart mit Zufriedenheit.

Es gibt drei Tore, durch die wir zur Befreiung gelangen können: das Tor der Bedingungslosigkeit, wenn die Vergänglichkeit unser Hauptthema ist; das Tor der Wunschlosigkeit, wenn *Dukkha* uns klar vor Augen steht, und das Tor der Substanzlosigkeit, wenn wir unser „Ich" als eine Idee erkannt haben. Ein analytischer Geist wird sich wahrscheinlich der Substanzlosigkeit zuwenden, weil er wissen will, ob in den fünf Daseinsgruppen ein „Ich" zu finden ist. Wir können niemals das „Nicht-Ich" suchen, denn es ist unmöglich, nach etwas Ausschau zu halten, was gar nicht existiert. Da in unserem Geist das „Ich" die Hauptrolle spielt, ist es ein äußerst geeignetes Objekt für die Analyse. Wo sitzt es, wie sieht es aus, woraus besteht es, wieso glaube ich so fest daran, warum ist es mir so wichtig? Hilft es mir oder behindert es mich? Um herauszufinden, wo das „Ich" sitzt, nehmen wir uns die fünf Daseinsgruppen vor und schauen, ob es dort zu finden ist. Da wir die Läuterungen von Herz und Geist bereits erlebt haben, sträubt sich unser Geist nicht gegen diese Kontemplation und findet sie auch nicht schwierig. Wir merken dabei immer mehr, daß wir bis jetzt uns selbst, die Welt und das Leben von einer falschen Warte aus gesehen haben, sozusagen von der Schattenseite.

Es gibt ein Gleichnis von Plato über die Menschen in der Urzeit. Sie saßen angekettet in einer Höhle, mit dem Rücken zur Öffnung, und hatten ein Feuer vor sich. Wenn draußen andere Wesen vorbeigingen, konnten sie nur deren Schatten auf der Höhlenwand hinter dem Feuer erkennen. Sie glaubten natürlich, daß diese Schatten die Wirklichkeit seien, denn sie kannten ja nichts anderes. Einer von diesen Menschen konnte eines Tages die Kette etwas lösen und sich herumdrehen. Als er ins Freie schaute, sah er die leibhaftigen Menschen vorbeigehen und merkte, daß er bis dahin nur ihre Schatten gesehen hatte. Dann versuchte er natürlich, ganz freizukommen und auch den anderen Höhlenmenschen zu helfen, ihre Ketten zu lösen.

Wir haben bis jetzt nur die Schatten gesehen. Das merken wir aber erst, wenn wir unser „Ich" so weit untersucht haben, daß wir es als Phantasie erkennen können. Nichts ist da zu finden, was unwiderruflich Substanz hätte und als Kern bezeichnet werden könnte. Jeder Versuch, die Glaubhaftigkeit des „Ich" zu festigen, ist zum Scheitern verurteilt. In diesem Stadium fühlen wir uns erleichtert, weil sich alles, was wir bis dahin als Wahrheit angesehen hatten, als Schatten der Wirklichkeit entpuppt, denn unsere Fesseln sind schon etwas gelöst, und wir können uns ein wenig dem Licht zuwenden.

Zehn Fesseln binden uns an dieses Erdendasein und machen es uns unmöglich, die offene Freiheit zu erleben. Wenn wir die Fesseln das erste Mal für einen Moment lockern und in die entgegengesetzte Richtung schauen, erleben wir einen Augenblick der Freiheit. Dieser Moment wird Stromeintritt genannt, und wir lassen dabei die ersten drei Fesseln los. Wir befreien uns von der falschen Ansicht des Selbst, dem skeptischen Zweifel und dem Glauben an Rituale. Letzterer ist sehr stark mit unseren eigenen Meinungen verflochten. Wir glauben an unsere Meditationsmethode und unseren Meditationslehrer, an unsere eigenen Ideen oder auch daran, daß wir eine bestimmte Anzahl von Kerzen oder Räucherstäbchen anzünden müssen. Vielleicht sind wir überzeugt davon, daß wir heilige Stätten besuchen müssen oder an bestimmten Feiertagen kein Fleisch essen dürfen. Wenn wir daran glauben, daß solche Dinge zur Befreiung führen, dann sind sie Fesseln. Wenn wir uns einmal der Freiheit zugewendet haben, können wir anschließend ruhig an bestimmten Tagen kein Fleisch essen oder abends Räucherstäbchen anzünden, aber wir werden nie mehr glauben, daß diese Handlungen uns der Freiheit zugeführt haben, denn wir haben ja die Lockerung der Fesseln durch eigene Anstrengung erlebt.

Skeptischer Zweifel kann diesem Freiheitsmoment nicht standhalten. Obwohl die Läuterung des Zweifels schon auf dem Wege stattgefunden haben muß, bleibt der Zweifel ein Hindernis, über das wir immer wieder stolpern. Erst in dem Moment des Stromeintritts ist der Zweifel vollkommen ausgemerzt, denn unser Welt- und Selbstbild hat sich total verändert.

Unsere falsche Ansicht vom „Ich" ist jetzt verschwunden. Wir können nie wieder behaupten, es gäbe ein persönliches „Ich". Aber da noch sieben Fesseln abzustreifen sind, empfinden wir uns schon noch als individuelles Wesen. Das hält vor, bis alle Fesseln gelöst sind. Wenn wir aber die falsche Ansicht vom „Ich" verloren haben, können wir jederzeit die richtige Ansicht des „Nicht-Ich" hochbringen und dadurch auch das mit dem Freiheitsmoment verbundene Gefühl wieder zum Leben erwecken. Selbst diese momentanen Freiheitserlebnisse sind eine große Hilfe und verändern unser ganzes Leben.

Indem wir diesen Schritt der „Ernüchterung" tun, sind wir dabei, unsere Fesseln endgültig zu lösen, so daß wir auf der Sonnenseite des Lebens bleiben können, wo die Schattengestalten nicht mehr existieren. Schon jetzt scheint es, als seien wir auf einen Berg gestiegen und schauten aus halber Höhe ins Tal hinab. Im Tal ist alles gleich geblieben, aber von oben sieht es ganz anders aus. Wir sehen dieselben Menschen, Häuser und Landschaften aus einer völlig neuen Perspektive. Diese neue Sicht ermöglicht es uns, den Rest des Pfades zu gehen, denn hier hat das überweltliche Verständnis begonnen.

Ernüchterung bedeutet nicht, daß wir unser Leben in der Welt aufgeben müssen. Oft bedeutet es jedoch, daß sich unser äußeres Leben unserem Innenleben anpaßt. Wenn weltliche Dinge und Situationen nicht mehr so attraktiv scheinen wie bisher, fällt natürlich vieles im Leben fort. Unsere Interessensphäre verkleinert sich, und wir messen unsere Aktivitäten daran, ob sie unserem spirituellen Wachstum förderlich sind oder nicht.

Die drei Tore, die zur Erlösung führen, gleichen alle dem Ausgang, der aus der Höhle in die Sonne führt, in die Freiheit, in ein Leben ohne Fesseln, gleichgültig welches Tor wir wählen. Wenn wir klar erkannt haben, daß jegliche Unzufriedenheit und Negativität, alles, was uns nicht gefällt, nur daraus resultiert, daß wir den unerfüllten Wunsch haben, entweder etwas zu bekommen oder etwas loszuwerden, werden wir uns um mehr Wunschlosigkeit bemühen. Einzig und allein der Wunsch, aus der Höhle herauszukommen, bleibt wichtig. Würden wir angekettet in einer Höhle leben, läge es nahe, daß wir alles mögliche ersehnen, um uns das Leben etwas gemütlicher zu machen. Wenn wir hingegen erkannt haben, daß nichts wirklich dazu beitragen kann, das Leben in der Höhle auf die Dauer angenehmer zu machen, und daß nur die Freiheit uns glücklich machen kann, lassen wir alle anderen Wünsche fallen.

Wunschlosigkeit durch tiefes Erkennen der Leidhaftigkeit geht Hand in Hand mit Ernüchterung, und beide können uns zur Erlösung durch das Tor der Bedingungslosigkeit führen. Wenn wir wunschlos werden wollen, müssen wir erkennen, daß nichts, was von Bedingungen abhängig ist, erfüllend sein kann, denn Bedingungen ändern sich ständig, so daß dauernde Zufriedenheit nicht möglich ist. Daß etwas von Bedingungen abhängig ist, bedeutet, daß es nicht die Qualität des Ur-Seins hat, der Quelle, der Grundlage des Seins. Und weil es diese Qualität nicht hat und daher nicht erfüllend sein kann, brauchen wir es uns auch nicht zu wünschen. Alles besteht aus vielen zusammengefügten Teilen, sei es „ich" oder „du", ein Baum oder eine Blume. Die vorangegangene, öfter geübte Analyse muß uns das deutlich gemacht haben. Alles Zusammengefügte und von Voraussetzungen Abhängige ist äußerst unzuverlässig. Wir können uns nicht darauf verlassen, daß unser Körper gesund bleibt, unser Nachbar uns liebt oder unser Haus nicht abbrennt. Auf nichts ist Verlaß. Alles ist wie Treibsand, der hin- und herfließt. Wir zahlen viel Geld an die Versicherungsgesellschaften, weil sie uns einreden, daß wir uns auf sie verlassen können. Können wir das wirklich?

Nichts, was aus Einzelteilen zusammengesetzt ist, kann uns je Sicherheit geben. Wenn wir die Unbeständigkeit, die Veränderlichkeit der ganzen Existenz erkannt haben, sehen wir das Tor zur bedingungslosen Befreiung. Wenn wir untersuchen, woraus wir bestehen, finden wir unsere Körperteile oder die vier Daseinsgruppen des Geistes (Sinnesbewußtsein, Gefühl, Wahrnehmung, Geistesformationen). Können wir uns auf etwas davon voll und ganz verlassen? Auf unsere Gedanken oder die Liebe, die wir in uns verspüren? Auf die Nieren, die Gallenblase oder das Herz?

Wenn wir so weit gekommen sind, sieht unser Ego ein bißchen kleiner und häßlicher aus, aber es will sich immer noch behaupten. Noch können wir es nicht loswerden, und das bedeutet, daß wir weiter praktizieren müssen. Jetzt ist das bereits eine Selbstverständlichkeit geworden, denn wir haben eine innere Begeisterung entwickelt, die Dinge, die uns sonst verschlossen waren, von Grund auf zu verstehen. Es geht nicht mehr darum, Bücher zu lesen, sondern nur noch darum, unser Innenleben zu prüfen.

Wenn wir die Unzuverlässigkeit aller Phänomene erkannt haben, brauchen wir uns nichts mehr zu wünschen und können das dritte Tor in die Freiheit, das Tor der Substanzlosigkeit, besser verstehen. Gibt es eine Substanz in irgendeinem Teil, aus dem wir bestehen – Körperteile, Sinneskontakte, Geistesaktivitäten, Grundelemente? Woran können wir uns festhalten? Wo ist das, von dem wir sagen können „das bin ich"? Das Tor der Substanzlosigkeit öffnet sich zusammen mit dem Tor der Bedingungslosigkeit und dem Tor der Wunschlosigkeit, denn diese absoluten Wahrheiten greifen ineinander über.

Natürlich ist es keineswegs so, daß wir von jetzt an die Sinneskontakte ausschalten müssen oder durch sie keine angenehmen Gefühle mehr bekommen. Auch ein Erleuchteter hat Sinneskontakte, sieht, hört, riecht, schmeckt, berührt und denkt und bekommt dadurch angenehme, unangenehme oder neutrale Gefühle, genau wie jeder Unerleuchtete. Der Unterschied besteht darin, daß ein erleuchteter Mensch ein unangenehmes Gefühl weder ablehnt noch sich darüber ärgert oder ein angenehmes Gefühl weder behalten noch wiederholen will. Es sind ganz einfach Gefühle, und innere Zufriedenheit existiert unabhängig von den Sinneskontakten. Wenn innere Zufriedenheit durch Wunschlosigkeit und innere

Freude durch Unabhängigkeit im Herzen verankert sind, ändert sich nichts, egal ob die äußeren Eindrücke angenehm oder unangenehm sind.

Ernüchterung ist das Erkennen, daß die Welt nichts weiter bietet als Sinneskontakte, die angenehme, unangenehme oder neutrale Gefühle hervorrufen. Wenn dieser Schritt getan wird, sind die überweltlichen Eigenschaften so weit entfaltet, daß die angenehmen Gefühle zwar bemerkt werden, aber nicht die Begierde des Behaltenwollens hervorrufen. Desgleichen ist das unangenehme Gefühl zwar unangenehm, aber es ruft keine Ablehnung und keinen Ärger hervor. Ernüchterung darf nicht mit Gleichgültigkeit verwechselt werden. Gleichgültigkeit ist weltlich und negativ. Der überweltliche Schritt der Ernüchterung befreit uns jedoch von unseren gewöhnlichen Reaktionen und bereitet uns damit auf die Erlösung vor.

Wenn wir erkannt haben, daß nichts, was aus Teilen und aufgrund von Bedingungen besteht, zufriedenstellend sein kann, suchen wir natürlich nach dem, was keinen Bedingungen unterliegt und nicht aus einzelnen Teilen zusammengesetzt ist. Und obwohl wir vorläufig nicht wissen können, was und wie das sein mag, kann sich unser Geist an dem ausrichten, was ohne Wünsche und daher ohne Unruhe, ohne Werden und daher ohne Bestätigung ist.

Wir sind am Ende aller Möglichkeiten angelangt, und daher folgt jetzt der Ernüchterung die Begierdelosigkeit. Selbst der Wunsch nach Erlösung, nach vollkommener Freiheit wird losgelassen, weil jetzt alle Begierden beruhigt sind. Wir verstehen, daß wir alles, was wir wissen und glauben, hinter uns lassen müssen, um uns dem Neuen zu öffnen, das wir weder kennen noch beschreiben können. Dies ist ein sehr markanter Schritt. Wir müssen immer wieder prüfen, ob wir alles losgelassen haben. All die Menschen, die Dinge, die Ideen, das Wissen, den Glauben, die Hoffnungen, die uns lieb sind, haben wir sie wirklich losgelassen? Sind wir am Ende allen weltlichen Anhaftens angekommen? Nur dann können wir den nächsten Schritt tun. Vor allem müssen wir prüfen, ob wir am Ende des Anhaftens an uns selbst angekommen sind. Daraus besteht die nächste Phase der Untersuchung. Hänge ich noch an etwas? Gibt es noch eine Fessel, die dafür sorgt, daß ich immer wieder auf das Schattenspiel schaue und es für die Wirklichkeit halte, statt meinen Blick in die andere Richtung, auf die Freiheit zu lenken? Was hält mich noch fest? Ist es etwas, das ich glaube, will, weiß oder werden will? Oder ist es eine Substanz in meinem Geist oder Körper, die ich nicht aufgeben kann?

Diese Untersuchung ist sehr wichtig. Da der Geist die Ruhemeditation nun bereits beherrscht, hat er am Ende der Vertiefungen eine Bewußtseinsebene erreicht, auf der es ihm möglich ist, solche Fragen wahrheitsgetreu zu beantworten. Andernfalls könnte er, wie schon so oft, in die Versuchung geraten zu glauben, daß er an nichts anhaftet und den Tod vollkommen akzeptiert. Wenn der Geist, der meditative Ruhe erlebt hat, diese Untersuchungen vornimmt, sind die Voraussetzungen erstklassig. Ein solcher Geist ist nicht mit Ideen, Anschauungen und Meinungen angefüllt, sondern ist vollkommen geschmeidig und aufnahmefähig. Die Kraft der meditativen Ruhe macht objektives, wahrheitsgetreues Erleben möglich. Dies ist der Schritt, der uns von der Ernüchterung zur Begierdelosigkeit bringt, zum letzten Schritt vor der völligen Befreiung.

Fragen und Antworten

F: Ich habe schon öfter den Begriff *Bodhisatta* gelesen. Ist das jemand, der die ersten drei Fesseln abgelegt hat?

A: Ein *Bodhisatta* ist in unserer Tradition ein Mensch, der Erlösung anstrebt, auch wenn er noch keine der Fesseln abgelegt hat. Der Buddha war viele Lebzeiten lang ein *Bodhisatta*, bevor er ein Buddha wurde.

F: Ich leide nicht darunter, das „Ich" zu empfinden. Ist das etwas, was großes *Dukkha* bringt?

A: Wer *Dukkha* noch nicht in der Ganzheit der Welt und Menschheit erkannt hat, kann den Zugang zum spirituellen Pfad noch nicht finden. Die Erkenntnis von *Dukkha* ist der erste Schritt auf dem Weg. Wenn man immer noch glaubt, daß man das Leben nur besser arrangieren müßte oder von außen etwas bekommen sollte, kann man den Pfad nicht beschreiten. Erst wenn man gesehen hat, daß *Dukkha* überall ist, manchmal mehr, manchmal weniger deutlich, öffnet sich das innere Auge. Manchmal kommt *Dukkha* mit einem gewaltigen Schwung auf uns zu, und wir fangen an zu weinen und zu jammern. Zu anderen Zeiten ist es weiter entfernt und schmerzt nicht so, aber ganz aufhören wird es nie. Mit diesem Erleben beginnt die Untersuchung. Solange wir glauben, daß es uns an Äußerlichkeiten fehlt, können wir nicht nach innen gehen.

Wenn wir bereit sind, unser Innenleben zu prüfen, werden wir bald feststellen, daß wir von unerfüllten Hoffnungen und Begierden erfüllt sind, die nur durch unsere Ich-Illusion aufsteigen können. Die falsche Ansicht über das „Ich" aufzugeben, ist daher ein äußerst wichtiger und einschneidender Schritt, der tiefe Einsicht in die absolute Wahrheit mit sich bringt. Dieser Schritt nimmt auch den Druck von uns, den wir uns selbst auferlegen, weil wir den Vorstellungen unseres „Ichs" gerecht werden wollen. Dieser Druck wird als Trugschluß erkannt. Obwohl die Ich-Empfindung auch nach dem ersten Befreiungsschritt immer wieder hochkommt, weiß ein Stromeingetretener genau, um was sich sein Leben und die Welt dreht. Er kann nicht mehr zum Narren gehalten werden. Dieser Schritt bedeutet, daß wir Erben des Buddha geworden sind. Es ist der wichtigste Schritt, den ein Meditierender tun kann. Daß dieser Mensch danach immer freudig ist, ist sehr zu bezweifeln, aber er wird bestimmt immer praktizieren. Der Stromeingetretene hat sich in den Fluß begeben, der zur völligen Erlösung führt, aber erst ein vollkommen Erleuchteter verfügt über vollkommenen Gleichmut und unerschütterlichen inneren Frohsinn.

F: Ich habe jetzt den Eindruck, daß die sogenannten Freuden des Lebens, wie durch die Landschaft gehen, mal ein gutes Bier trinken oder gut essen, eine Art Ablenkungsmanöver sind, die uns davon abbringen, wirklich loszulassen. Das finde ich traurig, weil ich gar nicht weiß, ob ich das will. Ich will zwar das Leiden loslassen, aber nicht auf alles verzichten.

A: Genau so ist es. Du hast es richtig erkannt. Mit dieser Erkenntnis mußt du nun weiterarbeiten.

F: Wenn man irgend etwas erkannt hat und dann weiß, daß man sein Leben verändern muß, und wenn diese Erkenntnis während der Meditation kommt, soll man dann in diesem Moment darüber kontemplieren oder lieber später?

A: Später wäre wahrscheinlich günstiger. Wenn der Gedanke ist: „Ich muß unbedingt aus meinem Haus ausziehen und aufs Land ziehen", kann man auch später darüber nachdenken. Wenn jedoch der Gedanke auftaucht, daß einer der Gründe für das eigene Leid die Umgebung ist, in der man sich befindet, kann man gleich untersuchen, ob man sich selbst ändern kann, um mit der Umgebung fertigwerden. Das wäre dann eine wertvolle Kontemplation.

F: Kommen bei den verschiedenen Stufen der Vertiefung auch manchmal Mischformen auf, oder ist es wirklich so, daß die erste Vertiefung in Reinform kommt und die anderen dann deutlich folgen?

A: Um die Vertiefungen richtig zu praktizieren, muß man die einzelnen Stufen erkennen lernen. Am Anfang geht es schon etwas hin und her und ist oft undeutlich. Wenn wir jedoch die richtige Einsicht aus den Vertiefungen gewinnen wollen, müssen wir sie deutlich erleben. Nur erkanntes Erleben bringt Weisheit.

F: Kann es sein, daß man am Anfang eine Ahnung von den Vertiefungen bekommt, aber noch kein volles Erleben?

A: Ja, das ist oft so und auch hilfreich, denn die Ahnung gibt Mut und Kraft zur Weiterentwicklung.

KAPITEL 12

Das Ziel des spirituellen Lebens

Wir werden uns nun mit der siebenten Kutsche beschäftigen, mit der wir vor dem Palast ankommen. Wir müssen dann natürlich noch das Tor öffnen, um in den Palast einzutreten, aber wenigstens haben wir nun die letzte Kutsche bestiegen. Wir haben jetzt in der Meditation ein starkes Beobachtungs- und Erkenntnisvermögen erlangt und wissen, daß jede Geistesformation, auch wenn sie heilsam und gut ist, erstens nicht bleibt und sich zweitens leicht in ihr Gegenteil umkehren kann, aber auch schon durch ihr Entstehen und Vergehen *Dukkha* bringt. Wir können jetzt jegliches Entstehen und Vergehen als Reibung wahrnehmen, die vollkommenen Frieden unmöglich macht.

Daher suchen wir nun nach dem, was keinerlei Reibung mehr verursacht, also kein Entstehen und Vergehen beinhaltet. Das kann als Stillpunkt bezeichnet werden, der aber nicht mit den Vertiefungen gleichzusetzen ist, bei denen ein nachträgliches Erkennen möglich ist. Dies ist aber ein Stillpunkt, an dem es nichts zu erkennen gibt. Es ist zwar ein Vertiefungsmoment, aber er dient nicht dazu, Ruhe zu erleben, sondern alle Anhaftung loszulassen.

Wir haben schon erkannt, daß alle Identifikationen und Zusammenhänge, die für uns von irgendeiner Bedeutung sind, einen gewissen Druck auf uns ausüben, weil wir dieser Bedeutung gerecht werden wollen. Solange das so ist, müssen wir ständig etwas unternehmen und können uns demnach nie von allem frei machen. Selbst wenn wir ohne geistige Erlösung in einer einsamen Höhle säßen, könnten wir immer noch den deutlichen Druck verspüren, das vermeintliche Selbst in Ordnung zu halten.

Zum jetzigen Zeitpunkt gibt es jedoch keinen anderen Wunsch mehr, als den absoluten Frieden zu erlangen. Der Geist hat die Idee losgelassen, daß er seine Vergnügungen behalten und Ruhe und Frieden noch dazu erlangen kann, oder auch, daß er Garantien benötigt und daß *Nibbāna* wünschenswert sei. Er ist bereit, alle persönlichen Anhaftungen aufzugeben, weil er alles als nicht zufriedenstellend und vergänglich erkannt hat. Daher sucht der Geist den Stillpunkt, der die Möglichkeit bietet, von Körper und Geist als Besitztum loszulassen. Dann können wir auch die Welt loslassen, denn alles andere, was uns betrifft, sind nur Anhängsel. Körper und Geist besitzen ein Haus und einen Freund, ein Kind und einen Beruf und was es sonst noch alles im Leben gibt.

Die effektive Handlung des Loslassens wird durch den Eintritt in den Palast symbolisiert und mit einem Gleichnis beschrieben: Man stelle sich einen Fluß vor mit seinen zwei Ufern. Das hiesige Ufer ist das weltliche Leben, der ewige Kreislauf von Geburt und Tod, den wir nicht nur erleben, wenn der Körper stirbt, sondern tagtäglich. Abends einschlafen und morgens wieder aufwachen, das ist Tod und Wiedergeburt, die in jeder Sekunde stattfinden, denn alles löst sich ständig auf und kommt wieder zusammen. Die Erkenntnis von Tod und Verfall in uns selbst und anderen hat uns ja an diesen Punkt der Einsicht in *Dukkha* gebracht. Was immer wieder stirbt und wiedergeboren wird, kann nicht vollkommen zufriedenstellend sein, denn es bedarf ständiger Fürsorge und häufiger Reparaturen.

Am hiesigen Ufer laufen die Menschen hin und her und jammern, wie unangenehm ihre Situation ist, was für unfreundliche Menschen hier leben, wie schwierig alles ist und wie überfordert sie sich fühlen. Sie meinen, es sähe auf dem Ufer drüben viel schöner aus, und sie hätten auch schon gehört, daß es dort ganz friedlich sei. Aber der Strom sei etwas zu reißend, und sie trauen sich nicht, hineinzuspringen und hinüberzuschwimmen, sie könnten ja ertrinken. So laufen die meisten weiterhin unzufrieden an diesem Ufer hin und her. Manchmal glauben sie, sie hätten etwas sehr Gutes entdeckt, weil sie einen neuen Platz am Ufer gefunden haben. Dann merken sie aber bald, daß sich nichts geändert hat, und laufen wieder woanders hin. Nur einige wenige haben genügend Mut, um den Sprung in den Fluß zu wagen.

Eine der Eigenschaften, die wir auf dem spirituellen Pfad dringend brauchen, ist Mut, und das bedeutet, daß wir bereit sind, auf unseren eigenen Füßen zu stehen und uns nirgends anzuklammern. Wir müssen auch für unsere eigenen Überzeugungen einstehen und den Mut haben, anders zu sein als alle anderen. Die meisten Menschen merken zwar, daß das Leben an diesem Ufer nicht vollkommen zufriedenstellend ist, aber dennoch setzen sie all ihre Kraft ausschließlich dafür ein, hier einen sicheren Platz zu finden.

Das folgende Gleichnis wendet sich an die Mutigen: Am diesseitigen Ufer wächst ein Baum, dessen Zweige über dem Wasser hängen, und an einem dieser Zweige ist ein Seil angebracht. Indem wir dieses Seil ergreifen und es durch den Impuls der Praxis in Bewegung setzen, können wir damit zum anderen Ufer schwingen. Dort lassen wir uns rechtzeitig zu Boden fallen. Der Baum ist ein Symbol für den Persönlichkeitsglauben, und das Seil symbolisiert den Körper. Das Reifebewußtsein (das durchdringende Erkennen der Leidhaftigkeit und Unpersönlichkeit des „Ich") ermöglicht es uns, loszulassen und im Ungeborenen, am anderen Ufer zu landen. Das erste Auftreten im Neuland ist unsicher, aber einen Moment später finden wir unsere Balance und stehen gerade und fest auf dem anderen Ufer.

Wenn wir als Meditierende, die die Suche nach dem Sinn des Lebens als das wichtigste ansehen, bereits ein ernstes Wort mit unserem Ego gesprochen und den ersten Sprung hinüber gemacht haben, können wir uns sehr freuen. Wir sind in den Strom eingetreten, der zur völligen Erlösung führt, und haben *Nibbāna*, die Freiheit, einen Moment lang erlebt, indem wir von uns selbst losgelassen haben. Der Moment dieses Erlebens heißt Pfad-Moment, und weil wir uns zum Ziel gesetzt haben, das zu finden, was ohne jegliches Leid, ohne jede Bewegung und daher ohne jede Störung ist, wissen wir, das dies der Moment der Freiheit ist. Diesen Moment, in dem wir die Matritze des Seins erleben, aus der alle Existenz hervorgeht, den Urgrund, auf dem es keine Individualität gibt, muß sich jeder selbst bestätigen. Kein anderer beobachtet, wie wir hinüberschwingen.

Uns jedoch ist klar, was wir erlebt haben, weil der Frucht-Moment, der dem Pfad-Moment folgt, uns neue Gefühle bringt, die die Erstmaligkeit des Geschehens bestätigen. Der Pfad-Moment ist das Erleben, der Frucht-Moment das Erkennen. Wir können dies mit den meditativen Vertiefungen vergleichen. Wenn wir zum Beispiel in der ersten Vertiefung sind, müssen wir sie voll erleben, ohne zu bestätigen, wie angenehm, erfreulich, entzückend das Gefühl ist. Aber wenn die Vertiefung vorbei ist, wissen wir genau, was dort geschehen ist. Erst kommt das Erleben, dann das Erkennen.

Was im Frucht-Moment besonders beeindruckt, ist das Gefühl, eine schwere Bürde losgelassen zu haben, vergleichbar mit einer unendlichen Last, die wir bis dahin auf dem Rücken getragen haben. Und plötzlich verstehen wir, daß alles, was wir bis jetzt für wichtig gehalten haben, nichts weiter war als Kinderspielzeug, weil es nichts gibt auf dieser Welt, das wir festhalten könnten. Geld, Ehre, Ruhm, Menschen, Anerkennung, was davon können wir behalten? Was macht das Menschsein aus? Was ist denn so wichtig? Selbst unsere Ruhe können wir nicht haben, weil ständig irgend etwas zu tun ist, und sei es nur, daß wir uns um den Erhalt unseres Körpers kümmern müssen.

Wir haben erkannt, daß wir mit dem Loslassen in dieser einen Sekunde einen Schritt getan haben, der uns momentan von all diesem Drängen und den Nichtigkeiten befreit hat, und daß wir die Welt nie mehr so sehen werden wie vorher.

Da dies aber lediglich der erste Schritt ist, mit dem wir nur die ersten drei Fesseln verlieren, sind wir Haß und Gier noch nicht losgeworden. Zwar sind sie, bedingt durch unser neues Verständnis des Selbst, nicht mehr ganz so stark und eindringlich wie vorher und bereiten nicht mehr so viele Schwierigkeiten, aber sie existieren noch und binden uns nach wie vor an das Weltliche. Nachdem der Frucht-Moment erkannt und Rückschau gehalten wurde, kehrt der Geist auf die weltliche Ebene zurück, aber mit einer anderen Sicht. Es geht ihm nun in erster Linie darum, noch mehr Fesseln abzustreifen. Alles andere ist Nebensache. Selbstverständlich müssen wir essen, schlafen, Geld verdienen, das Telefon beantworten, alles muß gemacht werden, nur ist das alles nicht mehr so bedeutsam. Deswegen machen wir es nicht etwa schlechter, sondern im allgemeinen sogar besser, denn wir erwarten keine Resultate mehr von unserem Tun und können statt einer Erwartungshaltung vollkommene Achtsamkeit einsetzen. In dem Moment, wo wir das Wunschdenken aufgeben, widmen wir uns ganz der Situation. Dadurch wird alles viel einfacher und fließender.

Die Rückschau, anschließend an den Frucht-Moment, erkundet, wie wir der Welt mit dem neuen Verstehen gegenübertreten können. Diese Rückschau kann viele Male gemacht werden, um zu prüfen, welche Hindernisse wir schon überwunden haben und welche noch vorhanden sind. Es ist nicht leicht, das sofort zu erkennen, und darum ist es angesagt, sich öfter damit zu beschäftigen. Um aus diesem ersten Schritt den größten Nutzen zu ziehen, sollten wir das Gefühl der Erlösung im Frucht-Moment immer wieder in uns hochbringen. Jeder Pfad-Moment existiert nur einmal, aber der Frucht-Moment zeigt uns immer wieder eine neue Perspektive der Erlösung, der Freiheit, der vollkommenen Sicherheit, des Aufgebens aller Ichbezogenheit und des Erkennens der absoluten Wahrheit hinter der Relativität, in der wir leben. Die absolute Wahrheit läßt alles, was im Leben geschieht, wie eine Kulisse für ein manchmal ganz interessantes Theaterstück erscheinen. Die Kulissen ändern sich natürlich andauernd, wie sich das für ein gutes Theaterstück gehört. Nur die Schauspieler halten das Stück und die sich verändernden Kulissen für die Wirklichkeit. Nachdem wir den Pfad-Moment erlebt haben, wissen wir, daß die relative Wahrheit unseres Alltags wirklich nur ein Theaterstück ist und daß wir jederzeit ein anderes Kostüm anziehen und eine andere Rolle spielen können.

Indem wir das Gefühl der Erlösung immer wieder in uns aufkommen lassen, nähern wir uns dem zweiten Schritt. Je öfter wir das Gefühl der Freiheit vom „Ich" empfinden, desto mehr wird es uns zur zweiten Natur und desto leichter fällt es uns, den Sprung noch einmal zu wagen. Wenn das „Ich" uns nicht mehr beherrscht, gibt es keine Unfälle mehr. Wir brauchen uns auch nicht zu verschanzen, sondern können fröhlich auf dem Marktplatz herumwandern, denn da sind doch nur Körper und Geist, und die stoßen nirgends an.

Wenn wir durch fortgesetzte Praxis den zweiten Sprung machen, geschieht das gleiche noch einmal, aber diesmal können wir etwas weiter springen, weil wir schon Übung haben. Auch die Unsicherheit beim Landen ist minimal, denn wir erkennen Pfad und Frucht mit Leichtigkeit. Dieser Schritt lockert die nächsten beiden Fesseln, Haß und Gier, aber sie werden noch nicht endgültig abgestreift, sondern nur sozusagen auf die Hälfte reduziert. Wir können uns nun vielleicht vorstellen, wieviel Haß und Gier jeder Mensch in sich trägt, wenn zwei *Nibbāna*-Erlebnisse nötig sind, um diese beiden Feinde auch nur zu schwächen. Es wird uns dann nicht mehr verwundern, warum sich die Menschheit so seltsam benimmt und warum vieles so anders ist, als wir es uns wünschen. Haß und Gier entstehen aus der Ich-Idee, die alle Schwierigkeiten mit sich bringt. Je mehr wir unserem Ego bei seinen vielen Versuchen, sich zu behaupten, Einhalt gebieten, desto leichter werden wir *Nibbāna* erleben.

Das Lockern der Fesseln Haß und Gier verändert unsere Reaktionen auf sehr markante Weise. Der Frucht-Moment enthält die Erkenntnis, daß wir ein zweites Mal losgelassen haben. Unsere Rückschau bestätigt uns, daß Ärger sich in Irritiertsein verwandelt hat und daß wir dieses unangenehme Gefühl nicht beibehalten müssen. Wir können es empfinden und fallenlassen. Die Angst, die jeden Menschen begleitet, ist fast völlig verschwunden, denn das Blickfeld ist ein ganz anderes geworden. Man hat zum zweiten Mal erlebt, daß es einen Urgrund des Seins gibt, der leer ist und in dem keine Individualität zu finden ist. Diese kann nur durch die „Begierde des Seins" entstehen. Da die Quelle des Seins nun schon zweimal deutlich wurde, ist die Angst vor dem Nicht-Sein geschwunden, denn das Erleben des Pfad-Moments bringt uns die Erkenntnis der Freiheit durch „Nicht-Sein".

Die meisten Menschen glauben frei zu sein, wenn politische und soziale Maßnahmen ihnen etwas Entscheidungsfreiheit überlassen. Jeder Meditierende merkt jedoch, wie unfrei wir sind, weil unsere Gedanken und Gefühle uns ständig in unserem Haß und unserer Gier festhalten wollen. Freiheit entsteht nur durch Nichts-Wollen und An-nichts-Haften. Der Buddha hat *Nibbāna* als das Auslöschen des Anhaftens beschrieben. Wenn es nichts mehr gibt, woran wir hängen, haben wir auch keine Angst mehr, etwas zu verlieren, denn wo „Nichts" ist, ist nichts zu verlieren. Diese Freiheit steht jedem Praktizierenden offen. Unser Geist ist ein Juwel, weil er den Samen dieser Freiheit, den Samen der Erleuchtung, in sich trägt. Wenn der Samen nicht vorhanden wäre, gäbe es keine Möglichkeit, *Dukkha* zu überwinden.

Derjenige, der den zweiten Sprung gemacht hat, wird ein „Einmalwiederkehrer" genannt. Er braucht noch eine Geburt, wahrscheinlich auf der menschlichen Ebene, um zur vollen Erleuchtung zu gelangen. Der dritte Sprung ist schwieriger, denn er führt uns weiter in das *Nibbāna*-Element hinein. Durch dieses Erleben werden Gier und Haß vollkommen ausgemerzt, so daß die Läuterung zu diesem Zeitpunkt schon sehr weit fortgeschritten sein muß.

Ein „Nichtwiederkehrer" ist ein Mensch, der gleichmütig und freudig ist, keine persönlichen Ambitionen hat, sich hilfreich und liebevoll zeigt und sich selbst unter den schwierigsten Umständen nicht verändert. Dieser Mensch hat die Hälfte der Fesseln gelöst. Er kann sich in der Höhle schon umdrehen und das Licht der Freiheit ohne allzugroße Schwierigkeiten erkennen. Aber um vollkommen erlöst zu werden, sind noch fünf weitere Fesseln abzustreifen.

Wenn wir die letzten fünf Fesseln lösen und vollkommene Heiligkeit erreichen wollen, müssen wir die Idee, daß es etwas Wünschenswertes oder zu Erledigendes gibt, vollkommen aufgeben. Von dem Nichtwiederkehrer wird gesagt, daß ihm die Ich-Illusion anhaftet wie der Duft einer Blume, obwohl er bereits ohne Gier und Haß lebt. Zwei der verbliebenen fünf Fesseln haben mit dem Wunsch zu tun, in den höchsten Götterregionen oder im schönsten Paradies wiedergeboren zu werden, von denen es in der Kosmologie des Buddha zwei Arten gibt. Die anderen drei Fesseln beziehen sich auf die subtile Ich-Illusion, die sich oft darin äußert, daß ein Nichtwiederkehrer glaubt, noch für Hilfeleistungen gebraucht zu werden. Rastlosigkeit, Unwissenheit (über die völlige Erlösung) und Ich-Dünkel (subtile Ich-Illusion) heißen die übrigen drei Fesseln, die zusammen mit dem Wunsch nach den Götterwelten beim vierten Sprung abgestreift werden. Rastlosigkeit ist ein Hindernis, das erst ganz am Ende eliminiert wird, wenn alles, was wir glauben zu sein, vollkommen erloschen ist. Daher ist es auch zu verstehen, daß gewöhnliche Menschen viel Unruhe in sich haben und nur in der Ruhe-Meditation etwas Frieden finden.

Die beiden Arten von Paradies sind vergleichbar mit den feinkörperlichen und den formlosen Vertiefungen, denn das sind die Grundlagen für eine Wiedergeburt auf diesen Ebenen. Die verschiedenen Existenzebenen sind unterschiedliche Bewußtseinsebenen. Der Buddha hat erklärt, daß auch die Götter vergänglich sind, aber so unendlich lange Lebenszeiten haben, daß sie glauben, sie seien ewig.

Die Erleuchtung, der vierte Sprung, bringt uns endgültig zur Quelle des Seins, wo es nichts anderes gibt als den Urgrund, aus dem alles entsteht. Jede Schöpfung entsteht aus der Begierde zu sein. Sind wir dann einmal hier, haben wir ständig Angst, irgendwann nicht mehr hier sein zu können, was sich in der Befürchtung äußert, uns oder unseren Lieben könnte etwas zustoßen. Wir selbst haben uns diese Existenz ausgesucht, in der es zwar einige Annehmlichkeiten gibt, das ist nicht zu bestreiten, aber auch unendlich viele Unannehmlichkeiten.

In dieser Lehrrede wird der Palast als Endziel genannt, da es sich um einen König handelt, der die verschiedenen Kutschen besteigt. Dieses Symbol wird von vielen Mystikern benutzt, weil ein Palast für etwas besonders Schönes und Sorgenfreies steht. Der Eintritt in den Palast der Erlösung macht deutlich, was es heißt, die Problematik des Menschseins abzulegen. Es ist sehr schwierig, Mensch zu sein. Mit Kümmernissen, Sorgen und Ärgernissen, Ablehnung, Widerwille und Hoffnung hat der Mensch zu tun, obwohl er unterschwellig weiß, daß es etwas Besseres gibt als das Alltagsbewußtsein, aber er weiß nicht, wie er dort hingelangen kann. So hat er sich häufig ein Glaubensgebilde zurechtgemacht, das ihm helfen soll, die alltägliche Bürde leichter zu tragen. Wenn der Glaube ohne Zweifel verinnerlicht ist, funktioniert das auch öfter.

Die Lehre des Buddha zeigt uns den Weg in die Freiheit von allen Fesseln. Wenn die Meditation erst konzentriert genug ist, sind dem menschlichen Geist keine Grenzen gesetzt. Nicht nur weises Erwägen und gezieltes Erfragen sind nötig, sondern auch das Erkennen von Einzelheiten im ganzen Geschehen, damit die Individualität in der Universalität aufgehen kann. Welcher spirituellen Lehre man auch folgt, es ist wichtig, alles zu beachten, was sie uns sagen will, und nicht nur das, was uns erfreut. Wir können uns nicht die Rosinen aus dem Kuchen picken und dann meinen, wir wüßten, wie der Kuchen schmeckt. Indem wir noch einmal Rückschau auf die Stadien der Läuterung halten, vergewissern wir uns erneut, daß wir den Weg in die Freiheit durch Loslassen zu unserem Weg machen, so daß wir eines Tages ohne Druck und Bürde in der absoluten Wahrheit leben können.

Fragen und Antworten

F: Die buddhistische Lehre scheint zu sagen, daß es nichts gibt, was ewig ist und Substanz hat, und trotzdem inkarnieren wir immer wieder. Was inkarniert denn überhaupt?
A: Keine spezifische Person. Du weißt nicht, wer du voriges Mal warst oder das nächste Mal sein wirst.
F: Ja, aber irgendeine Kontinuität muß es doch geben. Irgend etwas muß doch da sein. Das befriedigt mich nicht.
A: *Karma* ist das, was sich wie ein roter Faden von Leben zu Leben zieht, ohne eine Persönlichkeit zu beherbergen. Der Wunsch, ewig zu sein, kommt vom Ego, das nicht ausgelöscht werden möchte. Manche möchten in ihren Kindern weiterleben oder in ihren Werken. Andere glauben, in ihrer Wiedergeburt weiterzuexistieren oder in ihrem Ewigkeitsglauben. Ausgelöscht zu werden ist unbeliebt, ist jedoch ein falscher Gedanke, weil nie jemand da war. Nur eine Illusion gibt es. Wenn man sich das einmal klarmachen kann, hat man schon eine große Hürde überwunden. Das einzige, was wir auslöschen können, ist die Ich-Illusion, diesen falschen Gedanken, der immer wieder behauptet: „Da muß doch ein „Ich" sein."
F: Wenn wir bei den fünf täglichen Betrachtungen sagen: „Ich bin der Erbe meines *Karma*" oder auch „Ich bin für mein *Karma* verantwortlich", ist das dann Solo-Kontinuität, solange man wiedergeboren und erst mit dem *Nibbāna* ausgelöscht wird?
A: Die Kontinuität der Illusion.
F: Ist das *Karma* auch eine Illusion?
A: Nein, das „Ich", das das *Karma* hat.
F: Ich spreche jetzt von *Karma*.
A: „Ich bin der Erbe meines *Karma*" ist die Kontinuität der Illusion. In dem Moment, wo die Illusion ausgelöscht ist, gibt es kein *Karma* mehr.

F: Aber vorher gibt es schon welches?
A: Ja, natürlich.
F: Also, ich muß ja mit meinem „Ich" ganz schön haushalten, wenn ich für so vieles verantwortlich bin.
A: Wir haben alle unser „Ich" gut gepolstert und sind nicht bereit, es aufzugeben, und darum machen wir *Karma*. Solange das so ist, müssen wir versuchen, gutes *Karma* zu machen. Wir machen besseres *Karma*, wenn wir meditieren, um die Illusion des „Ich" vielleicht einmal loszuwerden.
F: Gibt es da nicht einen inneren Drang, der uns von allein zum „Ich-Loswerden" führt?
A: Ich denke, der Drang ist genau in der entgegengesetzten Richtung.
F: Ich habe aber das Gefühl, es gibt zwei Dränge.
A: Das kann schon sein, aber der Drang zum Anhaften am Dasein ist der stärkste. Alle Ideologien der Menschheit basieren auf der Ich-Illusion und dem Daseinstrieb. Das Loswerdenwollen taucht häufig in den Momenten auf, in denen uns alles zu schwierig erscheint und uns der Tod als Erlösung vorschwebt. Aber das basiert auf der gleichen Ich-Illusion wie der Daseinstrieb. Die Antwort liegt in der Erkenntnis. Wenn man diesen Punkt der Läuterung erreicht hat, hat man bereits den Drang, die befreiende Wahrheit zu erfahren.
Die Mystiker aller Religionen sind zu dem gleichen Resultat gekommen, denn es gibt nur eine absolute Wahrheit, aber verschiedene Wege, die dorthin führen.

KAPITEL 13

Überweltliche Tugenden

In der *Kālāma-Sutta*, einer sehr bekannten Lehrrede, erklärt der Buddha, wie man sich einen spirituellen Lehrer aussuchen beziehungsweise welche Maßstäbe man nicht anlegen sollte, um einen Lehrer und eine Lehre zu beurteilen. Diese Erklärung des Buddha ist deswegen so interessant und wichtig, weil es wohl das einzige Mal in der Geschichte der Menschheit ist, daß ein Lehrer zur objektiven Prüfung von allem auffordert, einschließlich seiner eigenen Person und Lehre. Sie macht uns auch deutlich, daß der ganze spirituelle Weg nur von uns selbst abhängt. Der Buddha hat dies besonders betont, weil man sich im Indien seiner Zeit, wie wohl überall auf der Welt und zu allen Zeiten, so gern auf eine übermenschliche Idealfigur verließ, die einem helfen sollte. Diese Denkart nimmt uns die Selbstverantwortung ab und scheint daher einfacher zu sein. In Wirklichkeit aber geht sie von etwas Unmöglichem aus, denn wir können uns nur selbst läutern. Diese Lehrrede des Buddha ist besonders berühmt, weil sie einen einzigartigen Zugang zum spirituellen Leben aufzeigt.

Es wurde in der Stadt Kesaputta, der Hauptstadt des Kālāma-Volkes, bekannt, daß der Buddha in den nächsten Tagen mit einer Gruppe Mönche dorthin kommen würde. Der Rat der Ältesten von Kesaputta entschloß sich, den Buddha kennenzulernen und ihn nach Dingen zu befragen, über die sie sich im unklaren waren. Am nächsten Tag kam der Buddha mit seinen Mönchen und ließ sich unter den Bäumen vor den Stadttoren von Kesaputta nieder. Es war üblich, daß der Buddha seine Ansprachen im Freien hielt, besonders am Anfang seiner Lehrtätigkeit. So zog der ganze Stamm der Kālāma vor die Tore der Stadt, um den Buddha zu treffen. Die Geschichte erzählt uns, daß einige sich vor ihm verbeugten, andere legten ihre Hände zum Gruß aneinander (was *Añjali* genannt wird), andere riefen ihren Eigennamen oder Familiennamen aus, und wieder andere setzten sich einfach hin. Daraus können wir erkennen, daß diese Menschen keine Jünger des Buddha waren, sondern ihn nur als einen Besucher willkommen hießen, um ihn kennenzulernen.

Nachdem sich alle hingesetzt hatten, stand der Ratsälteste auf und sagte dem Buddha, daß schon viele spirituelle Lehrer nach Kesaputta gekommen seien und ihre Lehre vorgebracht hätten. Jeder einzelne hätte das in sehr guter Weise getan, es sei sehr interessant gewesen, zu hören, was sie darlegten, und auch scheinbar ganz richtig. Aber jeder von diesen Lehrern hätte dann auf Befragen die anderen Lehrer schlechtgemacht und ihre Lehren als falsch angeprangert. Nun hätten die Kālāmer schon so viel gehört, aber sie wüßten überhaupt nicht mehr, was sie glauben sollten, sondern hätten nur noch Zweifel.

Daraufhin sagte der Buddha: „Kālāmer, ihr zweifelt an dem, was zweifelhaft ist." Da sagte der Älteste: „Was würdest du uns denn raten?" Der Buddha erwiderte: „Wenn ihr Lebewesen tötet, wird euch das zum Heil oder Unheil gereichen und zum Heil oder Unheil anderer?" Der Ratsälteste antwortete: „Zum Unheil." Dann ging der Buddha die weiteren vier Tugendregeln durch und fragte, ob Stehlen, sexueller Mißbrauch, Lügen oder berauschende Getränke ihnen selbst oder anderen zum Heil oder Unheil gereiche, und bekam jedesmal die Antwort: „Zum Unheil." Daraufhin fragte der Buddha, ob es Heil oder Unheil bringen würde, wenn sie von diesen Dingen Abstand nähmen. Die Antwort war, daß dies jedem zum Heil gereichen würde. Daraufhin erklärte ihnen der Buddha, daß eine Lehre, die die Tugendregeln enthält und auf Ethik und Moral basiert, auf jeden Fall annehmbar ist, denn schließlich sollte der spirituelle Pfad heilbringend sein.

Dann gab der Buddha den Kālāmern vier Zusicherungen, und zwar: „Wenn ihr gutes *Karma* macht und die Tugendregeln einhaltet und es gibt eine himmlische Welt, so werdet ihr sie sicherlich erreichen. Gibt es aber keine andere Welt, so seid ihr hier zu Lebzeiten glücklich. Wenn ihr gutes *Karma* macht und *Karma* hat Resultate, dann werdet ihr gute Resultate erzielen. Gibt es aber keine Resultate, werden weise Menschen euch loben." Ihr macht also auf keinen Fall etwas falsch, wenn ihr Gutes tut. Er ließ alle Möglichkeiten offen, weil von den Kālāmern nicht zu erwarten war, daß sie wußten, daß *Karma* Resultate hat und diese sich auswirken. Sie sollten durch Vernunft und Einsicht verstehen, daß es zu ihrem eigenen Vorteil ist, wenn sie sich um ihr Heil bemühen, das gleichzeitig das Heil anderer ist.

Als nächstes erläuterte der Buddha zehn Punkte, die nicht als Grundlage für einen spirituellen Pfad dienen sollen. Alle diese Punkte beruhen auf der Zuverlässigkeit anderer, und der Buddha hat den Kālāmern eindeutig zu verstehen gegeben, daß wir diesen Pfad selbst gehen und uns einzig und allein um unsere eigene Läuterung kümmern müssen. Diese zehn Punkte sind auch für uns heute sehr interessant, denn es hat sich im Prinzip nichts daran geändert. Wir können uns zwar schneller fortbewegen und leichter über große Entfernungen kommunizieren, aber das innere Wesen des Menschen ist nach wie vor so, wie es immer war.

Das erste, worauf man sich nicht verlassen soll, sind *Traditionen*. Traditionen können gut sein oder auch nicht, sie sind auf keinen Fall der spirituelle Pfad selbst. Sie müssen untersucht werden, um festzustellen, ob sie uns hilfreich sein können.

Zweitens soll man sich nicht auf eine *Überlieferung von Lehrer zu Schüler* verlassen und sich nur deshalb auf die Wahrheit einer Lehre berufen, weil sie schon seit ewigen

Zeiten weitergegeben worden ist. Hier hat sich der Buddha miteinbezogen, denn auch seine Lehre wird als Tradition und Überlieferung weitergegeben. Er weist jedoch ausdrücklich darauf hin, daß wir selbst prüfen müssen, ob das Befolgen der Lehre uns zum Heil gereicht oder nicht. Heil und heilig ist das gleiche, und so gibt uns unsere Sprache manchmal Hinweise, aus denen wir Zusammenhänge erkennen können.

Als nächstes sollen wir die *vorherrschende Meinung* nicht als Grundlage für unseren spirituellen Pfad nehmen. Daß es alle so machen, daß wir in etwas hineingeboren wurden oder daß wir nicht abseits stehen wollen, sind keine hinlänglichen Gründe.

Wir sollen uns auch nicht auf *heilige Schriften* verlassen, die uns eventuell etwas versprechen oder behaupten, die einzige Wahrheit zu vermitteln.

Spekulative Theorien sind gleichfalls abzulehnen, weil keine Praxis dahintersteht und wir sie daher unmöglich nachvollziehen können. Weder äußere noch innere Umstände können Theorien beweisen, die nicht anwendbar sind. Theorien müssen von jemandem aufgestellt oder niedergeschrieben worden sein; sie haben nichts mit unserem eigenen Erleben zu tun. Es ist unendlich schwierig, jemanden, der an eine spekulative Theorie glaubt, von etwas anderem zu überzeugen. Solch ein Glaube bringt spirituelle Ego-Identifikationen mit sich. Chögyam Trungpa hat den Begriff „spirituellen Materialismus" geprägt, der hier sehr gut paßt. Solche Theorien werden dann „mein", zum Beispiel mein Lehrer, meine Meditation, und verstärken nur unsere Ich-Illusion.

Auch *alles, woran wir sowieso schon immer geglaubt haben*, basiert auf unseren eigenen Schlußfolgerungen und ist daher keine Grundlage für die spirituelle Praxis. Es bestätigt lediglich unsere eigene Meinung, die aber niemals auf der absoluten Wahrheit beruhen kann.

Als nächstes sollten wir keine bloßen *Vernunftgründe* walten lassen. Die Vernunft bestätigt uns, daß die Wahrheit logischerweise so sein muß, eben weil wir nichts anderes kennen. So wird logisches Denken als neue Bewußtseinsebene angesehen, was aber nicht genügt, um uns zum Überweltlichen zu führen.

Auch sollen wir uns nicht auf einen *Glauben* verlassen, den wir vielleicht verteidigen müssen, wenn andere ihn nicht akzeptieren. Wenn ein Glaube verteidigt werden muß, sollte man sich einmal überlegen, ob er aus einem inneren Erlebnis heraus entstanden ist oder nur aus dem Anhaften an das Althergebrachte. Wenn letzteres zutrifft, können wir überprüfen, ob vielleicht eine neue Ich-Identifikation entstanden ist. Vielleicht ist uns schon klar, daß die weltlichen Freuden keinen inneren Frieden bringen, und wir haben deswegen das Gefühl, daß uns ein religiöser Glaube Sicherheit gibt, vor allem, wenn unsere Umwelt dies unterstützt.

Wir sollen nichts glauben, nur *weil der Meister erstklassige Eigenschaften hat*. Dabei hat sich der Buddha ganz deutlich selbst einbezogen. Er spricht hier gegen die Identifikation mit einem Guru oder Meister, der hoch entwickelt ist. Sich auf die *Autorität des Meisters* und seiner Tradition zu verlassen, bedeutet, die Selbstverantwortung abzulegen. Alle hier erwähnten Punkte sind Fallen, die unser Geist uns stellen kann.

„Aber", sagte der Buddha, „wenn ihr, Kālāmer, selber wißt, dies gereicht uns zum Heil, dies bringt gutes *Karma*, dies kann ich praktizieren, dann könnt ihr dem folgen." Damit waren die Kālāmer so zufrieden, daß sie dem Buddha versicherten: „Wir werden jetzt deiner Lehre folgen, hören, was du uns zu sagen hast, und uns keine Gedanken mehr machen, welche von den vielen anderen Lehrern recht oder unrecht haben."

Oft kam es vor, daß die Zuhörer des Buddha im Anschluß an eine Lehrrede entweder seine lebenslangen Laienanhänger oder gar Mönche und Nonnen wurden. Die Kālāmer waren da etwas zurückhaltender und sagten nur, sie wollten die Lehre des Buddha hören und befolgen.

Die Kālāmer waren Krieger, die zu der Zeit die beste Schulbildung hatten und den Priestern gleichgestellt waren. Intellektuell wären sie vielleicht mit uns vergleichbar, die wir ja immer alles untersuchen und analysieren wollen und dennoch häufig in die Falle der Gutgläubigkeit oder des Persönlichkeitskultes geraten. Wenn wir aber selbst geprüft und praktiziert und die heilsamen Folgen der Läuterung am eigenen Leib erfahren haben, können wir die Überlieferungen, Traditionen und heiligen Schriften auch benutzen, um uns über den Weg zu vergewissern. Oft wird vergessen, daß die heiligen Schriften eigentlich Anweisungen für die Praxis sind und keine Glaubensbekenntnisse oder schöngeistige Literatur. Nur wenn wir die Schriften als Anleitungen verwenden, haben sie ihren Sinn erfüllt. Die Lehrrede an die Kālāmer ist deswegen so bekannt und bedeutsam, weil sie auch uns heute ganz klar macht, wie wir Lehren und Lehrern gegenüberstehen sollten.

Auch die Lehrrede, mit der wir uns hier befassen, beginnt mit der Läuterung der Tugend, genauso wie des Buddhas Ansprache an die Kālāmer. Immer wieder stoßen wir auf die Läuterung der Tugend als Grundlage für die fortschreitende Praxis.

Bis jetzt haben wir die weltlichen Tugenden besprochen, die vor allem aus den vier großen Anstrengungen bestehen, nämlich unheilsame Gedanken zu vermeiden und zu überwinden und dafür heilsame Gedanken zu entfalten und zu erhalten; ferner auf Gefühle und Emotionen nicht zu reagieren, sondern sie mit Gleichmut zu betrachten und fallenzulassen. Dann ging es um die Zügelung der Sinnesbegierden durch das Beschützen der Sinnestore und weiterhin um Mäßigung in Worten und Taten aus Gewissensscheu und Scham, aber wichtiger noch, um den spirituellen Pfad zu ebnen. Der Buddha macht uns aber auch mit einer Reihe von überweltlichen Tugenden bekannt, die auf dem Pfad der Praxis bis zur Erlösung führen können.

Die erste überweltliche Tugend ist Selbstdisziplin, ohne die wir nicht praktizieren können und nicht praktizieren werden. Wenn wir morgens nicht zur rechten Zeit aufstehen und meditieren, haben wir den Tag schon nicht richtig begonnen. Dazu kommt noch die Selbstdisziplin, den Sinnesbegierden nicht immer zu folgen, sich zu beschränken und die Tugendregeln unter allen Umständen einzuhalten. Wir sollten zwar Liebe und Mitgefühl für unsere Fehler und Schwächen aufbringen, können aber dennoch ständig versuchen, ihnen entgegenzuarbeiten. Von Natur aus möchte der Mensch es recht komfortabel haben und eigentlich nicht darüber nachdenken, was diese Orientierung für Folgen haben kann. Selbstdisziplin ist daher längst nicht so weit verbreitet wie die Suche nach Annehmlichkeiten durch die Sinne. Daher ist es angebracht, daß wir uns häufig selbst prüfen, um herauszufinden, welchen Sinneskontakt wir gerade suchen, um unsere Situation angenehmer zu machen. Vielleicht merken wir dann auch, daß wir die gleiche Zeit nutzbringender verwenden könnten. Wenn Selbstdisziplin zur Gewohnheit wird, bereitet sie uns keine Schwierigkeiten mehr, weil sie dann einfach das Niveau bestimmt, auf dem wir leben. Nobles Schweigen und Meditation erfordern Selbstdisziplin. Diese Anstrengung wird sehr bald mit innerer Ruhe belohnt. Wenn wir uns aber gehenlassen, merken wir schnell, daß wir nicht nur unzufrieden werden, sondern auch mit den Begierden und Wünschen anderer in Konflikt geraten. Wenn beispielsweise alle Anwesenden ruhig sein wollen, wir selbst uns aber unterhalten wollen, weil uns diese Disziplin des Schweigens nicht gefällt, werden wir uns sicherlich recht unbeliebt machen.

Die Zügelung der Sinne ist die nächste überweltliche Tugend. Dieser Schritt ist nicht einfach, wenn wir schon Sinneskontakt mit Begehrenswertem gemacht haben, wozu auch das Nachsinnen über Begehrenswertes gehört. Sich dann zu zügeln, ist schwierig. Es ist viel einfacher, den Kontakt gar nicht erst aufzunehmen. Sollte jedoch eine Sinnesbegierde in Gedanken hochgekommen sein, so müssen wir sie durch einen spirituell erbaulichen und erlabenden Gedanken ersetzen. Wenn wir unsere fünf Sinne beschützen und nicht mit vielem Neuen Kontakt aufnehmen, bleibt unser Geist auch eher von begehrlichem Denken verschont. Wir brauchen uns dann nicht einzureden, daß wir etwas unbedingt haben müssen, denn das ist der erste Schritt ins Unheil. Wenn wir das Erwünschte dann aus irgendwelchen Gründen nicht bekommen können, haben wir *Dukkha* im Herzen und unsere Energie und Zeit nutzlos verschwendet.

Die Zügelung der Gedanken und der fünf Sinne bewahrt uns vor solchen Schwierigkeiten. Wir müssen nicht unbedingt das anschauen oder anhören, was uns zum Reagieren herausfordert, sondern können die Sinne zur Ruhe kommen lassen. Es ist nicht möglich, die Sinneskontakte ganz auszuschalten, und so sind wir ständig in Gefahr, ihren Verlockungen zu erliegen. Nicht nur die weltliche Ebene wird dadurch permanent in uns lebendig, sondern auch Unheilsames kann Fuß fassen, weil wir uns vielleicht von Begierden zu Schlechtem hinreißen lassen. Oft rechtfertigen wir uns in solchen Fällen damit, daß wir irgend etwas dringend benötigen. Auf dem spirituellen Pfad muß uns jedoch klar sein, daß die Sinneskontakte nie völlige Befriedigung bringen können. Wenn wir sie untersuchen, merken wir ganz deutlich, daß jegliche Befriedigung nur ganz kurze Zeit anhält; so kurz, daß wir die Sinneskontakte immer wieder erneuern müssen. Selbstdisziplin ist eng mit der Zügelung der Sinne verbunden. Oft ist es nötig, gerade das zu unterlassen, was unsere Impulse uns vorschreiben. Wenn es schwierig wird, können wir versuchen, uns selbst gut zuzureden.

Der dritte Schritt ist Reuelosigkeit, die hochkommt, wenn wir erfolgreich geübt haben. Im Rückblick auf unsere Bemühungen sehen wir, daß wir ab und zu in der

Lage waren, uns zu beherrschen, und darüber freuen wir uns. Da Begierde auch oft Haß hervorruft (wenn die Wünsche unerfüllt bleiben) und Haß uns zu schlechten Worten und Taten verleiten kann, sind wir frei von Reue, wenn nichts dergleichen vorgekommen ist. Reuelosigkeit eröffnet uns den Pfad, weil wir Selbstvertrauen gewinnen. Wir wissen, daß wir uns auf uns selbst verlassen können, was uns ein Gefühl der inneren Stärke verleiht. Ohne diese fühlen wir uns wie ein Blatt im Wind, das von Emotionen, Sinneskontakten und Wünschen hin- und hergeweht wird. Wir sind unsicher, weil wir uns empfindsam und verletzbar fühlen. Wir finden keinen Ruhepunkt in uns, weil uns das innere Rückgrat fehlt. Selbstdisziplin und Zügelung bringen diese fehlende Kraft, ohne die der spirituelle Pfad recht schwierig ist – genauso wie das tägliche Leben. Immer wieder fühlen wir uns als Opfer der äußeren Geschehnisse, statt Meister der Situation zu sein.

Ferner stimmt Reuelosigkeit unser Gemüt freudig. Es ist selbstverständlich, daß wir uns freuen, wenn es uns gelungen ist, den eigenen Instinkten und Impulsen entgegenzuwirken, und das mit guten Resultaten. In unserer Gesellschaft sind Sinnesbegierden absolut nicht verpönt. Im Gegenteil, sie werden von allen Seiten unterstützt. Je mehr man sich leisten kann, desto mehr muß man doch wert sein. Eigentlich sollte jedem klar sein, daß diese Denkweise absurd ist, und dennoch hat das, was alle um uns herum denken und tun, Einfluß auf uns, vor allem, wenn wir noch jung sind oder noch nicht viel darüber nachgedacht haben, was im Leben wichtig ist und was nicht.

Bis wir klar erkannt haben, daß die Welt auf viele Dummheiten hereinfällt, werden wir von der allgemeinen Meinung beeinflußt. Nicht nur, daß die meisten Menschen kaum andere Freuden kennen als diejenigen, die sie durch die Sinne bekommen, die Förderung unserer Sinnesbegierden scheint auch ökonomisch von Vorteil zu sein. Je mehr wir kaufen, desto besser geht es uns angeblich. Je mehr Steuern wir zahlen, desto mehr sind wir scheinbar wert. Es sieht so aus, als ob ein Mensch, der viel hat, auch viel ist. Diese Denkweise hat eine subtile Wirkung auf jeden, der arglos mitmacht. Da wir alle in irgendeiner Weise in die Ökonomie eingebunden sind, sind wir auch immer davon betroffen. Dieser Wirkung können wir nicht entgegenarbeiten, indem wir uns von jeglicher Habe entledigen. Auch das ist schon versucht worden, ohne sichtbare Resultate. Auf jeden Fall ist diese Art von Reaktion mit Abneigung verbunden und repräsentiert daher nur die Kehrseite derselben Medaille, die Haß und Gier heißt. Die Sinnesbegierden müssen vielmehr als das erkannt werden, was sie wirklich sind, damit durch ihre Zügelung und die darauf folgende Reuelosigkeit innere Freude erwachen kann, die für den spirituellen Pfad von grundlegender Bedeutung ist.

Innere Freude ist nicht das gleiche wie Vergnügen, denn sie entsteht durch das Erkennen und Erleben des Guten. Ohne innere Freude können wir zum Beispiel nicht meditieren. Wenn wir uns voll von Problemen, Sorgen, Kümmernissen, Zweifel und Ablehnung auf das Kissen setzen, erleben wir in der Meditation immer wieder nichts anderes als unsere Probleme. Wenn wir uns voll innerer Freude hinsetzen, in der Sicherheit, daß unsere Meditation uns und anderen zum Heil gereicht, dann erleben wir zumindest eine positive Gemütseinstellung, selbst wenn die Meditation nicht konzentriert ist. Auch während der Meditation ist Selbstdisziplin nötig. Denken ist ein Sichgehenlassen, wohingegen Konzentration Geistesdisziplin ist. Je mehr Selbstdisziplin wir im Leben üben, indem wir unsere Begierden und egobezogenen Wünsche fallenlassen und statt dessen versuchen, an andere zu denken, desto leichter fällt uns die Meditation.

Sowohl im Alltag als auch in der Meditation brauchen wir Selbstdisziplin, um von dem loszulassen, was uns instinktiv am einfachsten erscheint. Den Geist phantasieren zu lassen, statt zu meditieren, ist wohl das Leichteste, was es gibt. Das, was am einfachsten ist, ist jedoch niemals das Hilfreichste oder Heilsamste. Wir haben sicher alle schon die Erfahrung gemacht, daß, wir innere Stärke und Selbstvertrauen gewonnen haben, wenn wir Schwierigkeiten gemeistert haben, mögen sie körperlich oder geistig gewesen sein. Selbstdisziplin ist wie ein roter Faden, der sich durch unser ganzes Leben und durch den ganzen spirituellen Pfad zieht. Jeden Morgen fängt ein neues Leben an, und wir können jedesmal aufs neue den Entschluß fassen, Selbstdisziplin zu üben, weil das ja allzu leicht in Vergessenheit gerät.

Innere Freude, die aus Reuelosigkeit resultiert, gibt unserer Meditation den nötigen Schwung und geht auch nicht verloren, wenn wir nicht meditieren. Nur wenn wir mit uns und der Welt unzufrieden sind, kommt die Freude abhanden. Daher ist es wichtig, einmal zu erkennen, daß wir jedesmal unzufrieden werden, wenn wir uns in Gedanken, Worten oder Taten gehenlassen. Wenn wir auf uns aufpassen, können wir Freude in uns verankern und uns damit das Leben und den Meditationspfad erleichtern. Vor allem ist es wichtig, daß wir die Disziplin als unseren besten Freund und nicht als bösen Feind betrachten. Selbstdisziplin bedeutet nicht, mit zusammengebissenen Zähnen etwas gegen den eigenen Willen zu tun, denn dann steigt Haß auf. Vielmehr praktizieren wir mit liebevollem Mitgefühl für uns selbst. Wir können nicht über unseren Schatten springen oder gar von heute auf morgen heilig werden, aber wir können gerade ein wenig mehr tun, als wir bis jetzt getan haben.

Die nächsten Schritte auf dem Pfad sind die vier meditativen Vertiefungen, die wir als „Läuterung von Herz und Geist" bezeichnet haben. Wir sehen also, daß die erste Kutsche mit Selbstdisziplin, Zügelung der Sinne, Reuelosigkeit und Freude besetzt ist, während die zweite die Meditation enthält. Verzückung, Glück, Beruhigung und Sammlung sind die vier Aspekte, die dabei angesprochen werden.

Verzückung ist die Bezeichnung für die angenehmen Körpergefühle, die stark oder schwach sein können und als erster Schritt in die Vertiefungen dem Gefühl der Freude nahe verwandt sind. Wenn das anfängliche Gefühl der Freude vorhanden ist, ist es nicht so schwer, in die erste Vertiefung zu kommen. Ohne Freude im Herzen ist es allerdings recht schwierig. Wenn wir glauben, es gäbe nichts, worüber wir uns freuen könnten, sollten wir noch einmal nachprüfen, ob dem wirklich so ist. Wir können uns beispielsweise alles Gute, das wir je im Leben getan haben, ins Gedächtnis rufen und uns über unsere Bemühungen freuen. Die Unzufriedenheit, die fast jeder in sich trägt, kommt daher, daß wir unsere Fehler und Schwächen kennen und kritisieren. Das ist aber kein Grund zur Unzufriedenheit, im Gegenteil, das Erkennen unserer Schwierigkeiten ist ein Grund zur Freude, denn es gibt uns die Möglichkeit, etwas zu ändern. Darum sollten wir uns auch freuen, wenn ein anderer uns auf unsere Fehler aufmerksam macht, was wir im allgemeinen überhaupt nicht vertragen können. Wir sollten demjenigen für seine Mühe dankbar sein, sehen wir doch selbst viel leichter den Splitter im Auge des anderen als den Balken im eigenen. Unzufriedenheit ist eng verwandt mit Selbsttadel, der uns gar nichts nützt. Wenn wir schon etwas falsch gemacht haben und uns auch noch dafür tadeln, haben wir es mit zwei Negativitäten zu tun.

Die innere Freude, die uns ständig begleiten kann, sollte sich darauf beziehen, daß wir einen spirituellen Weg gefunden haben, den wir Schritt für Schritt nachvollziehen können. Wir brauchen nichts zu glauben und lassen das ruhen, was wir im Moment noch nicht erkennen können, bis wir soweit sind. Es ist eben ein Pfad der Praxis, zu dem natürlich auch Wissen gehört, denn sonst sind wir unsicher, was wir praktizieren sollen. Freude in

Verbindung mit Wissen gibt uns jedoch eine Klarheit, die wir dann in die Tat umsetzen können. Wenn wir uns mit Freude auf unser Meditationskissen setzen, haben wir schon die halbe Arbeit geleistet. Dann ist es nicht mehr so schwer, sich zu konzentrieren und den Geist zu disziplinieren, so daß er sich vertiefen und über die Schwelle in die inneren Gemächer eintreten kann.

Das Entzücken, das als erstes auftritt, wird von innerem Glück begleitet, dem Meditationsobjekt der zweiten Vertiefung. Wir können nicht umhin, glücklich zu sein, wenn wir Entzücken erlebt haben. Beruhigung oder Zufriedenheit des Geistes ist das nächste Resultat, erfahrbar als die dritte Vertiefung. Sammlung beschreibt die vierte Vertiefung, weil hier der Geist zum ersten Mal vollkommen einspitzig ist. Dies wird im Noblen Achtfachen Pfad, den der Buddha nach seiner Erleuchtung beschrieb, als „Rechte Konzentration" bezeichnet. Jetzt sind alle Sinneskontakte ausgeschaltet, so daß Geräusche nicht mehr stören und angenehme oder unangenehme Gefühle im Körper nicht mehr wahrnehmbar sind. Es gibt auch keine flüchtigen Gedanken mehr, so daß absolute Ruhe herrscht. Bezüglich der Tiefe dieser Sammlungsstufe hat der Buddha folgendes erzählt: Als er unter einem Baum an einem Fluß saß und gerade seine Meditation beendet hatte, kam ein wandernder Asket vorbei und erzählte ihm, daß er am Tag zuvor so tief in seiner Meditation versunken gewesen sei, daß er Donner und Blitz eines Riesenunwetters nicht gehört habe. Da sagte ihm der Buddha, daß er hier an diesem Fluß schon seit vielen Stunden in Meditation gesessen und jetzt erst festgestellt habe, daß inzwischen fünfhundert Ochsenkarren durch den Fluß gezogen und am gegenüberliegenden Ufer angekommen waren. Von all dem habe er nichts gehört. Ochsenkarren machen übrigens einen ohrenbetäubenden Lärm, weil sie mit ungeölten Holzrädern fahren. Hier hat uns der Buddha wissen lassen, daß in äußerster Vertiefung jedes Geräusch ausgeschaltet wird.

Liebende-Güte-Meditation
(Der liebste Mensch)

Zunächst lenken wir die Achtsamkeit auf den Atem.

Jetzt denken wir an den Menschen, den wir am meisten lieben. Wir wollen das Gefühl für diesen einen Menschen ganz stark in uns hochkommen lassen und es voll empfinden.

Nun wollen wir dieses Gefühl auf uns selbst übertragen, denn es besteht kein Unterschied zwischen Lebewesen. Mit der Liebe, die wir für den geliebten Menschen empfinden, können wir jetzt uns selbst anfüllen und umhüllen.

Nun lassen wir nochmals das Gefühl für den liebsten Menschen hochkommen und übertragen es dann auf denjenigen, der uns räumlich am nächsten ist. Unsere Liebe kann gleichmäßig zu jedem ausstrahlen.

Jetzt lassen wir wieder das Gefühl für unseren liebsten Menschen hochkommen, füllen unser Herz damit und verteilen dann das gleiche Gefühl auf alle, die hier versammelt sind. Wir können uns einmal vorstellen, daß der von uns am meisten geliebte Mensch hier viele Male anwesend ist. Alle Lebewesen können die gleiche Liebe von uns bekommen.

Wir wollen jetzt an unsere Eltern denken und sie mit dem gleichen Gefühl der hingebenden Liebe anfüllen und umhüllen. Wir können dieses liebende Gefühl ganz warm und strömend empfinden und verschenken.

Jetzt richten wir unsere Gedanken auf unsere nächsten und liebsten Menschen. Wir wollen ihnen unsere tiefe, reine Liebe schenken, die nichts verlangt, sondern nur geben will.

Nun lassen wir alle guten Freunde vor unserem geistigen Auge erscheinen. Das Gefühl für unseren am meisten geliebten Menschen kommt nochmals hoch und füllt uns an, und dann verteilen wir diese Liebe an all unsere guten Freunde.

Wir denken jetzt an Arbeitskollegen, Nachbarn und Menschen, die wir hier und dort im täglichen Leben treffen. Wir lassen das Gefühl für unseren liebsten Menschen wieder hochkommen und füllen uns damit an. Dann verteilen wir dieses Gefühl mit voller Hingabe auf all diese Menschen und nehmen sie genauso in unser Herz auf wie unseren liebsten Menschen.

Jetzt wollen wir an irgendeinen Menschen denken, mit dem wir vielleicht Schwierigkeiten haben. Wir können Dankbarkeit empfinden für diese Lernsituation und das Gefühl für den geliebten Menschen auch auf diesen schwierigen Menschen ausstrahlen, ihn damit anfüllen und umhüllen. In dem Moment nehmen wir ihn in unser Herz auf.

Wir können das Gefühl für den geliebten Menschen noch einmal hochkommen lassen, es zutiefst empfinden und dann auf all die Menschen verteilen, die in unserer Heimatstadt leben, ob wir sie kennen oder nicht. Wir wollen in ihre Häuser gehen und ihnen unsere Liebe von Herz zu Herz schenken.

Jetzt wollen wir die Achtsamkeit wieder auf uns selbst lenken. Wir können das Gefühl der Zufriedenheit in uns erkennen, das von der rechten Anstrengung kommt, und das Gefühl der inneren Freude, das vom Lieben und Geben kommt. Wir können uns dem Gefühl der Liebe hingeben, ohne jegliche Barrieren, und es in uns wachsen und reifen lassen.

Mögen alle Lebewesen Liebe füreinander empfinden.

KAPITEL 14

Abwendung vom Materiellen und Hinwendung zum Spirituellen

Ruhe-Meditation ist das Mittel und Einsicht der Zweck der spirituellen Praxis. Wenn der Geist sich so gesammelt hat, daß er wie ein gespitztes Werkzeug ist, fällt es uns leichter, in die Tiefe unseres Selbst zu schauen und Neues in uns zu erkennen. Erkennen bedeutet, unseren Geist und Körper ohne Ansichten und Meinungen zu betrachten und zu verstehen.

Der Buddha hat dazu folgendes gesagt: „Der Körper ist wie eine Schaumblase." Eine Schaumblase platzt, sobald sie Druck bekommt. Wenn auf unseren Körper zuviel Druck ausgeübt wird, zerbricht er oder erleidet Schaden. Die Schaumblase ist ein Symbol dafür, wie leicht unser Körper zerfällt. Wieviel Angst wir auch davor haben, dem Tod können wir nicht entgehen.

Gefühle hat der Buddha mit Wasserblasen verglichen. Sie sind hübsch anzusehen, genau wie unsere Gefühle, doch im nächsten Moment sind sie zerplatzt. Sie überdauern kaum eine Sekunde.

Wahrnehmung hat er mit einem Luftgespinst verglichen, ähnlich einer Fata Morgana; denn die Wahrnehmung ist für jeden eine andere. Was wir uns vorstellen und was in jedes Menschen Geist als Wahrnehmung erscheint, ist weder wahrhaftig, noch bleibt die Vorstellung bestehen, wenn man sich ihr nähert. Weil wir unseren Wahrnehmungen vertrauen, die uns vorgaukeln, etwas sei schön oder häßlich, begehrenswert und interessant oder langweilig, können sie uns zu Reaktionen verführen, die oft schwerwiegende Folgen haben.

Gedanken hat der Buddha mit einem Bananenbaum verglichen, der kein Kernholz hat. Wir können uns auch eine Zwiebel vorstellen, die ähnlich beschaffen ist. Sie scheint ganz fest zu sein, besteht aber nur aus einer Haut nach der anderen, und ihre Mitte ist ganz leer. Auch Gedanken scheinen solide und wertvoll zu sein. Wir benutzen sie ständig, glauben ihnen und richten unser Leben nach ihnen aus; oft machen wir dadurch sogar anderen das Leben schwer. Und schon eine Sekunde später existieren diese Gedanken überhaupt nicht mehr und andere, neue kommen hinterher. Da dieser Vorgang so kontinuierlich abläuft, glauben wir, daß in den Gedanken wirklich etwas Solides zu finden sei, so wie wir vielleicht glauben, eine Zwiebel hätte einen festen Kern, wenn wir sie nur von außen sehen. Wir müssen jedoch lediglich hineinschauen, um festzustellen, daß gar nichts darin zu finden ist, außer einer Haut nach der anderen. Genauso ist es mit unseren Gedanken. Einer folgt auf den anderen, und wenn wir tiefer hineinschauen, ist auch dort nichts weiter zu finden.

Unser Sinnesbewußtsein hat der Buddha mit einem Trugbild verglichen. Es zeigt uns etwas, was wir mit Wahrnehmung, also einem Luftgespinst, erklären und wodurch wir dann zu Haß oder Gier verleitet werden. Wir halten es für Gold, weil es glänzt, aber in Wirklichkeit ist es nur Glanz. Dieses Trugbild, das wir durch unsere Sinne sehen, hören, schmecken, berühren, riechen und denken, ist alles, was wir kennen, und zwar so lange, bis wir die Vertiefungen in der Meditation erleben. Diese Welt ist jedoch nichts weiter als ein Gebilde aus Ideen und Trugschlüssen, mit denen wir uns nur *Dukkha* bereiten. Ein Meditierender muß auf jeden Fall nachvollziehen können, daß er nicht jeden Gedanken zu glauben braucht, sonst war er nicht achtsam genug. Gedanken sind eben nichts weiter als Bläschen, die aufsteigen und wieder zerfallen. Alle fünf Daseinsgruppen können so gesehen werden: nichts als Bläschen, deren Lebensdauer so begrenzt ist, daß man ihnen kaum auf die Spur kommen kann. Dennoch nehmen sie sich äußerst wichtig und behaupten eine ganz eigene Daseinsberechtigung zu haben und besonderer Beachtung zu bedürfen, und wollen vorzugsweise behandelt werden, weil sie eben „mir" gehören. Es sind „meine" Bläschen. Da uns diese Begründung genügt, braucht es eine weitere überhaupt nicht zu geben.

Wenn wir achtsam sind, können wir unsere Gedanken einsetzen, um nur das Notwendige und Wichtige im Leben zu erledigen, und den Rest der Zeit in innerer Ruhe verharren, in der keine Bewegung existiert. Auf diese Weise vermindern wir unser *Dukkha*, und selbst, wenn es uns gelegentlich heimsucht, lächeln wir es freundlich an und sind uns seiner Vergänglichkeit und seiner Funktion als Lehrer bewußt. Nur unser ständiges Denken macht aus *Dukkha* ein Erlebnis und aus jedem Sinneskontakt ein Geschehnis. Wenn wir unsere Gedanken wirklich sinnvoll einsetzen wollen, sollten wir sie dazu gebrauchen, unsere Ansichten, die uns immer wieder in alten Mustern verharren lassen, zu erkennen und zu verändern. Das ermöglicht es uns, die Zweifel bezüglich dessen, was im Leben wirklich wichtig ist, abzulegen. Im Prinzip geht es ausschließlich um unser spirituelles Wachstum, alles andere läuft sowieso von selbst. Wenn Tugend und Erkennen den Pfad begleiten, den wir eingeschlagen haben, können wir ihn vertrauensvoll weitergehen.

Wenn wir uns selbst etwas anders empfinden als bisher, dann kommt das durch Erkenntnis. Erkennen ist der Sinneskontakt des Gedankens, der ein Gefühl auslöst und daher von Empfinden gefolgt wird. Durch verändertes Empfinden ändert sich unsere ganze Haltung dem Leben gegenüber. Die Stellung, die wir im Leben einnehmen, ist uns allen wichtig, denn sie zeigt uns und anderen, wer wir sind, da wir uns mit ihr identifizieren. Wenn unser Erkennen klarer wird, klären sich auch unsere Empfindungen uns selbst und anderen gegenüber. Damit ändert sich auch unser Verständnis über unseren Platz im Universum, und eine neue Sicht entsteht.

Erkennen beruht immer auf einer inneren Nachfrage. Solange wir *Dukkha* noch nicht als universelles Geschehen erkannt haben, ist noch keine innere Öffnung möglich. Sollten wir immer noch glauben, daß entweder andere an unserem *Dukkha* schuld sind oder es für uns beseitigen werden, können wir den spirituellen Pfad noch nicht beschreiten. Erst in dem Moment, wo wir Eigenverantwortung übernehmen und uns klar ist, daß niemand anderes auch nur im entferntesten daran denkt, etwas zu unternehmen und sich mit etwas zu belasten, was uns angeht, haben wir Zutritt zur Läuterung. Wenn wir *Dukkha* als eine unausweichliche Eigenschaft erkannt haben, die allem anhaftet, was existiert, und wir unseren Geist sinnvoll einsetzen wollen, öffnet sich eine neue Dimension. Wenn wir uns nicht länger von allen weltlichen Möglichkeiten blenden lassen und die Wahrheit wirklich sehen wollen, ist es unmöglich, sie nicht zu sehen.

Wenn wir die menschliche Problematik auf der weltlichen Ebene durch und durch erkannt haben, wenden wir uns von allem ab, was wir bis dahin als anziehend empfunden haben und was uns immer wieder dazu verleitet hat, unsere Energie, Zeit, Gedanken und Gefühle zum Einsatz zu bringen. Wir bezeichnen dieses Abwenden als Ernüchterung. Die gleichen Dinge sind nun nicht länger anziehend und interessant, weil wir durchschaut und erkannt haben, daß sie in Wirklichkeit nur Wasserblasen sind, ein Gaukelspiel, das unsere Sinne bestört. Wir wenden uns nicht ab, um die Welt zu verlassen, sondern um in der Welt das zu tun, was wirklich wichtig ist. Wir wenden uns von dem ab, was uns von unserem Pfad ablenken könnte. Wir haben wahrscheinlich nicht mehr dieselben Interessen und auch nicht mehr dieselben Freunde und sicherlich nicht mehr denselben Tagesablauf, wenn wir in eine andere Richtung schauen. Dies ist der erste Schritt ins Überweltliche, der das Transzendieren der menschlichen Probleme einleitet. Bis dahin haben wir uns mit Ansichten und Zweifeln abgegeben und versucht, unsere Meditation in Ordnung zu bringen. Aber jetzt machen wir einen Schritt von elementarer Wichtigkeit.

Ernüchterung führt zum Loslassen auf der Grundlage von Gierlosigkeit. Die Fähigkeit, loslassen zu können, ist gleichbedeutend mit der Erkenntnis, daß man an etwas anhaftet. Eine ganz wichtige Kontemplation ist daher die Betrachtung des eigenen Todes. Es genügt nicht zu glauben, daß wir mit unserem eigenen Tod einverstanden sind, vielmehr sollten wir wirklich einmal nachspüren, ob wir jetzt, in diesem Moment, bereit wären zu sterben oder nicht, und wenn nicht, warum nicht. Unser stärkstes Anhaften ist das Anhaften am „Sein", das manchmal, wenn es uns schlechtgeht, in das Gegenteil umschlägt, nämlich in die Gier nach „Nicht-Sein", und die Dritte im Bunde unserer Begierden ist die Gier nach Sinnesbefriedigung.

Wenn wir unseren eigenen Tod als lebensnahe Wirklichkeit erleben wollen, müssen wir uns fragen, wie sehr wir an dem festhalten wollen, was wir glauben zu sein, und wie sehr wir uns dagegen sträuben, nicht mehr zu sein. Dies hilft uns zu erkennen, woran wir am stärksten anhaften. Vielleicht sind das Menschen, von denen wir glauben, sie gehören uns. Auch das müssen wir untersuchen. An diesem Punkt der spirituellen Praxis müssen wir vollständig loslassen, denn sonst gibt es keine Erlösung.

Loslösen von allem, an dem wir festhalten, ist die Voraussetzung für Erlösung und betrifft nicht nur materielle Güter, denn diese sind vielen Menschen gar nicht mehr so wichtig. Es geht auch um das Loslassen von dem ganzen Gedanken- und Gefühlsgut, das wir mit uns herumschleppen, von den Menschen, die uns lieb sind, an denen wir festhalten und mit denen wir uns identifizieren. Wir haften an der Idee an, daß wir doch noch etwas mehr darstellen könnten. Das ist aber unmöglich. Wir können nur weniger werden. Wenn wir eines Tages gemerkt haben, daß wir eigentlich niemand sind, haben wir das kosmische Geschehen begriffen. Dazu müssen wir schon tief in uns hineinschauen, der Wahrheit ergeben sein und die Erlösung anstreben. Es gibt nicht so sehr viele Menschen, die die Ich-Illusion gänzlich aufgeben und die Freiheit im Nichts finden wollen. Manchen wäre das vielleicht unter gewissen Bedingungen recht, nämlich dann, wenn es erfreulich ist, oder wenn der Partner auch mitkommen kann, oder wenn man es erst einmal ausprobieren könnte. Die Wirklichkeit sieht allerdings anders aus. Dazu gehört eine Tiefe des Verstehens und eine Bewußtseinsebene, die es uns ermöglicht, die Welt ganz anders zu sehen als bisher. Dann ist das Loslösen auch nicht mehr so schwierig, weil wir nichts finden können, was des Anhaftens wert sei. Alles hat nur scheinbare Substanz und zerfällt ständig.

Wenn wir an diesem Punkt angelangt sind, brauchen wir nur noch in die siebente Kutsche einzusteigen, die uns zum Palast bringt, in die absolute Freiheit und in das Erlöschen der „Ich"-Illusion. Bei dem Wort „Erlöschen" haben wir vielleicht die Vorstellung, daß hier etwas verschwindet, ausgelöscht wird, was wir bis jetzt immer zur Verfügung hatten, nämlich das „Ich". Aber es handelt sich nicht um das Erlöschen des „Ich", denn das hat es ja nie gegeben, sondern nur um das Erlöschen der Illusion vom „Ich". Wenn diese Illusion durchschaut ist, erfahren wir Erlösung von jedem *Dukkha*. Dieser Schritt erfordert, daß wir aufhören, Körper und Geist als persönlichen Besitz anzusehen. Wir können gleich einmal nachforschen, wem unser Geist und unser Körper gehören. Wieso ist es denn so wichtig, was Geist und Körper tun? Sicherlich nur, weil wir sie „mein" nennen.

Die siebente Kutsche ist die „Läuterung durch Wissen und Erkenntnis", und in ihr gelangen wir an unser Ziel, den Palast. Der ganze Weg ist nur dann erfolgreich, hilfreich und beglückend, wenn wir uns nicht nur das heraussuchen, was wir für akzeptabel halten, sondern Schritt für Schritt allen Anweisungen folgen. Je mehr Selbstdisziplin wir haben, desto mehr können wir von dem loslassen, was uns das Leben angenehm machen soll, sei es das süße Nichtstun oder die Süßigkeiten. Es ist viel Arbeit nötig, aber die meditativen Vertiefungen ebnen uns den Weg. Wenn wir die meditativen Vertiefungen praktizieren, haben wir den beeindruckendsten Ersatz für die Sinnesvergnügungen, der in der Welt möglich ist, denn wir erleben, daß wir Zugang zu etwas viel Wertvollerem haben.

Der Buddha hat das *Dhamma* und die Meditation mit einem Floß verglichen. Wir brauchen das Floß, um den Fluß zu überqueren, aber auf der anderen Seite angelangt, wäre es ja unsinnig, sich dieses Floß auf den Rücken zu laden und damit weiterzugehen. Da lassen wir auch das Floß fallen und versuchen es zurückzusenden, so daß andere es benutzen können. Wir brauchen die Lehre und die Praxis, um das diesseitige Ufer der Weltlichkeit verlassen zu können, aber danach sind sie genauso Ballast wie alles andere. Selbstverständlich ist dies nur bildlich gesprochen, denn alles spielt sich im eigenen Herz und Geist ab, wo alle Reinheiten und Unreinheiten zu finden sind.

Das Interessanteste, was wir in diesem Leben tun können, ist, uns selbst kennenzulernen. Wir lernen immer gern andere Leute kennen, machen uns Gedanken über sie und benutzen dies vielleicht als Gesprächsthema. Es ist jedoch bedeutend aufschlußreicher, sich selbst kennenzulernen. Auch das können wir zum Gesprächsthema machen. Es kann nichts Wertvolleres geben, als in sich selbst hineinzuschauen und die Facetten der eigenen Persönlichkeit zu erkennen. Manche sind trüb, andere wiederum leuchtend klar. Um alles loslassen zu können, müssen wir zunächst alles erkannt haben.

Der Buddha hat diesen Pfad mit einem Ozean verglichen. Zuerst stehen wir am Strand und waten vorsichtig ins Wasser, das gerade tief genug ist, um unsere Füße zu nässen. Wenn uns die Temperatur nicht gefällt, verlassen wir den Ozean schleunigst wieder. Auch das ist nicht ungewöhnlich. Die Temperatur ist oft nicht ganz so wohlig, wie wir es uns vielleicht wünschen würden. Aber wenn wir mit der Temperatur vorlieb nehmen, weil wir wissen, daß dies uns von großem Nutzen ist, waten wir wahrscheinlich weiter hinein. Das Wasser geht uns dann vielleicht bis zu den Knien, später bis zu den Hüften, dann bis zu den Armen, und am Ende können wir ganz darin untertauchen, da der Ozean sich ständig vertieft. So ist es auch mit unserer Praxis. Vielleicht machen wir uns heute nur die Füße naß, aber der Ozean wird immer tiefer, genau wie diese Lehre. Wenn wir gewillt sind, auf dem Pfad zu bleiben, werden wir eines Tages in der Lehre untertauchen können. Dann sind wir selbst das *Dhamma* geworden. Es gibt dann auch keine individuelle Persönlichkeit mehr, denn wir sind in den allumfassenden, unendlichen Ozean eingetaucht. Wenn wir uns ernsthaft auf den Weg machen, besteht kein Grund, dies nicht zu erleben.

Fragen und Antworten

F: Der Palast der Erlösung scheint so unendlich fern zu sein.
A: Aber es ist doch jedenfalls erfreulich zu wissen, daß es einen gibt.
F: Ja, dem würde ich gern zustimmen.
A: Also wäre es wohl nicht hilfreich, wenn es verschwiegen würde.
F: Das ist auch richtig.
A: Der Palast ist nur dann so fern, wenn man noch nicht genug praktiziert hat. In Wirklichkeit ist er ganz nah, denn er ist in unserem eigenen Herzen zu finden. Je tiefer wir in uns hineinschauen, desto näher kommen wir unserem Ursprung. Wie fern ist denn unser eigenes Herz? Nur so weit entfernt, wie uns unsere Verblendung die Freiheit nicht erkennen läßt. Weil wir unsere Gedanken und Gefühle auf ganz andere Dinge gerichtet haben, erscheint uns die Erlösung in weiter Ferne, aber in Wirklichkeit ist sie immer nur hier und jetzt.

KAPITEL 15

Tugendregeln als Basis für die Alltagsgewohnheiten

Ein Mensch, der im täglichen Leben steht, sollte sich an den fünf Tugendregeln orientieren, das heißt, er sollte fünf Dinge unterlassen und gleichzeitig versuchen, ihr Gegenteil zu praktizieren. Die Tugendregeln sind als Richtlinien zu verstehen, nach denen wir üben sollen. Es wird nicht gesagt, daß wir etwas nicht dürfen oder bestraft werden, wenn es uns nicht gelingt. Wir wollen uns üben, weil der Buddha als Realist genau gewußt hat, daß Menschen die Tendenz haben, sich leichter dem Unheilsamen zuzuwenden, und daher ständig auf der Hut sein müssen, um Reinheit zu erlangen.

Die erste Tugendregel ist uns allen von Kindheit an in dieser Formulierung bekannt: „Du sollst nicht töten." Beim Buddha heißt es: „Ich will mich darin üben, keine Lebewesen zu töten." Zu den Lebewesen zählt alles, was lebt. Sicherlich war das in den zehn Geboten genauso gemeint. Das Gegenteil davon zu praktizieren, bedeutet, liebende Güte und Mitgefühl in sich zu entwickeln. Getötet wird aufgrund von Haß, und indem wir davon Abstand nehmen, verringern wir unsere Tendenz zu hassen. Nicht zu töten, bedeutet natürlich auch, anderen Lebewesen ihr Leben zu gönnen, denn jeder will sein Leben beschützen. Wenn wir unseren eigenen Tod kontempliert haben, wissen wir, wie sehr wir am Leben hängen. Dadurch erkennen wir, daß dies auf jedes Lebewesen zutrifft, und werden auf keinen Fall absichtlich Leben vernichten. Da Haß aber immer präsent ist, müssen wir das Gegenteil, Liebe und Mitgefühl, üben, was unser größter Selbstschutz ist. Es kommt niemals darauf an, wer vor uns steht, sondern immer nur darauf, daß wir unsere eigene Herzensqualität kultivieren.

Die zweite Tugendregel kennen wir als: „Du sollst nicht stehlen." Beim Buddha heißt es: „Ich will mich darin üben, nicht zu nehmen, was mir nicht gegeben wurde." Das soll sich auch auf die kleinsten Kleinigkeiten beziehen. Natürlich wird niemand behaupten, man habe etwas gestohlen, wenn man sich etwas nimmt, was keinerlei Geldwert hat, aber Höflichkeit und Rücksicht anderen Menschen gegenüber erfordern, daß man sie fragt, ob man etwas haben kann, selbst wenn es keinen Geldwert hat. Dies bedeutet auch, die eigenen Wünsche nicht voranzustellen. Manche Menschen finden das recht selbstverständlich, anderen ist es beinahe unmöglich. Jeder, dem es schwerfällt, dies zu praktizieren, sollte sich wirklich damit beschäftigen. Es macht das Leben viel einfacher.

Das Gegenteil dieser Tugendregel ist die Großzügigkeit, die Gebefreudigkeit, die darin besteht, zu geben statt zu nehmen, und zwar aus dem Gefühl heraus, daß man gern geben möchte; nicht weil es Resultate bringt, nicht einmal, um den anderen zu beglücken, sondern nur, weil Geben wichtiger ist als Nehmen. Auch das ist uns schon lange bekannt. Es gibt keine Religion, die diese Grundelemente der menschlichen Güte nicht beinhaltet. Die Schwierigkeiten, mit denen der Mensch zu kämpfen hat, sind überall dieselben, und es ist gleichgültig, welche Hautfarbe er hat oder in welchem Jahrhundert er lebt.

Die dritte Tugendregel heißt in den Zehn Geboten: „Du sollst nicht begehren deines Nachbarn Weib." Beim Buddha heißt es: „Ich will mich darin üben, keinen sexuellen Mißbrauch zu treiben." Wenn wir das Gegenteil üben, sind wir zuverlässig und treu in all unseren zwischenmenschlichen Beziehungen. Jeder Mensch hat viele Beziehungen, zum Beispiel zu Freunden, Arbeitskollegen, Bekannten und Verwandten. Wir können uns all diesen Menschen gegenüber verantwortungsvoll benehmen, nicht weil wir einen Vorteil davon haben, sondern um unseren Charakter zu stärken. Wenn wir zuverlässig sind und andere sich auf uns verlassen können, können wir uns auch auf uns selbst verlassen. Das gibt uns ein Gefühl der Sicherheit. Wenn wir nicht nur unsere eigenen Wünsche befriedigen wollen, fällt es uns viel leichter, zuverlässig zu sein. Die zweite und die dritte Tugendregel wirken unseren Begierden entgegen, und die erste ist ein Gegenmittel gegen den Haß. Alle zusammen helfen uns, Heilsames in uns zu entwickeln, so daß wir Sicherheit in unseren Beziehungen, Worten und Taten gewinnen. Wenn wir unsere Versprechungen einhalten, erleben wir Reuelosigkeit. Wir wissen, daß wir unser Bestes getan haben, und es gibt nichts, was uns leid tun könnte. Wir bemühen uns um unserer eigenen Läuterung willen und nicht, um Resultate zu erzielen.

Die vierte Tugendregel handelt vom Umgang mit Worten: „Ich will mich darin üben, keine falsche Rede zu führen." Das bedeutet, nicht zu lügen, keine groben Worte zu gebrauchen, nicht zu klatschen und nicht zu schwatzen. Auch hinter dem Rücken anderer nicht schlecht über sie zu reden und damit vielleicht sogar Freundschaften zu zerstören, gehört dazu. Der Buddha hat viel über das unbedachte Sprechen gesagt, denn das ist etwas, was wir ständig tun. Wir sollen die Wichtigkeit liebevoller und korrekter Sprache immer im Auge behalten, die hier natürlich das Gegenmittel ist.

Die fünfte und letzte Tugendregel lautet: „Ich will mich darin üben, berauschende Getränke und Drogen zu vermeiden." Sie verwirren den Geist noch mehr, als er ohnehin schon ist. Das kann wohl jeder bestätigen, der schon einmal irgendwelche Rauschmittel zu sich genommen hat. Das Gegenmittel ist die Achtsamkeit. Wenn wir achtsam sein wollen, dürfen wir solche Substanzen nicht zu uns nehmen, denn die Achtsamkeit geht dann sofort verloren. Achtsamkeit ist unser Behüter und Beschützer, unser Helfer bei der Läuterung. Sie ist der Aufklärer, wenn wir sie zusammen mit Wissensklarheit benutzen.

Das Maß der Achtsamkeit, das jeder hervorbringen kann, hängt davon ab, wie weit Haß und Gier schon reduziert sind. Andererseits hilft uns die Achtsamkeit, Haß und Gier zu verkleinern.

Diese fünf Tugendregeln sind ein Übungsfeld für Selbstdisziplin, Läuterung und Loslassen und enthalten alles, was wir als Fundament für unseren Pfad brauchen. Das Praktizieren des jeweiligen Gegenteils bringt die Entfaltung von Herz und Geist mit sich. Liebende Güte und Gebefreudigkeit sind zwei der Pfeiler, auf denen die Meditation ruht. Beide sind geläuterte Zustände des Herzens und führen zum Loslassen von Haß und Gier. Je mehr liebende Güte wir entwickeln, desto einfacher wird es zu meditieren. Je mehr Reuelosigkeit und Freude an der eigenen Großzügigkeit wir haben, desto leichter können wir uns konzentrieren. Diese inneren Ursachen haben weitgehende Wirkungen.

Tugendregeln annehmen: Das bedeutet, daß wir uns öffentlich vor anderen verpflichten, einen bestimmten Verhaltensstandard einzuhalten. Der Buddha betrachtet es aber nicht als Sünde, wenn jemand eine Tugendregel verletzt, sondern nennt es unheilsam und erklärt, daß wir jederzeit einen neuen Entschluß fassen können, die übertretene Tugendregel einzuhalten. Wenn wir uns dem Guten verpflichten, so gibt uns das Halt und Unterstützung. Wenn wir uns etwas vornehmen und das auch öffentlich bekanntgeben, so ist das wie ein Vertrag, den wir mit uns selbst schließen.

Es ist auch sehr hilfreich zu erkennen, woher die eigenen Schwierigkeiten kommen. Was betrifft uns mehr, Haß oder Gier? Jeder Mensch leidet an beidem, nur ist entweder das eine oder das andere mehr ausgeprägt. Haß ist schmerzhafter für uns selbst und andere und daher leichter loszulassen, wird aber viel mehr getadelt. Gier tut nicht so weh, wird nicht getadelt, ist aber äußerst schwer loszuwerden, weil sie immer die Hoffnung auf Glück in sich birgt. Gier hat auch eine Unmenge von

Folgen, die wir gar nicht übersehen können, vorrangig die Selbstsüchtigkeit, die sich immer wieder zeigt.

Zuflucht nehmen: Das bedeutet, erkannt zu haben, daß uns die Lehre des Buddha eine Zuflucht bietet, wo wir uns sicher und geborgen fühlen können. Zuflucht nehmen ist wie Obdach finden. Es gibt auf der weltlichen Ebene keine Zuflucht, kein Obdach, das unveränderlich und nicht vergänglich wäre, das nicht Einflüssen ausgesetzt ist und Bedingungen unterliegt, gegen die wir gar nichts tun können. Wenn wir jedoch Zuflucht nehmen zum *Buddha* als Lehrer, zum *Dhamma* als der Lehre des Heils und zur *Sangha* als der Gemeinschaft der Erleuchteten, die die Lehre verbreitet haben, werden wir beschützt von etwas, das keinen Einflüssen unterliegt und an keine Bedingungen geknüpft ist. Es liegt einzig und allein an uns selbst, wieviel davon wir aufnehmen. Wir haben es hier also nicht mit etwas zu tun, das ohne unser Zutun verschwinden oder zerbrechen kann. Nur wir selbst bringen Unruhe in die Zuflucht, wenn wir diese Ideale vergessen.

Hier haben wir einen Platz gefunden, wo unser Herz und unser Geist sich ohne jegliche Furcht hingeben können. Es bedeutet, daß wir uns selbst einem Ideal widmen, mit allem, was wir an innerem Reichtum besitzen. Jegliche Fähigkeit, die wir in uns entfalten können, bringen wir diesem Ideal dar. Zu unserer eigenen Läuterung orientieren wir uns an den Tugendregeln, nehmen Zuflucht und finden ein Obdach für Herz und Geist. Dies bringt uns auf einen geraden, sicheren Weg, auf dem sich unser Leben beglückend und erbauend gestalten kann.

KAPITEL 16

Der Alltag als Fundament für ein spirituelles Leben.

Liebende Güte und Mitgefühl bilden das Fundament für das Zusammenleben jeder Gemeinschaft, sei es eine Familie, eine Arbeits- oder eine Wohngemeinschaft. Wo immer Menschen zusammenkommen, trifft das zu. Wenn Schwierigkeiten auftreten, liegt das immer daran, daß wir unser Herz verschließen. Wir können nicht darauf warten, daß andere ihre Herzen öffnen. Wir können es nur selbst tun. Je mehr Liebe in unserem Herzen wohnt, desto besser ist die Welt zu ertragen, die aus Menschen besteht, von denen jeder sein eigenes *Dukkha* hat. Jeder trägt sein Sorgenpäckchen mit sich herum, und jeder glaubt, das eigene sei besonders schwer und mit den wichtigsten Sorgen angefüllt.

Wenn wir die Lehre des Buddha gehört haben, haben wir das allgemeine *Dukkha* schon klar erkannt. Um im Alltag mit allen Menschen, mit denen wir zusammenkommen, in Ruhe und Frieden leben zu können, müssen wir uns immer wieder an diese Tatsache erinnern. Die Menschen, mit denen wir ständig zusammen sind, kennen wir am besten, und daher haben wir mit ihnen oft die meisten Schwierigkeiten und brauchen für sie auch die meiste liebende Güte. Je weniger wir als Gegenleistung erwarten, desto seltener werden wir enttäuscht. Statt dessen freuen wir uns über jede Zuwendung, die wir bekommen.

Wenn wir unseren Alltag zur Basis für unser spirituelles Leben machen wollen, müssen wir uns darüber klarwerden, wo unsere Prioritäten liegen. Vielleicht können wir eine Liste machen mit der Überschrift: „Was ist am wichtigsten in meinem Leben?" Wenn die Liste fertig ist, sollten wir sie einige Tage liegenlassen, dann prüfen, ob wir immer noch der gleichen Ansicht sind, und sie eventuell ändern. Wenn zu viele Einzelheiten auf der Liste stehen, können wir versuchen, sie etwas zu reduzieren. Wenn wir mit zu vielen Dingen beschäftigt sind, dann haben wir keine Zeit, in uns zu gehen und die Eigenschaften zu fördern, die wir zur Blüte bringen möchten.

Wir können nachprüfen, ob alles auf unserer Liste wirklich wichtig ist oder vielleicht nur dem Zeitvertreib dient. Es ist nicht nötig, die Zeit zu vertreiben, denn sie verschwindet sowieso von einer Sekunde zur anderen, ganz ohne unser Zutun. Jeder Tag, jede Minute zerrinnt unter unseren Fingern. Daher gibt es nur eins: jeden Moment so achtsam und wertvoll wie nur irgend möglich zu verwenden. Damit eröffnen wir uns einen spirituellen Alltag, indem wir Achtsamkeit in unseren Gedanken, Worten und Taten walten lassen und unsere Reaktionen erkennen. Sind wir voll Gier oder voll Gebefreudigkeit, voll Haß oder voll Liebe? Wir können das Unheilsame fallenlassen und das Heilsame fördern.

Achtsamkeit ist nicht nur unser spiritueller, sondern auch unser weltlicher Freund. Wir könnten gar keinen besseren haben, denn mit Achtsamkeit geht alles viel einfacher. Wir machen nicht so viele Fehler und haben nicht so viele Schwierigkeiten, weil wir ja immer darauf achten, was wir denken, sagen und tun.

Wenn unsere Gedanken negativ sind, leben wir auch negativ, und wenn wir Positives denken, gestaltet sich auch unser Leben dementsprechend. Wenn wir uns immer wieder von unseren Gedanken überraschen lassen und nicht in der Lage sind, sie zu ändern, bevor sie Wort oder Tat werden, müssen wir lernen, mehr Achtsamkeit zu üben. Es gibt nichts, was hilfreicher sein könnte. In dem Moment, wo wir achtsam sind, zerfallen Haß und Gier. Wenn wir die Achtsamkeit fallenlassen, finden Gier und Haß wieder Zutritt. Entschluß- und Willenskraft müssen uns ständig begleiten, damit wir die Achtsamkeit aufrechterhalten können.

Wenn wir unseren unheilsamen Gedanken nicht einfach glauben, können wir sie ändern. Wie oft hat jeder von uns schon seine Meinung geändert. Wenn wir zu sehr an unseren Ansichten anhaften, fällt es uns natürlich schwer, Neues aufzunehmen. Aber genauso, wie wir unsere Meinung über unwichtige Dinge ändern, können wir auch unsere unheilsamen Gedanken in heilsame umwandeln.

Wir sind nicht da, um Unglück zu verbreiten; das ist bestimmt nicht unsere Aufgabe. Wenn wir uns selbst läutern und gelernt haben, inneres Glück unabhängig von äußeren Umständen zu empfinden, können wir versuchen, dies auch anderen Menschen zu vermitteln. Wenn wir uns unglücklich und negativ fühlen, so wirkt sich das natürlich auch auf unsere Umwelt aus. Wir können beispielsweise noch so überzeugt von Umweltschutz sein, wenn unsere Gedanken unrein sind, sind wir dennoch Umweltverschmutzer.

Wenn wir unsere Gedanken im Zaum halten, werden unsere Worte und Taten entsprechend heilsam sein. Der Buddha hat zusätzlich zu der Tugendregel interessante Anweisungen zum Gebrauch von Worten gegeben. Sie sind für uns alle von Bedeutung, weil wohl jeder irgendwann im Leben die Gelegenheit hat, anderen Menschen etwas zu erklären, beizubringen oder zu verdeutlichen. Vielleicht haben wir auch schon festgestellt, daß dies oft nicht funktioniert. Statt daß sich die Situation verbessert, ärgern sich am Ende beide Parteien.

Der Buddha hat uns eine Formel für den Umgang mit Worten gegeben, die uns in solchen Fällen hilfreich sein kann:

„Wenn wir etwas wissen, was verletzend sein kann und nicht wahr ist, so sollen wir es nicht sagen."

„Wenn wir etwas wissen, was hilfreich sein kann, aber nicht wahr ist, so sollen wir es nicht sagen."

„Wenn wir etwas wissen, was verletzend sein kann und wahr ist, so sollen wir es nicht sagen."

„Wenn wir etwas wissen, was hilfreich sein kann und wahr ist, so sollen wir den richtigen Moment finden, um es zu sagen."

Das bedeutet, nicht impulsiv zu reden, sondern zunächst zu überprüfen, ob wir uns für die Wahrheit dessen, was wir mitteilen wollen, verbürgen können. Hilfreich und unwahr wäre zum Beispiel Schmeichelei. Wenn wir jemanden für Dinge loben, die er nicht vollbracht hat, ist das wohl für beide Seiten nicht erfreulich. Manche Menschen machen es sich sogar zur Gewohnheit, anderen Schönes zu erzählen, weil sie hoffen, sich dadurch beliebt zu machen. Wenn jemand zu uns sagt: „Du siehst ja großartig aus. Ich habe dich schon lange nicht so gutaussehend angetroffen", wir aber gerade vom Krankenbett aufgestanden sind und noch nie so schlecht ausgesehen haben, so ist diese Bemerkung bestimmt nicht sehr weise. Bevor wir etwas sagen, können wir uns überlegen, wie solche Worte auf uns selbst wirken würden, und wenn sie uns weh tun würden, sollten wir sie nicht aussprechen. Wir lernen auf diese Weise, Sprache heilsam zu benutzen, aber nicht, um anderen Leuten etwas vorzumachen. Unwahrheiten sind immer unheilsam, auch wenn sie in die schönsten Worte gekleidet sind.

Wenn wir nun etwas wissen, was hilfreich sein kann und wahr ist, dann sollten wir den richtigen Moment finden, um es zu sagen. Und was ist der richtige Moment? Wenn absolut kein Ärger über den anderen in uns ist, sondern einzig und allein Liebe, Mitgefühl und der Wunsch zu helfen, dann sind unsere Worte wirkungsvoll, und der andere kann das spüren. Was wir hinter den Worten hören, ist nämlich oft noch viel wichtiger als die Worte selbst, denn das sind die Gefühle des Sprechenden. Wenn wir jeden Ärger vollkommen abgelegt haben und überzeugt sind, daß wir etwas Hilfreiches wissen, suchen wir uns einen Moment der Ruhe und Gelassenheit, um zu sprechen. Wir müssen auch sicher sein, daß der andere bereit ist, uns zuzuhören.

Wenn wir diese Vorsichtsmaßnahmen nicht beachten, haben wir sicherlich häufig Probleme in zwischenmenschlichen Beziehungen und werden wahrscheinlich oft bereuen, etwas gesagt zu haben, und wünschen, wir könnten die Worte wieder zurücknehmen. Indem wir jedoch diese Anweisungen befolgen, können wir einen positiven Einfluß auf unsere Umwelt ausüben und vielleicht sogar erregte Emotionen beruhigen.

Die meisten Menschen leiden unter ihren bewegten Emotionen. Das Leben ist bedeutend einfacher, wenn wir über innere Ruhe und Ausgeglichenheit verfügen. Indem wir uns diese Formel des Buddha zu Herzen nehmen und unseren inneren Beobachter achtsam über alles wachen lassen, was wir denken und sagen, bestärken wir auch die Ruhe in anderen. In der Hitze des täglichen Gefechts gerät dies oft in Vergessenheit, und dann passieren emotionelle Verkehrsunfälle, die uns wieder an die Achtsamkeit erinnern. Unglücklich zu sein bedeutet, sich unheilsamen Tendenzen hinzugeben. Wenn wir dies wissen, sind wir auch in der Lage, diese Stimmung fallenzulassen.

Achtsamkeit wird einerseits durch unsere tägliche Meditation geschärft und unterstützt, und andererseits ist Achtsamkeit erforderlich, damit wir überhaupt meditieren können. Ohne Achtsamkeit ist es keine Meditation, sondern entweder ein Phantasiegebilde, Halbschlaf oder Trance – alles Zustände, die nur schaden können. Der Partner der Achtsamkeit ist die Wissensklarheit. Wenn wir einen Gedanken haben und etwas sagen oder tun wollen, dann ist mit Wissensklarheit zu prüfen, welchem Zweck dies dienen soll und ob der Zweck heilsam ist. Zweitens untersuchen wir, ob wir für diesen Zweck das beste und wirksamste Mittel gewählt haben. Als drittes prüfen wir, ob Mittel und Zweck im *Dhamma* verankert sind, und erst wenn dies der Fall ist, sollten wir den Gedanken in Worte und Taten umsetzen. Als letztes untersuchen wir, ob der ursprüngliche Zweck erfüllt wurde, und wenn nicht, warum nicht. Das gibt uns Anhaltspunkte für unser zukünftiges Tun, Denken und Sprechen.

Wissensklarheit macht die Achtsamkeit zu einer Geistesfunktion, die uns ständig beschützt. Sie verlangsamt unsere Reaktionen und behütet uns vor Unvorsichtigkeiten. Wenn wir unsere Reaktionen verlangsamen, werden wir oft feststellen, daß sie sowieso unnötig sind. Wenn wir bedachter reagieren, ist es einfacher, Änderungen vorzunehmen. Achtsamkeit in Verbindung mit Wissensklarheit kann mit der Bremse am Auto verglichen werden. Wenn wir erkennen, daß eine Kurve gefährlich ist, werden wir sicherlich vor der Kurve auf die Bremse treten, die Fahrt verlangsamen und so in der Lage sein, das Lenkrad zu drehen, so daß wir der Gefahr entgehen.

Im Leben wissen wir durch Achtsamkeit und Wissensklarheit, wenn wir uns einer gefährlichen Kurve nähern. Dann verlangsamen wir unsere Reaktionen, um unsere Gedanken, Worte und Taten in eine andere Richtung zu lenken. Wer einen visuellen Geist hat, kann sich dieses Bild in allen Einzelheiten vor Augen führen. Wenn wir in der Lage sind, auf eine Bremse zu treten, fahren wir natürlich nicht freiwillig in den Graben. Wann immer wir nicht rechtzeitig auf die Bremse treten und in den Graben fahren, müssen wir erneute Anstrengungen unternehmen, um unseren Weg fortsetzen zu können.

Wissensklarheit behütet uns auch davor, unsere Achtsamkeit für falsche Zwecke einzusetzen. Auch ein Bankräuber, der einen Tresor ausrauben will, muß achtsam sein. Würde er aber zusätzlich Wissensklarheit einsetzen, so könnte er leicht feststellen, daß diese Tat nicht im Einklang mit dem *Dhamma* ist. Auch wenn sie noch so viel Achtsamkeit erfordert, läuft sie den Tugendregeln zuwider. Wir wissen, daß Läuterung der Weg zum Glück ist und uns nicht nur davor bewahrt, eine Bank auszurauben, sondern auch vielen anderen unheilsamen Verlockungen des täglichen Lebens zu widerstehen.

Wenn wir unsere Tugend nicht schützen, empfinden wir früher oder später Reue, erschweren uns die Meditation und verlieren unsere innere Ruhe.

Jeden Morgen, wenn wir aufstehen, können wir uns freuen, daß wir wieder einen ganzen Tag vor uns haben, an dem wir Achtsamkeit und Wissensklarheit praktizieren können. Außerdem bietet er uns auch die Gelegenheit zu meditieren, was auf jeden Fall gutes *Karma* für uns bedeutet. Meditation bringt Geschmeidigkeit in den Geist, aber um diese auch aufrechtzuerhalten, muß die Meditation tagtäglich praktiziert werden. Nicht zuletzt brauchen wir die Unterstützung von noblen Freunden, die uns immer wieder helfen, den spirituellen Weg fortzusetzen, bis wir innerlich gefestigt sind wie ein Fels in der Brandung.

DANKSAGUNG

Ich möchte meine innige Dankbarkeit für Gudrun, Roland (Nyanabodhi) und Martin aussprechen, ohne deren Hilfe dieses Buch nicht zustande gekommen wäre.
Ihre Unterstützung war für mich auf jeder Ebene eine Bereicherung. Möge das gute *Karma*, das ihnen daraus erwächst, ihren Pfad erleichtern.

Ayya Khema,
im Buddha-Haus, Allgäu

GLOSSAR

Pali-Begriffe lassen sich nicht vollkommen deckungsgleich in eine westliche Sprache übersetzen. Die folgenden Erklärungen sind größtenteils dem Buddhistischen Wörterbuch von Nyanatiloka Mahathera entnommen (Nyanatiloka: *Buddhistisches Wörterbuch*, Konstanz 1952 – Buddhistische Handbibliothek, Band 3). Zur Einführung in die Lehre des Buddha sei auf Ayya Khemas Buch *Buddha ohne Geheimnis*, Zürich 1986, verwiesen.

Achtfacher Pfad:
Der zur Erlösung vom Leiden führende Pfad, d. i. die letzte der → *Vier Edlen Wahrheiten*, nämlich: 1. Rechte Erkenntnis, 2. Rechte Gesinnung, 3. Rechte Rede, 4. Rechte Tat, 5. rechter Lebenserwerb, 6. Rechte Anstrengung, 7. Rechte Achtsamkeit und 8. Rechte Konzentration.

Anattā:
„Nicht-Selbst" oder „Nicht-Ich" oder „Unpersönlichkeit". Die Lehre von Anattā oder der Unpersönlichkeit besagt, daß es weder innerhalb noch außerhalb der körperlichen und geistigen Daseinserscheinungen irgend etwas gibt, das man im höchsten Sinne als eine für sich bestehende unabhängige Ich-Wesenheit bezeichnen könnte.

Anicca:
„Vergänglichkeit", „Unbeständigkeit"; eine Grundeigenschaft aller bedingt entstandenen Erscheinungen, seien sie körperlich oder geistig, grob oder fein, in der Innen- oder Außenwelt. *Anicca* ist eines der drei Daseinsmerkmale, die anderen beiden sind *Anattā* und *Dukkha*.

Añjali:
Eine Geste der Höflichkeit, der Ehrerbietung bei der Begrüßung in den asiatischen Ländern. Man legt die Hände in Höhe des Herzens zusammen und beugt den Kopf zu den Fingerspitzen.

Arahat/Arahant:
Vollkommener Heiliger, der von allen Fesseln frei ist, auch von den fünf höheren Fesseln, nämlich: 6. Begehren nach feinkörperlichem Dasein, 7. Begehren nach nichtkörperlichem Dasein, 8. Dünkel, 9. Aufgeregtheit und 10. Unwissenheit.

Bodhisatta:
„Erleuchtungswesen", ein zur Buddhaschaft bestimmtes Wesen, ein zukünftiger Buddha. Allerdings wird in den Pali-Schriften nur der Buddha Gotama in seinen vorherigen Leben als Bodhisatta bezeichnet.

Brahmavihāra:
Die vier „Göttlichen Verweilungszustände" oder „Göttlichen Verweilungsstätten", auch die vier „Unermeßlichen" genannt, sind: Liebende Güte *(Mettā)*, Mitgefühl *(Karunā)*, Mitfreude *(Muditā)* und Gleichmut *(Upekkhā)*.

Citta:
„Geist", „Bewußtsein" oder „Bewußtseinszustand".

Dhamma:
Wörtl. das „Tragende", „Vertrag", „Brauch". Im Buddhismus: „Lehre des Buddha", „Naturgesetz", „Gesetz", „Wahrheit", „Daseinserscheinung".

Dukkha:
„Leiden", „Leidunterworfensein", „Unbefriedigtsein", „Unzulänglichkeit", „Elend", „Übel", „Existenzangst".

Eines der drei Daseinsmerkmale und die erste der → *Vier Edlen Wahrheiten.*

Einmalwiederkehrer (Sakadāgāmi):
Zweite der vier Erleuchtungsstufen auf dem Weg zu Nibbāna. Der Einmalwiederkehrer ist fast frei von der vierten Fessel (Sinnlichem Begehren) und der fünften Fessel (Übelwollen).

Fünf geistige Fähigkeiten:
1. Achtsamkeit, 2. Energie, 3. Konzentration, 4. Weisheit (Geist), 5. Vertrauen (Herz)

Fünf Hindernisse:
1. Sinnenlust, 2. Übelwollen (Haß, Groll, Ärger, Ablehnung), 3. Lässigkeit und Trägheit, 4. Unruhe und Sorgen, 5. Zweifelsucht

Hiri-ottappa:
„Schamgefühl" und „Gewissensscheu" sind zwei mit karmisch heilsamem Bewußtsein verbundene Geistesfaktoren. Sich zu schämen und sich vor der Ausübung böser, unheilsamer Dinge zu scheuen, führt zur heilsamen Bewußtseinseinstellung.

Iddhi-pāda:
„Machtfährten" nennt man die vier folgenden Eigenschaften: Konzentration der Absicht *(Chanda)*, Konzentration der Willenskraft *(Viriya)*, Konzentration des Bewußtseins *(Citta)* und die Konzentration des Erwägens *(Vīmaṁsā)*. Man nennt diese vier Eigenschaften Machtfährten, weil sie, im Sinne eines Führers, den Weg zu der mit ihnen verbundenen Macht weisen.

Kalyāna-mitta:
„Edler Freund"; bezeichnet einen edlen, in der Lehre erfahrenen und an Jahren gereiften Menschen, der ande-

ren ein Freund und Helfer im Geistestraining ist und sie darin unterweisen kann.

Karma:
Wörtl. „Wirken", „Tat"; bezeichnet genaugenommen den die Wiedergeburt erzeugenden oder Charakter und Geschick der Wesen beeinflussenden heilsamen oder unheilsamen *Willen* sowie die damit verbundenen Geistesfaktoren. Dieser karmische Wille äußert sich in körperlichen Taten, in Worten oder bloß in Gedanken. *Karma* bedeutet also keineswegs das Ergebnis des Wirkens oder gar das Schicksal von Menschen und ganzen Völkern, wie es im Westen oft verstanden wird.

Machtfährten:
Vgl. Iddhi-pāda.

Māra:
Wörtl. „Mörder" oder „Tod"; die Personifikation der die Weltmenschen überwältigenden Leidenschaften und Begehrensobjekte.

Mettā:
„Liebende Güte", „Liebe", „Allgüte", „liebevolle Zuwendung". Vgl. *Brahmavihāra*.

Nibbāna:
Wörtl. das „Erlöschen". Das höchste und letzte Ziel alles buddhistischen Strebens, d. h. das restlose „Erlöschen" jeglichen in Gier, Haß und Verblendung sich äußernden, das Leben bejahenden und sich krampfhaft daran klammernden *Willenstriebes* und damit die endgültige, restlose Befreiung von allem künftigen Wiedergeborenwerden, Altern und Sterben, Leiden und Elend.

Nichtwiederkehrer (Anāgāmī):
Die dritte der vier Erleuchtungsstufen auf dem Weg zu Nibbāna. Er ist vollkommen frei von den fünf niederen Fesseln: 1. Persönlichkeitsglaube, 2. Zweifelsucht, 3. Hang an Regeln und Riten, 4. Sinnlichem Begehren und 5. Übelwollen.

Paññā:
„Erkennen, Einsicht"; „Wissen, Weisheit".

Papañca:
Wörtl. „Ausbreitung"; „Weitschweifigkeit", „ausführliche Auseinandersetzung", „Entfaltung", „Mannigfaltigkeit", „Vielheit" (auch: Die Welt der Dinge).

Parinibbāna:
Das „völlige Nirvāna", ist ein Synonym für → *Nibbāna*, bezieht sich also nicht nur, wie vielfach angenommen, auf die beim Tode des vollkommenen Heiligen eintretende Erlöschung der Daseinsgruppen.

Samādhi:
„Sammlung, Konzentration"; das Gerichtetsein des Geists auf ein einzelnes Objekt (Einspitzigkeit).

Samatha:
„Ruhe, Gemütsruhe"; ein Synonym von → *Samādhi*.

Sangha:
Wörtl. „Schar". Bezeichnung für die Mönchs- und Nonnengemeinschaft sowie für die Gefährten auf dem spirituellen Weg.

Sieben Kutschen (auch sieben Stadien der Läuterung):
1. Läuterung der Tugend (Läuterung der *zehn Vollkommenheiten*), 2. Läuterung der Konzentration (Läuterung von Herz und Geist), 3. Läuterung der Ansichten, 4. Läu-

terung des Zweifels, 5. Läuterung durch Erkenntnisblick von Pfad und Nicht-Pfad, 6. Läuterung durch Erkennen des Pfades, 7. Läuterung durch Wissen und Erkenntnis.

Sīla:
„Sittlichkeit", „Tugend", „moralisches Verhalten".

Stromeingetretener (sottâpanna):
Der „in den Strom Eingetretene", jemand, der den ersten drei Fesseln entronnen ist, nämlich 1. Persönlichkeitsglaube, 2. Zweifel, 3. Hängen an Regeln und Riten → Stromeintritt.

Stromeintritt (sottâpatti):
Die erste der vier Erleuchtungsstufen auf dem Weg zur Verwirklichung des Nibbāna; die charakteristischen Eigenschaften eines Stromeingetretenen sind unerschütterliches Vertrauen zum Erleuchteten (Buddha), zur Lehre *(Dhamma)* und zur Jüngerschaft der Edlen *(Sangha)* sowie vollkommene Sittlichkeit.

Vedanânupassanā:
„Betrachtung der Gefühle", ist eine der vier Grundlagen der Achtsamkeit.

Vier Edle Wahrheiten:
Der kürzeste Ausdruck für die gesamten Lehren des Buddha. Die Wahrheit 1. vom Leiden, 2. von der Leidensentstehung, 3. von der Leidenserlöschung, 4. von dem zur Leidenserlöschung führenden → Achtfachen Pfad.

Vipassanā:
„Hellblick", „Klarblick"; das aufblitzende intuitive Erkennen der Vergänglichkeit, des Elends und der Unpersönlichkeit aller körperlichen und geistigen Daseinserscheinungen. (Vgl. *Anicca, Dukkha, Anattā*).

Viriya:
„Willenskraft", „Energie". Sie ist eine der fünf geistigen Fähigkeiten und Kräfte und identisch mit rechter Anstrengung dem 6. Glied des → *Achtfachen Pfades*.

Visuddhi-Magga:
„Weg zur Reinheit". Kompendium der Buddha-Lehre, erstellt im 5. Jh. n. Chr. von dem Mönch Buddhagosa.

Zehn Eigenschaften, die der Buddha in einem Mönch suchte:
1. Wenig Wünsche haben, 2. Zufriedenheit, 3. Ein zurückgezogenes Leben führen, 4. Sich abseits von der Gesellschaft aufhalten, 5. Energie, 6. Tugendhaftigkeit, 7. Perfekte Konzentration (Vertiefung), 8. Weisheit, 9. Erlebte Erlösung, 10. Erkannte Erlösung und die Fähigkeit, diese mitzuteilen.

Zehn Korruptionen der Einsicht:
1. Heller Lichtschein, 2. Wissen und predigen wollen, 3. Verzückung, 4. Freude, 5. Zufriedenheit (Ruhe), 6. Starkes Vertrauen, 7. Energie, 8. Unbeirrbarkeit, 9. Gleichmut, 10. Anhaften an Ansichten.

Zehn Vollkommenheiten:
1. Freigebigkeit, 2. Entsagung, 3. Tugend, 4. Entschlußkraft, 5. Willenskraft, 6. Weisheit (dazu gehört das Wissen über das Gesetz des Karma), 7. Wahrhaftigkeit, 8. Geduld, 9. Bedingungslose Liebe, 10. Gleichmut.

Zehn unzureichende Gründe für die Wahl eines spirituellen Pfades:
1. Traditionen; 2. Überlieferung von Lehrer zu Schüler; 3. die vorherrschende Meinung; 4. heilige Schriften; 5. spekulative Theorien; 6. alles, woran wir schon immer geglaubt haben; 7. Vernunftgründe; 8. Glaube; 9. erstklassige Eigenschaften des Meisters; 10. Autorität des Meisters.

Buddhismus bei Aurum

Pema Chödrön

Dharma als Lehre – Dharma als Erfahrung

152 Seiten, gebunden
ISBN 3-591-08331-3

Wir alle meinen, daß wir dann am besten leben, wenn wir versuchen, dem Schmerz aus dem Weg zu gehen und es uns bequem zu machen. Zu einer viel interessanteren, mitfühlsameren, abenteuerlicheren und freudvolleren Lebensweise können wir jedoch gelangen, wenn wir beginnen, unsere Neugier zu entwickeln, und es uns dabei einerlei ist, ob der Gegenstand unserer Wißbegierde bitter oder süß ist.

Um ein Leben zu führen, das über Kleinlichkeit und Vorurteil sowie über das Bestreben, das Geschehen stets in unserem Sinne zu lenken, hinausgeht, das leidenschaftlicher, reicher und beglückter ist, müssen wir erkennen, daß wir viel Leid und viel Freude ertragen können, um schließlich herauszufinden, wer wir sind und was diese Welt ist.

AURUM VERLAG · BRAUNSCHWEIG